Écrire dans la langue de l'autre

Critiques littéraires
Collection fondée par Maguy Albet

Dernières parutions

Magali RENOUF, *Surréalisme africain et surréalisme français*, 2015.
Hideki YOSHIZAWA, *Pierre Drieu la Rochelle. Genèse de sa « voix » littéraire (1918-1927)*, 2015.
Élodie Carine TANG, *Le roman féminin francophone de la migration. Émergence et identité*, 2015.
Mamadou DAHMED, *Le héros monstrueux. Une lecture psychanalytique du personnage romanesque de Stendhal*, 2015.
Aline LE BERRE, *Théâtre allemand. Société, mythes et démythification,* 2015.
Alya CHELLY-ZEMNI, *Jean Giono. Du mal-être au salut artistique*, 2015.
Francis IMBERT, *Lire* Rosie Carpe *de Marie NDiaye*, 2015.
TONTONGI, *La Parole indomptée / Pawòl an mawonnaj,* suivi de *Memwa Baboukèt / Mémoire de la muselière*, 2015.
Moussa COULIBALY (dir.), *Le roman féminin ivoirien*, 2015.
Luis NEGRO ACEDO, *Ecrivains espagnols exilés à Paris (de 1939 à nos jours), Un chapitre bilingue de la culture française*, 2015.
Véronique DUFIEF-SANCHEZ, *Musset. La Leçon des proverbes*, 2014.
Daniel S. LARANGÉ, *Sciences et mystique dans le romantisme social. Discours mystiques et argumentation scientifique au XIXe siècle*, 2014.
Saadia Yahia KHABOU, *Évocation de la peinture figurative classique dans quelques œuvres de Butor, Quignard et Bonnefoy*, 2014.
Amadou OUÉDRAOGO, *L'Univers mythique d'Ahmadou Kourouma. Entre vision et subversion*, 2014.
Mohamed KEÏTA, *Tierno Monénembo. Une approche psychocritique de l'œuvre romanesque*, 2014.

Irene IVANTCHEVA-MERJANSKA

Écrire dans la langue de l'autre

Assia Djebar et Julia Kristeva

L'Harmattan

5-7, rue de l'Ecole-Polytechnique, 75005 Paris

http://www.harmattan.fr
diffusion.harmattan@wanadoo.fr
harmattan1@wanadoo.fr

ISBN : 978-2-343-05875-7
EAN : 9782343058757

À la mémoire de mon père :
le sculpteur Ivan Ivantchev

Que soient chaleureusement remerciés

Julia Kristeva

Michèle Vialet

Sanford Ames

Ma famille pour leur amour et soutien :

Mes enfants : Ekaterina Katzarova et Martin Stefanov
Mon époux : le poète Kiril Merjanski
Ma mère : Ekaterina Vlaykova

Dans le cadre de ce livre, les abréviations suivantes renvoient aux ouvrages correspondants : LALF pour *L'amour la fantasia* (ed. 1995) d'Assia Djebar ; VP pour *Vaste est la prison* (1995) d'Assia Djebar ; CV pour *Ces voix qui m'assiègent* (1999) d'Assia Djebar ; DLLF pour *La disparition de la langue française* (2003) d'Assia Djebar ; PS pour *Possessions* (1996) de Julia Kristeva ; MB pour *Meurtre à Byzance* (2004) de Julia Kristeva. Placées entre parenthèses à la suite des passages cités, elles sont suivies de la page du livre en question.

Avant-propos

Dans ce livre, nous étudions la problématique de la langue de l'autre à travers deux auteures : Assia Djebar (1936-2015) et Julia Kristeva (1941-). Dans leurs essais, entretiens et romans, ces deux écrivaines, bien que non françaises, écrivent en français et explorent la question d'être étrangères dans la langue dans laquelle elles s'expriment. Le fait que ces deux écrivaines ont reçu des prix prestigieux pour récompenser leur contribution littéraire et humaniste n'est pas une simple coïncidence. En décembre 2004, Julia Kristeva est devenue la première lauréate du prix Holberg (un prix pour les sciences humaines, l'équivalent du prix Nobel). En juin 2005, Assia Djebar a été élue membre de l'Académie française, ce qui fait d'elle la première écrivaine postcoloniale reconnue de cette façon pour sa contribution à la littérature d'expression française. Le public du monde entier et particulièrement celui des États-Unis apprécie les œuvres de ces écrivaines. Cette appréciation internationale prouve que dans la communauté imaginaire du monde francophone, quelque chose a changé : la périphérie s'est déplacée au centre, voire même vers le noyau dur de la culture française qui est souvent synonyme de culture occidentale, notamment aux XIXe et XXe siècles.

Nous avons choisi de nous concentrer sur Djebar et Kristeva parce que ce sont deux auteures qui ont des biographies intellectuelles comparables. Leurs approches singulières de l'écriture et de la réflexion sur le monde de la deuxième moitié du XXe siècle et du début du XXIe siècle offrent des parallèles frappants qu'on peut observer à partir de leur choix du français – la langue de l'autre. En effet, toutes deux partagent une origine méditerranéenne, elles ont par ailleurs eu l'expérience de vivre et de fuir des systèmes oppressifs, et finalement elles écrivent chacune dans la langue de l'autre et non dans leur langue maternelle. Malgré ces points communs, des différences s'imposent : elles sont nées et ont été élevées sur deux rives opposées de la Méditerranée : Djebar, en Algérie sous le régime colonial français, et Kristeva, en Bulgarie sous le régime communiste totalitaire imposé par l'Union soviétique. Kristeva a choisi la langue française volontairement, tandis que pour Djebar le français a été imposé par la colonisation. Dans cette perspective, Kristeva devient l'exemple parfait de la francophilie, tandis que Djebar représente la francophonie comme un phénomène né de la post-colonisation. De plus, Kristeva, qui vit depuis 1965 en France et contribue à la pensée poststructuraliste et psychanalytique française, est considérée comme écrivaine et philosophe française. Au contraire, même si Djebar a été admise au sein de l'Académie française, la critique lui impose plus volontiers l'attribut d'écrivaine francophone. Il n'est donc pas étonnant qu'en écrivant dans la langue de l'autre, les deux écrivaines réfléchissent de façon obsessionnelle à leur rapport à la langue française.

Dans leurs romans et nombreux essais, chacune représente le français comme espace d'altérité. Cet espace comprend le côté oppressif de l'altérité en termes de colonisation et post-colonisation lorsqu'il s'agit de Djebar, mais également de liberté et de créativité. En d'autres termes, le français devient un instrument qui leur permet non seulement d'interroger la condition humaine de la colonisation et de l'exil, mais aussi de dépasser partiellement le trauma causé par l'abandon et même le matricide symbolique de leurs langues et cultures maternelles.

Nous explorerons des différentes dimensions de l'utilisation du français dans les romans et essais de Djebar et de Kristeva. Nous examinerons également le choix du genre, le roman comme genre fictionnel, que les deux écrivaines préfèrent utiliser, et analyserons comment ce choix se justifie selon l'aspect idéologique de leur travail, particulièrement la fusion qui s'établit entre la fiction et l'autobiographie. Ce faisant, nous étudierons la représentation de l'exil et des figures complexes de la différence et de l'identité que leurs personnages cherchent à travers des temps et des espaces différents, ce qui mène l'une vers l'apprentissage infini et la vénération du français et de la culture française (Kristeva), et l'autre vers l'appropriation et le rejet partiel de la francité[1] et des valeurs occidentales (Djebar).

Les textes de Julia Kristeva qui sont retenus ici incluent essentiellement trois recueils d'essais, *Etrangers à nous-mêmes* (1988), *L'avenir d'une révolte* (1998), *La haine et le pardon* (2005) et deux romans, *Possessions* (1996) et *Meurtre à Byzance* (2004) qui pourraient être considérés comme des volets consécutifs de sa trilogie sur le village planétaire Santa-Barbara. Pour Assia Djebar, nous nous pencherons sur son recueil d'essais *Ces voix qui m'assiègent* (1999) et trois romans : *La disparition de la langue française* (2003), *L'amour, la fantasia* (1985) et *Vaste est la prison* (1995), les deux derniers opus de son quatuor algérien, quatuor inachevé et dont *Vaste est la prison* est considéré comme le pendant architectonique de *L'amour, la fantasia*. Qu'il soit possible de choisir des œuvres des deux auteures de façon quasi symétrique et de juxtaposer leur interprétation de la problématique de l'étrangeté, de l'altérité et de l'autre langue met en évidence les parcours comparables de ces deux grandes dames de la littérature mondiale du dernier tiers du vingtième siècle et du début de vingt-et-unième siècle.

Les lignes principales de notre recherche sont consacrées à la problématique de l'identité et au degré d'inscription, dans le cas de Djebar en particulier, de la question du colonialisme et du post-colonialisme. En étudiant la quête de la francité de Kristeva et le chemin contradictoire vers le français de Djebar qui cherche comment se différencier de la francité tout en la conquérant, nous examinerons en fait comment l'image nationale française se reflète de façon critique dans leurs écritures. Nous analyserons également comment les deux auteures explorent les problèmes philosophiques, existentiels

[1] La francité est un terme qui désigne les caractères spécifiques de ce qui est français, qui apparemment a à voir avec l'imagologie, c'est-à-dire la façon par laquelle nous percevons l'autre culture. Cette perception est souvent influencée par l'image 'nationale' que cette culture projette sur celui qui entre en rapport avec elle.

et socio-historiques d'être étrangers, tout en utilisant leur rapport privilégié avec la langue française et une certaine connaissance de la francité, exploration qui leur a permis d'élaborer des positions centrales dans la culture française.

Chacune d'elles exprime le plaisir, la séduction et la douleur intense de sa relation avec la langue et la culture françaises. Chacune interroge non seulement son attachement symbolique à « une certaine idée de la France » (c'est-à-dire, « liberté, égalité et fraternité »), mais également certaines des contradictions profondes et des sombres secrets qui fermentent au fond de cette francité et menacent la France et la langue française de l'extinction des valeurs humanistes qui y ont longtemps été attachées. Notre postulat est que les explorations que font Djebar et Kristeva de la construction de l'identité par le désir et la résistance à l'altérité les mènent à redéfinir de manière significative la colonisation et la décolonisation dans le monde postcolonial actuel. Leurs points de vue perspicaces aussi bien que leur honnêteté intellectuelle créent un espace de réflexion, qui en effet, permet à Djebar et à Kristeva de parler du legs de la France et de la francophonie et de le faire à travers ce legs.

Tandis qu'il existe déjà un grand corpus d'études sur la fiction d'Assia Djebar, les sources secondaires sur les romans de Julia Kristeva sont comparativement plus maniables. À notre connaissance, personne ne travaille sur une approche comparative entre les deux auteures. Assia Djebar se prête plus à être étudiée en comparaison avec d'autres auteurs postcoloniaux, par exemple Abdelkébir Khatibi (*Amour bilingue*, 1983), Jacques Derrida (*Le monolinguisme de l'autre*, 1996), et Leïla Sebbar (*Je ne parle pas la langue de mon père*, 2003).

Julia Kristeva, quant à elle, se prête plus à être étudiée par rapport aux écrivains contemporains français et européens comme Simone de Beauvoir, Samuel Becket, Vladimir Nabokov, Umberto Eco, le mouvement intellectuel *Tel Quel* ou Philippe Sollers, son mari, avec qui elle forme un couple qui émule, semble-t-il, le couple intellectuel Beauvoir-Sartre. L'originalité de notre projet réside dans l'ancrage de notre enquête dans l'examen de la construction de l'identité à travers la langue de l'autre et son rapport avec la problématique coloniale et postcoloniale chez Djebar d'une part, et avec « l'inquiétante étrangeté » chez Kristeva, d'autre part. Par la juxtaposition de cette approche, l'on se rend compte qu'il est aussi possible de mieux comprendre chacune de ces auteures par le paradigme théorique appliqué à l'autre. Par exemple, l'expérience post-totalitaire de Kristeva peut être mieux comprise par les effets de la colonisation que Djebar a subis. Inversement, lorsque l'expérience de Djebar est perçue par le paradigme de « l'inquiétante étrangeté » et de l'altérité. Il est ici important et pertinent de mentionner que nous partageons l'hypothèse théorique de David Chioni Moore : le domaine de ce que l'on considère comme postcolonial devrait s'élargir à l'aire de ce que l'on appelle le post-soviétique (ce qui selon nous doit être plus proprement compris comme post-totalitaire). Présentons ci-dessous en citation ses réflexions dans son article « Is the Post- in Postcolonial the Post- in Post-Soviet? » avec lesquelles en tant que personne ayant vécu sous le régime du totalitarisme soviétique et observé la lacune des études postcoloniales sur ce grand pan de l'histoire sociale et politique, nous sommes tout à fait d'accord.

> In three-world theory, Western Europe and North America constitute the First, the socialist economies the Second, and all that remains – largely the world's economically weakest states – by default becomes the Third. An enormous and honorable political commitment to the Third World has been central to much in three-worlds theorizing, the ancestor of postcolonial critique. One aspect of that commitment has been the belief, not without reason, that the First World largely caused the Third World's ills, and an allied belief that the Second's socialism was the best alternative. When most of the Second World collapsed in 1989 and 1991, the collapse resulted in the deflected silence apparent in Shohat, and it still remains difficult, evidently, for three-worlds-raised postcolonial theorists to recognize within the Second World its postcolonial dynamic. In addition, many postcolonialist scholars, in the United States and elsewhere, have been Marxist or strongly left and therefore have been reluctant to make the Soviet Union a French- or British style villain. (117)

Non seulement la juxtaposition des approches des deux écrivaines permet l'inscription du post-soviétique dans le postcolonial, mais elle nous permet aussi une contre-lecture, c'est-à-dire une lecture de Djebar contre Kristeva et vice versa. Ce type de lecture, que nous pouvons également définir comme lecture complémentaire, envisage et s'adresse surtout à un lecteur intertextuel potentiel. En cas de réussite, notre travail pourra être considéré comme frayant un chemin dans le secteur des études francophones comparatives.

Le sujet de cette étude nous passionne à plusieurs titres et nous pensons que notre formation et notre expérience en tant que chercheure en Bulgarie (d'où est originaire Julia Kristeva) et plus récemment aux Etats-Unis, nous qualifient pour mener à bien notre projet. En Bulgarie, nous avons travaillé sur les femmes écrivains et sur la problématique littéraire féministe pendant plusieurs années. À l'université de Sofia « St. Kliment Ohridski » et à l'Académie des sciences bulgare, nous avons écrit notre thèse de doctorat sur la poésie des femmes bulgares (défendue en 2001 après avoir publié une monographie en 1995 sur le même sujet). Cette même université est celle où Julia Kristeva a reçu son diplôme de philologie romane pour poursuivre sa préparation de doctorat à l'Académie des sciences bulgare, avant de partir en 1965 avec une bourse d'études pour Paris. Nous avons également une bonne connaissance des méthodes d'analyse formalistes, structuralistes et poststructuralistes, y compris une lecture suivie de l'héritage interprétatif de Mikhaïl Bakhtine (popularisé en France par Julia Kristeva et Tzvetan Todorov) et qui a beaucoup influencé la façon dont Kristeva elle-même crée et construit ses romans.

Pour interpréter les textes choisis de Djebar, nous utilisons surtout des questions théoriques postcoloniales posées à partir des travaux d'auteurs tels qu'Albert Memmi, Franz Fanon, Aimé Césaire, Edward Saïd, Gayatri Chakravorty Spivak, et Homi Bhabha. Néanmoins, nous mettons aussi en application la pensée des poststructuralistes et des postmarxistes français comme Gilles Deleuze, Michel Foucault, Louis Althusser dans le contexte colonial et postcolonial, pour concevoir la dialectique de racialisation et déracialisation de la langue chez Djebar. En ce qui concerne Kristeva, notre paradigme théorique puise principalement dans les approches sémiotiques et psychanalytiques, ce qu'elle avait elle-même créé en tant que théoricienne, dans sa théorisation du symbolique et du sémiotique, de l'inquiétante étrangeté, de l'intertextualité. La théorisation de Kristeva qui a elle-même été influencée par ses propres lectures et études de Sigmund Freud, Mikhaïl Bakhtine, Jacques Lacan, Maurice Merleau-Ponty, Roland Barthes, *Tel Quel*, Hannah Arendt, Mélanie Klein, auxquels nous faisons également référence dans le développement de notre dialogue critique avec Kristeva. Pourtant, dans les deux parties de cette étude, celle sur Djebar et celle sur Kristeva, nous suivrons dans un sens très général cette approche que Tzvetan Todorov appelle « la critique dialogique », qu'il définit comme concept dans *Critique de la critique* (1984) ainsi :

> La critique dialogique parle non des œuvres, mais aux œuvres – ou plutôt : avec les œuvres; elle se refuse à éliminer aucune des deux voix en présence. Le texte critiqué n'est pas un objet que doit prendre en charge un « métalangage », mais un discours que rencontre celui du critique; l'auteur est un « tu » et non pas un « il », un interlocuteur avec qui on débat des valeurs humaines. Mais le dialogue est asymétrique, puisque le texte de l'écrivain est clos, alors que celui du critique peut continuer indéfiniment. Pour que le jeu ne soit pas truqué, le critique doit loyalement faire entendre la voix de son interlocuteur. (185-86)

Enfin, notre expérience d'exilée bulgare qui a choisi d'écrire en français et de vivre aux Etats-Unis est également appropriée pour ce dialogue critique que nous entamerons avec les textes de Kristeva et avec ceux de Djebar : notre propre expérience du totalitarisme et du post-totalitarisme, de l'exil et de l'autre langue sont des références communes en tout point appropriées. A cette perspective s'en ajoute une autre : celle d'une femme qui parle d'un endroit précis, celui de l'académie américaine du début du XXIe siècle. Ces perspectives nous permettront d'envisager des questions sous un angle qui rende compte de leur complexité.

Le chapitre 1 et le chapitre 2 portent sur Assia Djebar et leur objectif est de considérer les enjeux des langues et de l'écriture qui constituent une partie importante de la problématique de cette écrivaine. Le chapitre 1 présente le thème de la langue chez Djebar, d'une part à travers la dialectique de racialisation et de déracialisation de la langue, et d'autre part en s'appuyant sur l'analyse de la microphysique du pouvoir dans le sens de Foucault, c'est-à-dire d'un pouvoir qui « ne s'applique pas purement et simplement, comme une obligation ou une interdiction, à ceux qui 'ne l'ont pas' ; il les investit, passe par eux et à travers eux ; il prend appui sur eux, tout comme eux-mêmes, dans leur lutte contre lui » (*Surveiller et punir* 31). Dans le chapitre 1, nous étudierons comment l'appareil colonial et la microphysique du pouvoir se manifestent à travers la langue et la culture dans les endroits et les symboles qu'ils atteignent ou qui leur sont propres – la famille (cellule de la société), la prison, l'école, le drapeau.

Dans le chapitre 2, nous verrons comment l'écriture en français devient un dépassement de la violence symbolique (Bourdieu, *La reproduction*) par une reterritorialisation effectuée par l'humanisme créatif de Djebar. Nos exemples dans les deux chapitres sont tirés des romans : *L'amour, la fantasia* (1985), *Vaste est la prison* (1994), *La disparition de la langue française* (2003) et du recueil d'essais *Ces voix qui m'assiègent* (1999). Dans le chapitre 2, notre recherche se focalise d'une part sur certaines représentations chez Djebar des *topoi* de la guerre des langues et, d'autre part, sur une vision de l'écriture qui donne la possibilité à l'individu de se sauvegarder hors de l'assujettissement identitaire et de la racialisation, en le menant vers un tiers lieu, vers un ailleurs de non-lieu qui fait partie de l'utopie personnelle de l'écrivaine.

Nous nous pencherons sur les techniques que Djebar utilise, ce que nous appelons 'stratégie de la purification de la langue d'écriture', en l'occurrence le français. Le but de cette stratégie, qui fait aussi partie de l'utopie de l'écrivaine, est de justifier l'usage de la langue adverse, une stratégie qui s'opère par plusieurs procédés que nous explorerons en détail. Nous nous intéresserons tout particulièrement à son recueil d'essais *Ces voix qui m'assiègent* qui reflète l'évolution de sa poétique, de ses thèmes, de toutes ses allées et venues entre l'Algérie et la France : entre deux langues, entre deux mémoires, entre deux cultures.

Nous conclurons que Djebar refuse l'isolement culturel par son comportement linguistique et culturel et, grâce à son écriture, exerce un mouvement peut-être utopique mais nécessaire dans sa logique créative pour mener les voix des femmes algériennes et se mener elle-même hors de l'assujettissement et de l'enfermement à et dans une tribu, à une tradition et à une seule culture.

La deuxième partie de cette étude comprend deux chapitres sur Julia Kristeva. Nous continuerons de suivre ce que Todorov appelle l'interprétation dialogique, c'est-à-dire la mise en dialogue des textes de fiction avec des textes théoriques et essayistes. Nous nous concentrerons sur certains personnages et certaines scènes de deux romans (*Possessions* et *Meurtre à Byzance*), ainsi que sur certains essais de Kristeva. Ce sont des textes qui relèvent d'une rhétorique qui fait partie du régime kristevien de la représentation de la dialectique langue maternelle – autre langue dans le cadre plus vaste de l'étrangeté.

Dans le chapitre 3, à travers *Possessions* et *Étrangers à nous-mêmes*, nous examinerons le thème de l'identité en procès et la dynamique des langues dans le contexte de deux thèmes clés : ceux de la maternité et de l'étrangeté. *Possessions* est un roman qui entremêle la piste psychanalytique, la piste métaphysique et la piste qui explore la langue par ses personnages. Par leur comportement d'« êtres linguistiques » (Merleau-Ponty, *Phénoménologie*), Kristeva explore comment dans le voyage d'une langue à l'autre, l'on subit non seulement une métamorphose psychique, mais aussi une métamorphose corporelle. La façon dont Kristeva conçoit la corporéité est développée dans la ligne de pensée de Maurice Merleau-Ponty dans sa *Phénoménologie de la perception* (1945) : elle voit dans le corps une condition permanente de l'expérience. La *chora* sémiotique[2] de Kristeva, en tant que prélangage pulsionnel, reflète dans une certaine mesure la notion de corporéité de Merleau-Ponty.

Le matricide symbolique qui s'exécute par le changement de la langue maternelle avec une autre langue est pour nous une autre piste de recherche qui suit la passion de Kristeva pour la théorie psychanalytique de Mélanie Klein, à qui Kristeva a dédié en 2000 un volet de sa trilogie sur le génie féminin. Les trois personnages principaux féminins de *Possessions* ont pour *modus vivendi* le fait d'être étrangères et d'être captivées par les démons de la maternité. Elles maîtrisent leur situation d'étrangères et de femmes possédées par la maternité et par l'altérité à travers trois *modi operandi* différents : Gloria est traductrice, Stéphanie est journaliste et aussi, par choix, détective, Pauline est orthophoniste. Chacun de ces *modi operandi* a à voir avec la langue, y compris l'autre langue. Mais son traitement est différent pour chacun des trois personnages féminins. En analysant leurs *modi operandi* avec l'autre langue, nous examinerons plus en détail les représentations différentes de l'altérité. Le symbolisme des noms des personnages forme la base de notre analyse qui nous amènera à comprendre plus profondément la problématique de l'altérité.

Dans le chapitre 4, nous analyserons d'abord les stratégies rhétoriques qui étayent l'idéologie du roman *Meurtre à Byzance* : l'éloge et l'invective. Ce sont, respectivement, les

---

[2] Pour l'explication du concept de la *chora,* voir surtout Kristeva *La révolution du langage poétique* 22-30. Kristeva soutient que toute signification est composée des deux éléments convergents, le symbolique et le sémiotique. L'élément sémiotique représente des pulsions du corps qui se déchargent dans la signification. Le sémiotique est associé avec les rythmes, les tonalités. Comme décharge des pulsions, il est aussi associé avec le corps de la mère, la première source des rythmes, des sons et des mouvements. C'est la *chora,* cet espace maternel des pulsions que selon Kristeva Platon désigne en tant que « ce réceptacle comme nourricier et maternel, non encore unifié en un Univers, car Dieu en est absent » (Kristeva, *La Révolution* 25).

éloges que l'auteure fait de Byzance, de la France, de l'Europe et l'invective que Kristeva utilise pour attaquer Santa-Barbara comme lieu imaginaire qui représente le barbarisme planétaire. Nous examinerons ensuite certains des choix, des comportements et des traits de caractère de deux des personnages principaux de *Meurtre à Byzance*, Sebastian Chrest-Jones et Stéphanie Delacour. Ces deux personnages nous intéressent non seulement dans leurs rapports à la langue, plus précisément dans leurs rapports à la langue étrangère qu'ils emploient, mais aussi sur le plan narratif. Ils sont en effet, comme Kristeva elle-même, motivés par leurs recherches sur Anne Comnène – intellectuelle, historienne et princesse byzantine du XIe siècle –, mais également à l'affût du crime généralisé. Enfin, en troisième lieu, nous nous pencherons sur *Meurtre à Byzance* en tant que roman, c'est-à-dire en tant que genre conçu pour traiter de la culture du dialogue et du questionnement, et dès lors, comme genre représentant par excellence la culture européenne. La juxtaposition de certains thèmes de *L'avenir d'une révolte* et de *Meurtre à Byzance* nous permet d'identifier des échos entre les motifs identitaires et langagiers de *Meurtre à Byzance* et des réflexions théoriques de l'écrivaine. Nous nous concentrerons sur certains passages où s'exprime la philosophie de l'étrangeté qui aboutit à la réflexion sur l'interaction de deux langues : la langue maternelle (le bulgare) et la langue d'accueil (le français). En examinant la représentation de cette philosophie, nous démontrerons que la pensée et l'éthos créatifs de Kristeva font des efforts d'effacement de la frontière entre ce qui est 'le mien' et ce qui est 'à l'autre'.

La question centrale de notre recherche est le traitement et la signification du fait que des écrivaines accomplies, Djebar et Kristeva, écrivent en français en créant un espace intermédiaire. C'est un espace qu'elles élargissent à partir de leurs expériences, de leurs souffrances et de leurs joies, mais aussi de leurs lectures et de leurs réflexions théoriques pour nous montrer que la vie hors de la tribu est possible. Elles suggèrent notamment que l'on peut créer et penser plus intensivement et plus librement grâce à cet espace intermédiaire, et qu'en dernier lieu, cette conquête de la pensée fertile est mieux servie par la représentation artistique ou théorique qui s'exécute dans la langue de l'autre et devient extra-location, *vnenahodimost*, selon le terme de Bakhtine (*Speech Genres* 7).

CHAPITRE 1

Enjeux des langues chez Assia Djebar

> *Caliban:* You taught me language; and my profit on't.
> Is, I know how to curse.
> The red plague rid you
> For learning me your language!
>
> Shakespeare, *The Tempest,* Act 1, scene 2

L'objectif des deux chapitres consacrés à Assia Djebar dans la première partie de cette étude est de considérer les enjeux des langues et de l'écriture qui occupent une place importante dans son œuvre. Nous aborderons le thème de la langue chez Djebar, d'une part, à travers la dialectique de racialisation et de déracialisation, et d'autre part, en nous appuyant sur l'analyse de la microphysique du pouvoir dans le sens de Foucault[3]. Nous pensons que la dialectique qui unit racialisation et déracialisation dérive de trois ensembles de rapports dynamiques que nous considérerons tour à tour : le premier est celui des rapports entre colonisation et décolonisation, le second – celui des rapports entre aliénation, étrangeté et proximité et le troisième – celui qui rapproche hétérotopies et utopies. Nous avançons ici une autre conviction théorique, celle que le métissage, ou plutôt ce que Gloria Anzaldúa appelle « mestiza reason »[4], reflète des

---

[3] « … Il s'agit en quelque sorte d'une microphysique du pouvoir que les appareils et les institutions mettent en jeu, mais dont le champ de validité se place en quelque sorte entre ces grands fonctionnements et les corps eux-mêmes avec leur matérialité et leurs forces […] Il faut en somme admettre que ce pouvoir s'exerce plutôt qu'il ne se possède [...] Ce pouvoir d'autre part ne s'applique pas purement et simplement, comme une obligation ou une interdiction, à ceux qui 'ne l'ont pas' ; il les investit, passe par eux et à travers eux; il prend appui sur eux, tout comme eux-mêmes, dans leur lutte contre lui... » (*Surveiller et punir* 31).

[4] Dans *Borderlands/la frontera: The New Mestiza* (1987), Gloria Anzaldúa écrit: « The new mestiza copes by developing a tolerance for contradictions, a tolerance

contradictions qui créent un espace de dialogue et de polyphonie dans le sens de Bakhtine[5]. Cet espace qui est parfois asymétrique et strident laisse entendre des voix différentes et met en lumière les non-dits et les censures.

Dans le premier chapitre, nous étudierons comment l'appareil colonial et la microphysique du pouvoir se manifestent à travers la langue et la culture dans les endroits et les symboles qu'ils atteignent ou leur sont propres – la famille (cellule de la société), la prison, l'école, le drapeau. Dans le deuxième chapitre, nous examinerons comment l'écriture en français[6] devient un dépassement de la violence symbolique[7]par une reterritorialisation absolue effectuée par l'humanisme créatif de Djebar. Celui-ci est l'expression de

---

for ambiguity. She learns to be an Indian in Mexican culture and to be Mexican from an Anglo point of view. She learns to juggle cultures. She has a plural personality, she operates in a pluralistic mode – nothing is trusted, the good, the bad, and the ugly, nothing rejected, nothing abandoned. Not only does she sustain contradictions, she turns the ambivalence into something else » (79). Anzaldúa clarifie aussi que son identité mixe est liée à son identité linguistique mixe. Comme résultat, Anzaldúa se fait avocate pour une justice linguistique dans la praxis linguistique de Chicanos comme un antidote au terrorisme monolinguistique de n'importe quel côté de la frontière.

Voir aussi Anne Donadey (2007) qui comme nous soutient l'idée de la proximité typologique de Djebar et d'Anzaldúa. Pour une théorie du *métissage* bien élaborée, nous renvoyons au texte « The Politics and Aesthetics of *Métissage* » de Françoise Lionet qui est assez convaincante lorsqu'elle affirme le métissage comme une esthétique : « I rely on métissage as an esthetic concept to illustrate the relationship between historical context and individual circumstances, the sociocultural construction of race and gender and traditional genre theory, the cross-cultural linguistic mechanisms that allow a writer to generate polysemic meanings from deceptively simple or seemingly linear narrative techniques » (29).

[5] Comme le note Bakhtine, dans *Problèmes de la poétique de Dostoïevski,* la polyphonie n'est pas toujours une harmonie car : « Dostoïevski, à l'opposé de Goethe, s'efforçait de considérer les étapes elles-mêmes dans leur simultanéité, de <u>les confronter et de les affronter</u> dramatiquement, au lieu de les répartir à l'intérieur d'une série en formation. Démêler le monde signifiait pour lui penser tous ses contenus comme simultanés et <u>trouver leurs interrelations au sein d'un moment unique</u> » (37, nous soulignons).

[6] Ce que Djebar appelle dans *Ces voix*« la franco-graphie » (29).

[7] La théorie de la violence symbolique a pris forme dans l'étude de Pierre Bourdieu et de Jean-Claude Passeron *La reproduction* (1970) sur l'école comme institution qui sert les classes dominantes. Sept ans plus tard, Bourdieu publie son article « Sur le pouvoir symbolique » dans *Annales* 32.3 (1977) : 405-11. Plus tard, il sera republié sous le même titre dans *Langage et pouvoir symbolique* (1982).

son homophilie et de sa quête de non-lieu hors de ce monde qui est « bouleversé comme dans un pressoir »[8]. Nos exemples sont tirés des romans : *L'amour, la fantasia* (1985), *Vaste est la prison* (1994), *La disparition de la langue française* (2003) et du recueil d'essais *Ces voix qui m'assiègent* (1999).

Le contexte de la littérature maghrébine

L'œuvre de Djebar partage et exprime les idées qui caractérisent la littérature maghrébine après 1950. La plupart des auteurs du Maghreb[9] utilisent le domaine de la littérature pour inscrire l'identité maghrébine en français et par le français. C'est une affirmation qui est vraie pour la génération des fondateurs comme Mouloud Feraoun, Driss Chraïbi, Mohammed Dib, Kateb Yacine, Albert Memmi aussi bien que pour les générations littéraires des années 1970, 1980 et 1990 dont les noms sont entre autres, Abdelkébir Khatibi, Rachid Boudjedra, Nabil Fares, Tahar Benjelloun, Assia Djebar, Malika Mokeddem, Leïla Sebbar, Fatima Mernissi, Maïssa Bey.

Pour mieux comprendre les revendications de la littérature maghrébine, il est important de la placer en relation avec l'histoire culturellement riche de la région et de noter ses relations avec la France qui jouait le rôle de la métropole pour la région avant la fin du protectorat français au Maroc et en Tunisie en 1956 et l'Indépendance de l'Algérie en 1962.

Le Maghreb constitue une région d'Afrique du Nord, entre une mer (Méditerranée) et un désert (Sahara), qui englobe l'Algérie, la Tunisie et le Maroc. Dans l'Antiquité, cette région est la terre des Berbères et des Phéniciens, mais aussi

---

[8] « Le monde aujourd'hui est bouleversé comme dans un pressoir » (269), Djebar cite ce passage de Saint Augustin dans « La Zerda ou Maghreb, les années 30 (Continuité) » par Assia Djebar et Malek Alloula.

[9] Pour un tableau détaillé de la littérature maghrébine et sur la littérature algérienne, voir Bonn; Dejeux; Bekr; Lanarsi; Chikhi.

celle de Carthage et de St. Augustin, une province de l'Empire romain et plus tard, celle de l'Empire ottoman[10].

Les relations avec la France sont une question charnière pour la littérature maghrébine. La colonisation française commence en 1830 par l'Algérie, puis se poursuit par un protectorat français en Tunisie (1881) et au Maroc (1912). La présence française aura duré 132 ans en Algérie, 75 ans en Tunisie, et 46 ans au Maroc. Depuis le début des années 1960, c'est-à-dire depuis la fin officielle de la colonisation, le concept de la francophonie a été établi, propagé et contesté. Tandis que Leopold Sedar Senghor l'a propagé ardemment en en faisant un éloge élaboré, d'autres écrivains et intellectuels plus radicaux ou marxistes le contestent, parmi eux Kateb Yacine (1929-1989), algérien, berbère de souche, nom phare de la littérature algérienne.

Depuis les années 1950, on parle de la littérature maghrébine de la langue française. C'est un phénomène né en effet d'une aporie – résultant de la colonisation, car c'est une littérature qui s'écrit dans la langue du colonisateur, mais ne cesse de s'interroger sur ce fait, de le contester et de chercher une identité au-delà de ce fait. De cette aporie résultent plusieurs contradictions, et parmi elles, notamment le fait qu'il s'agit d'une littérature orientée vers le public occidental, particulièrement au moment de son apparition dans les années 1950.

La position paradoxale de l'écrivain par rapport à son instrument d'expression, la langue, s'exprime par un degré élevé d'émotion. Albert Memmi, lui-même de triple appartenance en tant que tunisien, juif et français, décrit le drame de l'écrivain colonisé dans son livre incontournable le *Portrait du colonisé* (1957). Selon lui, l'essence de ce drame est que le penchant naturel de chaque écrivain, privé de sa langue maternelle, est de réclamer la restauration de celle-ci, mais ce faisant, il prend plus douloureusement conscience du déchirement du moi :

---

[10] Voir entre autres sur ce sujet : Julien, *Histoire de l'Afrique du Nord* et Stora, *Histoire de l'Algérie.*

> … s'il contribue à liquider son drame d'homme, il confirme, il accentue son drame d'écrivain. Pour concilier son destin avec lui-même, il pourrait s'essayer à écrire dans sa langue maternelle. Mais on ne refait pas un tel apprentissage dans une vie d'homme. L'écrivain colonisé est condamné à vivre ses divorces jusqu'à sa mort. … une autre possibilité peut tenter l'écrivain : décider d'appartenir totalement à la littérature métropolitaine. Laissons de côté les problèmes éthiques soulevés par une telle attitude. C'est alors le suicide de la littérature colonisée. Dans deux perspectives, seule l'échéance différant, la littérature colonisée de langue européenne semble condamnée à mourir jeune. (139-40)

Dans ses deux œuvres majeures, *Portrait du colonisé* précédé du *Portrait du colonisateur* (1957), Memmi non seulement exprime le tragique de la situation linguistique de l'écrivain colonisé, mais également articule pour le Maghreb le besoin de philosopher, de théoriser le rapport colonisateur – colonisé dans un cadre plus général. Les « portraits » apparaissent pendant la période de la guerre d'Indépendance de l'Algérie et désormais font partie de la pensée représentative du XXe siècle. Ces œuvres de Memmi donnent un cadre pour penser l'identité maghrébine à travers le phénomène de la colonisation et ses structures de pouvoir, y compris les effets qu'elles exercent sur l'écrivain colonisé.

L'Algérie est le pays qui a le plus souffert parmi les pays du Maghreb des « effets de la colonisation » : elle a subi 132 ans de colonisation pendant lesquels la langue et la culture du colonisateur se sont imposées comme normes. De plus, c'est un siècle de violence, celui de la conquête puisqu'un tiers de la population civile a été massacré au cours de razzias, de destruction de villages entiers et même d'enfumades[11], mais aussi celui de la guerre non déclarée contre l'Algérie à partir

[11] Les enfumades faisaient partie de la guerre non conventionnelle en Algérie. Cette pratique consiste à asphyxier les ennemis par la fumée qui se répand dans une grotte. Des milliers d'Algériens (parmi eux enfants et femmes) sont tués de cette façon dans les grottes d'Algérie. Sadek Sellam souligne : « La généralisation de la guerre fut à l'origine d'autres formes de violence qui devraient être rangées facilement aujourd'hui dans la catégorie des 'crimes contre l'humanité'. C'est le cas notamment de la pratique des enfumades et des emmurements qui provoquaient à chaque fois la mort de plusieurs centaines de personnes par asphyxie » (*Parler des camps*).

de 1954. La guerre d'Indépendance (1954-1962) a en effet été féroce : selon les Renseignements Généraux du 9 mars 1962 environ (grand total) 227 000 Algériens ont perdu la vie pendant le conflit[12].

L'écrivain colonisé s'accroche souvent sur la question de l'identité comme une manière de faire résistance. Dans *S/Z,* Barthes écrit : « A l'origine du récit, le désir » (95). Ayant en vue cette formule de Barthes, il nous semble pertinent de poser la question de savoir quel est le désir collectif qui gouverne les récits de la quête identitaire dans la littérature maghrébine en français ? Pour y répondre, il est nécessaire d'évoquer d'abord uniquement le récit historique de la colonisation française pour comprendre l'amertume que laissent ces traces : des cicatrices qui ne se guérissent pas facilement dans l'imaginaire collectif maghrébin, cherchant à travers la littérature à se révolter. Les écrivains maghrébins abordent le récit identitaire à travers des thèmes comme la colonisation, les revendications de la post-colonisation, la langue maternelle et celle de l'autre, l'être bilingue colonial (un thème emblématique pour Abdelkébir Khatibi, le grand écrivain marocain et ami intellectuel de Derrida), le bilinguisme imposé, les traditions culturelles ou religieuses (Rachid Boudjedra, Driss Chraïbi, Assia Djebar), l'exil, la résistance et la révolte.

Ce sont des aspects différents du désir de récit qui forment la base de la quête identitaire. Le désir qui guide ces textes se transforme en volonté de révolte, en inspirant et en créant des textes insurgés et insoumis. En effet, ce type d'œuvres traite de manière différente d'un grand thème, dont l'origine est une

[12] « [These] indications [were] provided in a note from Renseignements Généraux (General Information Service) on March 9, 1962, based on French military sources… » (Stora, *Algeria* 109-10). Voir aussi le livre *A Savage War of Peace : Algeria 1954-1962* (2006) d'Alistar Horne dont la quatrième de couverture résume bien les « résultats » de la guerre d'Algérie : « The Algerian War lasted from 1954 to 1962. It brought down six French governments, led to the collapse of the Fourth Republic, returned de Gaulle to power, and came close to provoking a civil war on French soil. More than a million Muslim Algerians died in the conflict and as many European settlers were driven into exile. Above all, the war was marked by an unholy marriage of revolutionary terror and repressive torture ».

idéologie partagée, celui de la résistance et de la révolte, comme le suggère Ahmed Lanasri : « ...la production algérienne de l'entre-deux-guerres est essentiellement une littérature à thèse. L'acte créateur de l'écrivain se pense, dès le départ, comme une contribution au débat qui anime la colonie. Il est donc chargé de mettre en scène une doctrine... » (178). Cette formule de Lanarsi pour la littérature algérienne de l'entre-deux-guerres peut être appliquée également à la littérature maghrébine à partir des années 1950.

La littérature maghrébine crée un monde imaginaire où les femmes, qu'elles soient victimes ou rebelles, sont vues comme des forces décisives, car elles servent de gardiennes de la mémoire identitaire. C'est une mémoire dans laquelle est inscrite l'oppression double (masculine et coloniale), une mémoire qui cherche des voix littéraires pour se révolter et pour se libérer en s'exprimant (Assia Djebar, Malika Mokeddem, Maïssa Bey, Leïla Sebbar). Selon Albert Camus, un écrivain qui en tant que 'pied-noir' était étroitement lié à l'esprit du Maghreb, les efforts qui mènent vers la libération sont des efforts constants de « l'homme révolté » qui est un homme en lutte contre chaque forme d'oppression :

> Qu'est-ce qu'un homme révolté ? Un homme qui dit non. L'esclave, à l'instant où il rejette l'ordre humiliant, rejette en même temps l'état d'esclave lui-même. Le mouvement de révolte le porte plus loin qu'il n'était dans le simple refus. Il dépasse même la limite qu'il fixait à son adversaire, demandant maintenant à être traité en égal. (27)

L'oppression dans les textes des écrivains comme Kateb Yacine, Abdelkébir Khatibi, Rachid Boudjedra, Tahar Benjelloun, Cheikh Hamidou Kane, Abdelwahab Meddeb, Assia Djebar, Malika Mokeddem, Leïla Seibbar, parmi tant d'autres, est perçue comme imposition dans tous les aspects du pouvoir colonial et de l'ordre patriarcal très fort qui fait partie de la tradition arabo-maghrébine. Ces textes partagent une idéologie commune contre l'oppression coloniale ainsi bien qu'une poétique révoltée et antidogmatique. Un autre trait commun de ces textes est qu'ils posent la question de la guerre soit personnelle, soit nationale, c'est-à-dire de l'identité difficile à atteindre qui se cherche à n'importe quel prix. Les protagonistes de ces textes sont, pour emprunter les mots de Driss Chraïbi dans la dédicace de son roman *La mère du Printemps,* « toutes les minorités ». Donc, c'est une littérature des voix marginales, des êtres maltraités, en particulier des femmes colonisées, c'est-à-dire des « subalternes ». En fait, les écrivaines maghrébines fournissent dans leurs œuvres un espace, peut-être utopique, où elles inscrivent des voix imaginaires des sujets subalternes féminins, ce qui contredit partiellement le postulat de Gayatri Chakravorty Spivak selon lequel : « There is no space from which the sexed subaltern subject can speak » (« Can the Subaltern » 307). En effet, les femmes écrivains maghrébines utilisent la littérature pour prendre la parole, pour reconstituer les voix subalternes féminines et par conséquent pour effectuer un mouvement vers le centre (de la langue, donc du pouvoir), pour le déplacer, même le déconstruire. D'ailleurs, cela fait partie de la fonction sociale de la littérature maghrébine dans sa quête identitaire. Les textes d'une écrivaine comme Assia Djebar se situent aussi dans ce paradigme idéologico-littéraire qui prend ses bases dans les faits sociaux et dans les quêtes existentielles. C'est « la femme en morceaux » (la métaphore ingénieuse de Djebar) qui se révolte pour se réinventer.

Sous des formes différentes dans ces textes orientés vers le récit idéologique surgit le lyrisme orageux de la révolte : c'est un de leurs traits constitutifs, ce qu'Abdelkébir Khatibi explique ainsi et nous le citons par le truchement de Jean Déjeux :

> Les nouvelles générations veulent *lâcher l'Occident* en comprenant l'écriture comme une façon militante d'assumer sa responsabilité et d'une façon théorique comme une tentative de réinterprétation des écritures occidentales, comme un dépassement de ses contradictions par un terrorisme lyrique, une violente recherche de la culture nationale… La grande contradiction… réside dans le refus de la culture française et dans la volonté de recréer la langue française. (*La littérature maghrébine* 67-8)

Il s'agit donc d'une aporie, d'une « grande contradiction » (Khatibi) qui caractérise non seulement la littérature maghrébine, mais aussi en grande partie l'œuvre de Djebar. Cette aporie culturelle marque également son parcours biographique.

Le parcours biographique de Djebar[13]

Fatima Zohra Imalhayène, dont le pseudonyme est Assia Djebar, naît le 30 juin 1936 à Cherchell en Algérie dans une famille de la petite bourgeoisie algérienne. Son père, Tahar Imalhayène, est un instituteur chargé d'enseigner le français (issu de l'École normale musulmane d'instituteurs de Bouzaréah). Il est Berbère originaire de Gouraya. Sa mère, Bahia Sahraoui, appartient à la famille berbère des Berkani (de la tribu des Berkani du Dahra). Assia Djebar passe son enfance à Mouzaïaville dans la Mitidja où son père est instituteur. Elle fréquente l'école française. Les premières années, après l'école française, elle fréquente une école coranique privée. De 1946 à 1953, elle étudie au collège de Blida, section classique (le grec, le latin, l'anglais) et obtient son baccalauréat en 1953. Puis, elle fait sa première année de classes préparatoires littéraires (hypokhâgne) à Alger. L'année suivante, elle fait sa deuxième année de classes préparatoires littéraires (khâgne) à Paris, au lycée Fénelon où elle rencontre Jacqueline Risset[14].

En 1955, Fatma Zohra entre à l'École normale supérieure de jeunes filles de Sèvres, en histoire. Elle aurait aimé étudier

[13] Pour cet exposé sur la vie d'Assia Djebar, nous utilisons des textes de Zimra, Afterword dans *Women of Algiers*, de la Chronologie à la fin du livre de Calle-Gruber, *Assia Djebar,* et également de www.fr.wikipedia.org/wiki/AssiaDjebar. Assia Djebar est morte le 7 février 2015 dans un hôpital parisien des suites d'une longue maladie. Elle est enterrée dans son pays natal au cimetière de Cherchell aux côtés de son père.

[14] Jacqueline Risset est une poétesse française née en 1936 à Besançon. Elle est également critique littéraire, traductrice et universitaire, en particulier spécialiste de Dante et auteur d'une traduction de référence de *La Divine Comédie*. De 1967 à 1982, elle a été membre du comité de rédaction de la revue *Tel Quel*.

l'arabe littéraire, mais à cette époque, ce type d'enseignement n'était pas 'disponible'. La guerre d'Algérie commence le 1er novembre 1954. En mai-juin 1956, une grève des étudiants algériens éclate et Fatma Zohra ne passe pas ses examens en raison de cette grève. En 1957, elle publie son premier roman, *La soif* [15], sous le pseudonyme d'Assia Djebar[16] par respect pour ses parents. Un an plus tard, elle quitte l'école, épouse l'écrivain algérien Walid Garnpuis quitte la France avec lui pour Tunis. À Tunis, elle travaille comme journaliste en collaboration avec Frantz Fanon. Elle se rend dans les camps de réfugiés avec la Croix-Rouge où elle fait des enquêtes auprès des réfugiés algériens, après le bombardement par l'armée française du village tunisien Sakiet Sidi Youssef, le 8 février 1958. Au Maroc, en 1958, elle rencontre Kateb Yacine. Elle prépare un diplôme d'histoire sur Aïcha el Manoubia, sainte patronne de Tunis à la fin du XIIe siècle. Puis au Maroc, elle retrouve son professeur de la Sorbonne, Charles-André Julien (qui a publié en 1931 chez Payot *Histoire de l'Afrique du Nord*), le doyen de la faculté des lettres de Rabat. À partir de1959, Djebar étudie et enseigne l'histoire moderne et contemporaine du Maghreb à la faculté des Lettres de Rabat. Le 1erjuillet 1962, elle retourne en

[15] Beida Chikhi fait cette remarque intéressante à propos du début romanesque de Djebar et de sa première réception par la critique française : « La Françoise Sagan de l'Algérie musulmane », avaient titré les chroniqueurs parisiens à la parution de *La soif*. Mais il y a loin, écrit Mourad Bourboune en 1984, de la baie de Cherchell où Assia Djebar a vu le jour à la rive gauche où l'auteur de *Bonjour tristesse* défraie la chronique. Elles ont pourtant deux points communs : leur précocité littéraire et le même éditeur : René Julliard. Pour le reste… » (12).

[16] Clarisse Zimra, dans son *Afterword* pour l'édition de *Women of Algiers in their Apartment*, présente les raisons pour lesquelles la jeune écrivaine prend un nom de plume à la parution de son premier livre, *La soif* (1957). Elle explique la signification du pseudonyme choisi : "Concerned about her family's reaction to a story that spoke of erotic self-indulgence..., she impulsively decided to cut her hair, change her birth date, and use a pen name... She selected *djebbar*, the phrase that praises 'Allah the intransigeant,' but in her haste spelled it 'djébar,' unwittingly transforming the classical Arabic into the vernacular term for 'healer.' … As for Assia, she has said, 'it was just a family first name that everybody liked'... But it has far-reaching symbolic resonances. In standard Arabic, it designates Asia and the mysterious Orient, thus 'orientalizing' its bearer. It also happens to be a name of the Egyptian princess who rescued Moses… In the vernacular, it designates the flower variously known as the immortelle or the edelweiss" (159-60).

Algérie pour faire un reportage sur les premiers jours de l'Indépendance. En septembre 1962, elle est nommée professeur à l'université d'Alger où elle est la seule Algérienne à enseigner l'histoire. Elle y enseignera jusqu'en 1965, date à laquelle l'enseignement de l'histoire et de la philosophie passe en langue arabe. Elle quitte alors Alger pour Paris. De1966à 1975, l'écrivaine réside le plus souvent en France (Paris), et séjourne régulièrement en Algérie. Elle divorce en 1975 et en 1981 se remarie avec le poète Malek Alloula. En 1974, Djebar retourne à Alger pour enseigner la littérature française et le cinéma au Département de français de l'université. De 1975 à 1977, elle tourne le film *La Nouba des femmes de mont Chenoua* qui, en 1979, reçoit le Prix de la critique internationale à la Biennale de Venise. En 1980, après une longue période de silence d'écrivain[17] pendant laquelle Djebar vit ses moments purgatoires et repense son utilisation du français comme langue d'écriture, comme « franco-graphie » (CV 29), elle recommence à publier. D'abord, c'est le recueil de nouvelles *Femmes d'Alger dans leur appartement* (1980) et en 1985 *L'Amour, la fantasia*, le premier volume du « Quatuor algérien ». Ses publications suivantes sont *Ombre sultane* (1989), deuxième volume du quatuor, *Loin de Médine* (1991), *Vaste est la prison* (1994), le troisième volume du quatuor, le recueil des essais *Ces voix qui m'assiègent* (2000), *La Femme sans sépulture* (2002), *La disparition de la langue française* (2003), *Nulle part dans la maison de mon père* (2007). De 1985 à 1994, Djebar travaille au Centre culturel algérien à Paris. À partir de 1992, l'écrivaine donne des conférences dans des universités des États-Unis et du Canada. Les assassinats en Algérie des intellectuels francophones en 1993-94 la touchent personnellement et profondément en tant qu'intellectuelle algérienne francophone en exil, et en 1996, elle publie sa réponse aux évènements, *Le Blanc de l'Algérie*. De1995à2001, Djebar s'installe en Louisiane, aux États-Unis, et accepte le

[17] Dans l'entretien avec Clarisse Zimra, Djebar est très certaine que la langue était la cause de ce silence prolongé : "Ah ! The language question. I know I've told many others before that my silence had to do with my problematic relationship to language" (Zimra, Aftrword 171).

poste de directrice du Centre d'études françaises et francophones de l'université de Bâton-Rouge. Depuis 2001, elle enseigne dans le département d'études françaises de l'université de New York où un an plus tard, elle est nommée professeur titulaire de la Chaire Silver (Silver Chair Professor).

Assia Djebar a reçu de nombreux prix littéraires comme l'International Literary Neustadt Prize (1996), le Prix du meilleur essai en Allemagne (1997) et le Prix international de Palmi en Italie (1998), le Prix de la paix à Francfort-sur-le-Main (2000). Elle a reçu le titre de *doctor honoris causa* de l'université d'Osnabrück. Elle est élue en 1999 à l'Académie royale de Belgique où elle succède à Julien Green et finalement la métropole lui offre la plus grande reconnaissance de sa maîtrise de la langue française, lorsqu'à l'âge de 69 ans, le 16 juin2005, Assia Djebar est élue membre de l'Académie française. Elle succède à Georges Vedel et est officiellement reçue le 22 juin2006[18].

Comme ses œuvres, le parcours biographique d'Assia Djebar renvoie à une forme de métissage. Au niveau de la

[18] Depuis cette date, Djebar signe toujours la première page de la couverture de ses livres avec un titre, juxtaposé après son nom de plume : « Assia Djebar, de l'Académie française ». Sur le plan théorique du paratexte, cela représente le « paratexte auctorial » (13) qui, comme l'explique Gérard Genette dans *Seuils*, fait partie du contexte auctorial des « évidences caractéristiques du paratexte factuel, et il en est bien d'autres, plus futiles, telles que l'appartenance à une académie (ou autre corps glorieux), ou l'obtention d'un prix littéraire… Ces faits d'appartenance contextuelle, je n'entreprendrai pas ici d'en préciser la nature… mais il nous faut au moins retenir en principe que tout le contexte fait paratexte » (13).

Dans ce contexte, il nous semble, que la signification est au moins double : noter une appartenance double mais plutôt marquer une certaine victoire des siens à travers un individu particulier qui se trouve, en l'occurrence être elle-même. Rappelons que Djebar avoue à Lise Gauvin dans leur entretien qu'en tant que Fatma Zohra Imalhayène, elle aimait être la meilleure dans toutes les classes de l'école française pour revendiquer les siens (alors pour ses propres raisons nationalistes) et pour rendre son père fier et content :

« J'ai toujours été la seule Arabe parmi des Français d'origine. Il y avait donc toute l'atmosphère coloniale où le rapport aux autres était forcément une sorte de rapport nationaliste. Je me suis dit : 'Le français n'est pas ma langue mais je vais être la meilleure. Si je suis la meilleure dans cette langue, ce sera une manière de montrer qu'à travers moi tous les miens sont aussi bons que vous'. Quand mon père arrivait pour la distribution des prix, si j'avais les trois-quarts ou les quatre cinquièmes des premiers prix, son contentement était un contentement d'Algérien » (Gauvin 28).

biographie, il opère comme un constant va-et-vient à travers les frontières entre la culture algérienne et la culture française, et même plus largement entre l'Europe et le Maghreb. Djebar enseigne l'histoire du Maghreb et la littérature française; elle tourne des films sur les femmes traditionnelles algériennes et obtient des prix pour ses films et ses œuvres littéraires en Europe, au Canada, aux États-Unis où elle propage non seulement l'algérianité, mais aussi la culture et la littérature françaises. Elle devient de plus en plus transnationale et transfrontalière avec ce type de « mestiza reason » dont parle Gloria Anzaldúa. Finalement, elle se fait transatlantique pour amener la culture française et celle de l'Algérie francophone dans le contexte académique de la francophonie aux États-Unis.

Les langues : racialisation et déracialisation

Le portrait linguistique d'Assia Djebar peut se faire ainsi : Assia Djebar est une écrivaine algérienne qui a perdu le berbère, langue de ses aïeules maternelles, qui parle mais ne peut écrire de la littérature en arabe, sa langue maternelle, et qui considère le français comme un don ambivalent de son père instituteur de français[19]. Elle a été élue à l'âge de 69 ans membre de l'Académie française pour sa contribution à la littérature maghrébine d'expression française, c'est-à-dire pour sa maîtrise remarquable de la langue française, langue de l'ancien adversaire de sa nation. Bien que simplifié, ce résumé linguistique reste assez compliqué. Si on n'est pas spécialiste de Djebar, il faut relire plusieurs fois cette description pour comprendre les rapports qui y sont inscrits. Effectivement, depuis la fin de son silence d'écrivain en 1985, Djebar ne cesse de relire (en arabe dialectal la notion de lire est synonyme d'étudier, CV 69) et de réinterpréter cette

[19] C'est la raison pour laquelle, pour Djebar, comme le remarque Calle-Gruber, « écrire, c'est faire un travail de deuil », car « L'Algérienne berbérophone, écrivain en langue française, ne pouvant écrire en arabe, n'en finit pas de faire son deuil : de l'origine, de la mère, de l'Histoire » (*Assia Djebar, ou la résistance* 254).

problématique du plurilinguisme et du multiculturalisme, car elle la concerne individuellement, mais aussi en tant que membre de la communauté des femmes algériennes et en troisième lieu en tant que membre de la communauté des intellectuels francophones musulmans. Dans ce sens, il faut comprendre ce que Mireille Calle-Gruber écrit : « … toute narration, toute biographie et autobiographie, tout témoignage est pour Assia Djebar d'abord *scène des langues*. Et jamais une seule : toujours deux, qui en outre s'entre-lisent et entre-disent… » (252). L''entre-lecture' et l''entre-diction' sont les conditions d'une polyphonie remarquable dans les textes de Djebar où la scène des langues, les mots d'autrui, est toujours présente.

La critique étudiant la problématique de l'identité à travers la langue cherche chez Djebar des implications politiques, esthétiques, éthiques, psychanalytiques, féministes. Clarisse Zimra résume bien ces implications dans la postface de *Women of Algiers in their Apartment* (1992) : « [Djebar's] entire corpus grapples with issues attending the passage from colonial to postcolonial culture[20] : the definition of a national literature, the debate over cultural authenticity, the problematic question of language, and the textual inscription of a female subject within the patriarchal object » (163). Priscilla Ringrose, par exemple, dans son étude *Assia Djebar. In Dialogue with Feminisms* fournit des analyses détaillées sur les manières dont le roman de Djebar incarne le concept sémiotique de Julia Kristeva, la *chora*[21], et reflète le sujet scindé ('split subject'). Selon Michael O'Riley, ce type de sujet scindé peut être compris par le paradigme de la « hauntology » : « For Derrida, the neologism 'hauntology', uncovers the space between being and absence (*Specters of Marx,* 1994, 10). Djebar's work can be seen to use this space

[20] Dans la même veine, Adlai H. Murdoch affirme : « ... a constant of the Djebarian *oeuvre* has long been an assertive reshaping of the French language in which she writes, the 'langue marâtre' that remains the marker of her colonial upbringing and which frames the doubled temporality of the pre and post-independence » (« Woman, Postcoloniality », 17).

[21] Pour *la chora* voir note 2.

between being and absence to uncover the dynamics of the haunting memories of warfare lodged within the Algerian nation» (36). Dans son article « Between Sound and Fury: Assia Djebar's Poectics of *l'entre-deux-langues*», Michèle Vialet souligne comme caractéristique définissante de l'œuvre djebarienne « the centrality of thinking Algeria's history and culture through 'l'entre-deux-langues' » (151). De son côté, Mildred Mortimer commente le début du long voyage ambigu de Djebar dans la langue de l'autre, ainsi :

> The day that Assia Djebar's father, a teacher in French colonial educational system, first escorted his daughter to school – « a little Arab girl going to school for the first time, one autumn morning, walking hand in hand with her father » – he set her on a bilingual and bicultural journey, albeit an ambiguous one, that freed her from the female enclosure. (*Journeys* 149)

Comme l'affirme une grande partie du corpus critique djebarien, l'investigation de la problématique de l'identité à travers la langue est sans doute l'une des préoccupations majeures de l'œuvre de Djebar[22]. L'originalité de notre étude

[22] Sur la problématique de la langue française chez Djebar voir aussi entre autres (car les sources sont très nombreuses) : Evelyne Accad, « L'écriture (comme) éclatement des frontières », *Postcolonial Women's Writing in French : L'Esprit Créateur* 33.2 (Summer 1993) : 119-28; Dorothy S. Blair, Introduction, Assia Djebar. *Fantasia : An Algerian Cavalcade* (Portsmouth : Heinemann, 1993) XV-XX; Carmen Boustani, « La femme arabe dans l'espace de la langue française, Assia Djebar », *Effets du feminin. Variations narratives francophones* (Paris : Karthala, 2003) 101-114; Mireille Calle-Gruber, « Écrire de main morte ou l'art de la césure chez Assia Djebar », *L'Esprit Créateur* 48. 4 (Winter 2008) : 5-14; Beida Chikhi, *Les romans d'Assia Djebar : histoires et fantaisies* (Paris : Presses Paris Sorbonne, 1989); Soheila Gaussy, « A Stepmother Tongue : 'Feminine Writing' in Assia Djebar *Fantasia: An Algerian Cavalcade* »,*World Literature Today* 68.3 (Summer 1994) : 457-62; Nada Elia, « The Forth Language. Subaltren Expression in Djebar's Fantasia », *Intersections. Gender, Nation, and Community in Arab's Women's Novels*, ed. Lisa Suhair Mjaj, Paula W. Sunderman, Therese Saliba. (Syracuse UP, 2002) 183-199; Hafid Gafaiti, « Assia Djebar ou l'autobiographie plurielle », *Nouvelles approches des textes littéraires maghrébins ou migrants : travaux récents de jeunes chercheurs à l'université Paris 13* (Paris : L'Harmattan, 1999) 119-127; Lise Gauvin, « Territoires des langues : Assia Djebar », *L'écrivain francophone à la croisée des langues. Entretiens.* (Paris : Karthala, 1997) 17-34 ; Susan Ireland, « Les voix de la résistance au féminin : Assia Djebar, Maissa Bey, et Hafis Zinai-Koudi », *Etudes littéraires maghrébins* (Paris, Budapest, Torino : L'Harmattan, 2001) 51-61; Mildred Mortimer, « Entretien avec Assia Djebar,

consiste à interpréter cette problématique djebarienne partant d'une optique différente. Ainsi, nous distinguons deux mouvements principaux vers la langue de l'autre, c'est-à-dire le français. Le premier mouvement est celui de la racialisation de la langue et le second, son contrepoint, la déracialisation. Ce double processus idéologique appliqué à la langue doit être compris dans une perspective épistémologique égalisant la langue et la race. C'est une perspective qui a été explicite au XIXe siècle et qui est toujours à l'œuvre, aujourd'hui, dans les milieux qui n'appartiennent pas au déconstructivisme universitaire. C'est-à-dire qu'on continue à se fixer dans un épistème établi par Ernest Renan et par sa conception de la « race linguistique » selon la définition de Tzvetan Todorov dans son œuvre critique *Nous et les autres*[23]. En effet, Todorov suggère que la philosophie du langage de Renan produit le concept de « race linguistique » pour lier étroitement la race à la langue :

> Le traitement auquel Renan soumet le concept de « race » apparaît maintenant comme plus complexe qu'il ne le disait, même si l'on s'en tient à la seule race blanche et à ses subdivisions. Loin de séparer la langue (et la culture) de la « race », Renan, par l'emploi ambigu qu'il fait de ce dernier mot, légitime au contraire la production des « races linguistiques » : œuvre, comme il le dit, de la seule philologie, mais qui n'en sont pas moins « races » (physiques) pour autant. La « race linguistique » est le tourniquet qui lui permet de faire communiquer la « race » et la langue. Loin

---

écrivain algérien », *Research in African Literatures* 19.2 (Summer 1988) : 197-205; Mildred Mortimer, « Language and Space in the Fiction of Assia Djebar and Leila Sebbar », *Research in African Literature* 19.3 (Fall 1988): 301-11;Adlai H. Murdoch, « Woman, Postcoloniality, Otherness : Djebar's Discourses of Histoire and Algérianité », *Esprit Créateur,* 48.4 (Winter 2008) : 15-33; *World Literature Today* 70.4 (Autumn, 1996) [Numéro special sur Assia Djebar : 1996 Neustadt International Prize for Literature].

[23] Gérard Lenclud dans son article « L'universel et le relatif » commente la position interprétative de Todorov par rapport à Renan, Taine et Le Bon : « 'La race 'linguistique' de Renan ou la race 'historique' de Taine et de Le Bon préparent la voie au différentialisme culturaliste moderne, cet 'habillage tactique' du racisme inégalitaire' (Taguieff 1987). Todorov déchiffre chez tous, selon des modalités différentes mais convergentes, une rupture décisive d'avec l'universalisme des Lumières au profit d'une attitude à la fois relativiste et ethnocentrique, fondée sur l'hypothèse d'un déterminisme inexorable de la race ».

> d'évacuer le concept de « race », l'œuvre de Renan permet qu'il prenne un nouveau départ, puisque c'est avec lui (et quelques-uns de ses contemporains) qu'« aryen » et « sémite » cesseront d'être des termes servant à designer des familles de langues, pour s'appliquer aux « races », c'est-à-dire aux êtres humains. C'est au même résultat que conduiront, on le verra, les travaux de nombre de ses contemporains et successeurs, tels Hyppolite Taine ou Gustave Le Bon. Gobineau, qui croit que les races sont fondées sur les différences de sang, fait plutôt figure d'exception en cette seconde moitié du XIXe siècle. Mais ce changement dans le sens de la notion n'empêche nullement Renan et Le Bon, on l'a vu, de rester racialistes : ils transposent simplement les préjugés communément attachés à la race sur le plan de la culture. (169)

Dans son œuvre incontournable, *Orientalisme,* Edward Saïd décrit aussi l'importance du rôle de Renan, cette fois-ci comme l'un des idéologues de l'orientalisme :

> In Renan's case, the legitimacy of his efforts was provided by philology, whose ideological tenets encourage the reduction of a language to its roots; thereafter, the philologist finds it possible to connect those linguistics roots, as Renan and others did, to race, mind, character, and temperament... The affinity between Renan and Gobineau, for example, was acknowledged by Renan to be a common philological and Orientalist perspective; in subsequent editions of the *Histoire générale* he incorporated some of Gobineau's work within his own. (150)

Il est bon d'avoir en vue la distinction précise que Todorov fait dans *Nous et les autres* entre le racisme et le racialisme pour mieux comprendre le rôle de figures comme Jules Ferry et d'autres « techniciens de la colonisation »[24] dans la production du discours racialiste :

> Pour séparer ces deux sens, on adoptera ici la distinction opérée parfois entre *racisme,* terme qui désigne le comportement, et *racialisme,* réservé, lui, aux doctrines. Il faut ajouter que le racisme qui s'appuie sur un racialisme produit des résultats particulièrement

[24] Dans « Coloniaux et colonisation », *Techniciens de la colonisation* (1946), Charles-André Julien décrit Ferry ainsi : « Il faudrait ranger aux côtés de ces éminences grises, les grands enquêteurs comme J. Ferry en Algérie, Lord Milner en Egypte, Sir John Simon dans l'Inde, dont les rapports entraînèrent de profonds changements dans la conception ou l'application de la politique coloniale » (3).

> catastrophiques : tel est précisément le cas du nazisme. Le racisme est un comportement ancien, et d'extension probablement universelle; le racialisme est un mouvement d'idées né en Europe occidentale, dont la grande période va du milieu du XVIIIe au milieu du XXe siècle. (113-14)

Cette attitude d'ailleurs n'est pas propre seulement à la culture française dans une période comme celle du XIXe siècle où la pensée continentale cherchait comment définir la nation par rapport à l'ethnie, à la langue, et au patrimoine. Comme l'affirme encore Saïd :

> It is hegemony, or rather the result of cultural hegemony at work that gives Orientalism the durability and strength. Orientalism is never far from what Denys Hay has called the idea of Europe, a collective notion identifying « us » Europeans as against all « those » non-Europeans, and indeed it can be argued that the major components in European culture is precisely what made that culture hegemonic both in and outside Europe... (7-8)

Un exemple transatlantique de l'attitude qui consiste à entendre la citoyenneté comme la maîtrise de la langue du pays où on réside paraît dans l'œuvre de l'anthropologue Margaret Mead lorsque dans son article « One World – but Which Language ? », elle analyse la situation monolinguistique dominante aux États-Unis[25].

[25] Margaret Mead dans son article « One World – but Which Language ? » explique le rapport entre la langue et la citoyenneté/ nationalité aux États-Unis d'Amérique : « … It is possible that Americans may play a decisive role in what happens? We have had a very special relationship to foreign languages ever since English won out over all the languages of other colonists, and, later, of immigrants who came to this country. Native speakers of English were freed from the necessity of ever having to learn another language and all others broke the ties to the past by giving up their native tongue. Adequate English became a symbol of full citizenship » (15). Dans le même article, l'anthropologue américaine propose l'adoption d'une langue universelle et pose aussi la question de la langue qu'il faut choisir pour construire une « civilization Partagée » : « In time, this is also what a universal secondary language must carry for the peoples of the whole world – the significance of worldwide talking with one another within a shared civilization. If we choose as a secondary language the natural language of a small, politically unimportant, non-European literate people, we could accomplish our several purposes » (18). Clairement, dans ses réflexions Mead fait référence à la langue et au pouvoir, à ses implications politiques, lorsqu'elle suggère que la langue universelle secondaire

Il importe de préciser que notre approche du concept de racialisation s'inscrit, notamment, dans la perspective de Renan qui lie étroitement la race à la langue. Nous suivrons aussi la ligne de pensée d'Albert Memmi, l'essayiste franco-tunisien qui définit le racisme[26] dans *Le racisme* (1994), livre considéré comme un important point de repère dans les études postcoloniales. Nous utiliserons les termes *racialisation* et *déracialisation* comme concepts dérivés de sa théorie. Par conséquent, nous entendrons par racialisation un mouvement sémantique aux effets idéologiques, un mouvement par lequel la différence est valorisée négativement. Inversement, par déracialisation nous entendrons un mouvement par lequel un sujet « non raciste » perçoit positivement la différence et la traite comme une altérité, c'est-à-dire une autre expression du même. L'hypothèse que nous soutenons est que ces deux mouvements créent deux types d'espaces : des espaces utopiques et des espaces hétérotopiques dans le sens que Michel Foucault donne à ces termes dans son essai « Of Other Spaces : Utopias and Heterotopias »[27]. Dans les espaces

---

doit être non blanche, non européenne, autrement se produirait une imposition proche de la colonisation linguistique. La langue, selon Mead, pourrait être un lieu neutre, c'est-à-dire un lieu hors de l'espace politique, mais à condition qu'on la purifie de ses valeurs idéologiques, accumulées pendant son histoire. Cette assertion de Mead peut être prise en considération par rapport à ce que Djebar fait en cherchant par son écriture la « zone neutre » par le truchement de la figure de l'écrivain déporté Polybe dans *Vaste est la prison* et dans la plupart des textes de son recueil *Ces voix qui m'assiègent.*

[26] « Le racisme consiste en une mise en relief de *différences* ; en une *valorisation* de ces différences ; enfin une utilisation de cette valorisation, au *profit* de l'accusateur » (*Le racisme* 43). Et encore Memmi, cette fois dans le *Portrait du colonisé* : « … l'analyse de l'attitude raciste y révèle trois éléments importants :

1. Découvrir et mettre en évidence les différences entre colonisateur et colonisé
2. Valoriser ces différences, au profit du colonisateur et au détriment du colonisé
3. Porter ces différences à l'absolu, en affirmant qu'elles sont définitives et en agissant pour qu'elles le deviennent » (100).

[27] Les définitions que Foucault donne aux espaces utopiques et aux espaces hétérotopiques sont les suivantes : « First of all, the utopias. These are arrangements which have no real space…There also exist… real and effective spaces which are outlined in the very institution of society, but which constitute a sort of counter-arrangement, of effectively realized utopia, in which all the real arrangements, all the other real arrangements that can be found within society, are at one and the same time represented, challenged and overturned: a sort of place that lies outside all places and yet is actually localizable. In contrast to the utopias, these places which

utopiques des textes de Djebar, plus particulièrement dans l'espace de l'utopie du miroir, tel qu'il est défini par Foucault, se manifeste le processus de déracialisation, tandis que les espaces hétérotopiques déclenchent le processus d'assujettissement à travers la langue du colonisateur. Introduit et analysé par Louis Althusser dans « Ideology and Ideological State Apparatuses » (1971), ce processus d'assujettissement, représenté par la formule « Ideology interpellates individuals as subjects » (170), s'accompagne dans l'œuvre de Djebar de pulsions révolutionnaires typiques de la littérature mineure. Dans *Kafka. Pour une littérature mineure* (1972), Gilles Deleuze et Felix Guattari ont forgé le terme de littérature mineure pour analyser l'œuvre de Franz Kafka, qui, comme Djebar, se trouvait entre plusieurs cultures et langues, bien que son œuvre soit écrite dans la langue officielle de l'empire des Habsbourg. En somme, sur le plan théorique, j'emprunte certains concepts à Althusser (l'interpellation et l'assujettissement), certains à Deleuze et Guattari (la littérature mineure et la hiérarchie des langues dans les sociétés multilingues), d'autres à Foucault (lieux utopiques et hétérotopiques; microphysique du pouvoir), et d'autres encore à Pierre Bourdieu (la violence symbolique)[28], et enfin à Albert Memmi (sa définition du racisme et de l'hétérophobie).

En nous servant de ce cadre théorique, nous allons examiner dans ce premier chapitre comment l'appareil colonial et la microphysique du pouvoir se manifestent à travers la langue et la culture dans les endroits et les symboles comme la famille, la prison, l'école et le drapeau. L'analyse prend appui sur des passages des romans *L'amour, la fantasia* (1985), *Vaste est la prison* (1995) et *La disparition de la langue française* (2003), trois œuvres dans lesquelles l'écrivaine traite de la problématique de la langue de l'autre

---

are absolutely other with respect to all the arrangements that they reflect and of which they speak might be described as heterotopias » (« Of Other Spaces » 352, nous soulignons).

[28] Voir Pierre Bourdieu, Jean-Claude Passeron, *La reproduction. Eléments pour une théorie du système d'enseignement* (1970).

(le français) et de sa relation aux langues qui sont les siennes, l'arabe et le berbère. Nous allons traiter d'exemples de comportement linguistique et culturel des personnages ou des voix narratrices, qui montrent la guerre des langues, mais aussi des zones de contact sociolinguistique dans un pays comme l'Algérie où la triglossie s'est imposée à cause de son développement historique[29].

Les mouvements d'appartenance et de non-appartenance, de racialisation et de déracialisation et leurs manifestations dans les textes djebariens font partie de la recherche identitaire de l'écrivaine qui s'effectue à travers de ses personnages et des réflexions des voix narratrices. Sa quête passe par une recherche typologique. Nous employons l'expression 'recherche typologique' dans le sens où la situation postcoloniale se caractérise par certains traits parmi lesquels se trouve celui du 'je' scindé, car forcé de devenir nomade transculturel. C'est une recherche qui se concrétise et s'individualise sans cesse dans l'œuvre de la première dame de la littérature maghrébine d'expression française et se manifeste comme un 'je' hybride, scindé car à la fois interpellé, assujetti et révolutionnaire : un 'je' du seuil linguistique et culturel, dont le synonyme est un entre-deux.

---

[29] Pour mener une analyse pertinente de la problématique des langues chez Djebar, il nous a fallu étudier la description minutieuse du positionnement des différentes langues dans la société algérienne, réalisée par Djamila Saadi-Mokrane dans « The Algerian Linguicide » : « For the French colonizer, it was necessary to cut the Arabic and Islamic roots of a conquered land in order to crush its core values, which offer refuge and thus a source of resistance. Algerian leaders needed to muzzle other languages to impose the hegemony of the Arabic language on the entire nation. In fact, the existence of the pre-Islamic Berber language serves as a reminder of historical periods that many would prefer to see forgotten, a reminder that Algeria was not a blank state before Islamization, and that the Arabization of the country was the consequence of an Arab conquest. The persistence of the use of French supposedly reveals Algerians' alienated affinity for the West and its secular values. The affinity is summed up in the label *hizb franza,* literally, 'the side of France', which is used to designate a traitor to the country » (44).

La famille

Dans notre étude des *topoi* d'institutions dont le premier est la « famille », nous nous concentrerons d'abord sur le chapitre « Mon père écrit à ma mère » de *L'amour, la fantasia.* Ce chapitre peut être lu selon les deux régimes définis plus tôt, la racialisation et sa contrepartie, la déracialisation. Commençons par la déracialisation dont nous proposons une lecture 'utopique'. Nous privilégions ainsi la non-valorisation de la différence, plutôt que l'effacement de la différence entre une femme algérienne et une femme française, ce qui est un mouvement d'ordre fondamental, car il s'agit de renverser et de reterritorialiser les attitudes socioculturelles historiques qui durent depuis des siècles. C'est une lecture utopique parce qu'elle fait ressortir un type d'idéologie dans le texte de Djebar qui ignore les frontières culturelles. Ce mouvement est aussi un mouvement de rapprochement de deux rives de la Méditerranée (Djebar utilise cette image dans *Ces voix*) qui s'effectue grâce au français et à son emploi par un couple algérien éduqué, les parents de la narratrice. Rappelons que Djebar a conclu avec sa narratrice un « pacte autobiographique », pour reprendre le terme de Philippe Lejeune. Dans ce chapitre, la narratrice raconte un épisode de la vie de ses parents qui met en évidence leur rapport à la langue française ainsi que leur francisation progressive.

Le chapitre montre comment la famille, en tant qu'institution par laquelle passe la formation de l'individu dans l'ordre moral et cognitif de la communauté et de la société patriarcale et coloniale algérienne des années 1940, est en train de changer à cause de la langue française et de son usage par un couple éclairé.

« Mon père écrit à ma mère » commence en annonçant la tradition qui régit la manière dont une femme se réfère à son mari, tradition que la mère de la narratrice suit : « Ma mère, comme toutes les femmes de sa ville, ne désignait jamais mon père autrement que par le pronom personnel arabe correspondant à 'lui' » (LALF 54). Dans l'incipit du récit s'insère un 'mais' implicite qui sert de point de détournement selon la formule d'Alexeï Nikolaïevitch Tolstoï qui prescrit que trois composantes sont nécessaires au récit : le début d'une histoire, puis une virgule qui est suivie par un 'mais'[30]. Dans l'histoire du chapitre que nous relisons ici, ce 'mais' est en fait l'apprentissage du français par la mère. Comment donc la mère apprend-elle la langue française ? Voici le témoignage de la narratrice : « Après quelques années de mariage, ma mère apprit progressivement le français. Propos hésitants avec les épouses des collègues de mon père; ces couples pour la plupart étaient venus de France et habitaient, comme nous, le petit immeuble réservé aux enseignants du village » (LALF 54). La narratrice commente alors l'ethos qui accompagne le comportement linguistique de la mère : « Je ne sais exactement quand ma mère se mit à dire 'mon mari est venu, est parti… Je demanderai à mon mari', etc. Je retrouve aisément le ton, le contrainte de la voix maternelle; le tour scolaire des propositions… bien qu'en apprenant ainsi sur le tard le français, ma mère fit des progrès rapides. Je sens, pourtant, combien il a dû couter à sa pudeur de désigner ainsi directement mon père » (LALF 54-5).

L'importance de la transformation d'une femme et d'un couple peut être mieux comprise quand on observe le fait que Djebar revient sur la même scène dans son roman *Nulle part dans la maison de mon père* (2007) et dans son entretien avec Lise Gauvin[31].

---

[30] « Архитектонически новелла должна быть построена с запятой и 'но' » (Алексей Николаевич Толстой, « Что такое маленький рассказ? » En ligne: <http://klikin.ru/txt/tolstoj2.html> (consulté le 1 décembre 2010) [« L'architecture du récit doit être construite avec virgule et 'mais' » (Alekseï Nikolaïevitch Tolstoï, « Qu'est-ce que le récit? », nous traduisons].

[31] « Quand elle [la vraie mère de Djebar dont l'auteure parle dans cette interview accordée à Lise Gauvin] était dans sa langue arabe, elle m'apparaissait dans tout son raffinement : pour moi elle est une aristocrate, avec une culture spécifique que je fais remonter jusqu'à la période andalouse; elle est héritière des femmes andalouses. Elle avait ses cahiers de poésie arabe, elle chantait l'arabe classique et elle parlait un arabe dialectal » (21, nous soulignons).

Ici, Djebar met en évidence son attachement aux valeurs symboliques des langues. Notons aussi que l'Andalousie est une référence importante pour Djebar en tant qu'*Heimat*, la patrie primordiale, mythique. Dès lors, pour le passage de la mère en français, Djebar décrit une métamorphose de tout l'être de la mère qui se manifeste surtout par la métamorphose de la voix : « Puis quand je me suis rappelée

Il y a donc un changement dans la conduite de la mère lorsqu'elle commence à se référer à son mari en utilisant les mots 'mon mari'. Ceci est tout à fait normal dans la culture de l'autre et la mère durant cette période de sa vie est entourée et partiellement immergée dans la culture française : elle habite dans l'immeuble où sont installées les familles des instituteurs français de souche. Elle se sent donc obligée pour l'honneur de sa famille de communiquer avec les Françaises dans leur langue et en utilisant leurs façons d'appeler quelqu'un, de s'adresser à quelqu'un, d'interpeller quelqu'un. Cette pratique est comme une répétition générale pour la mère avant qu'elle n'ait à nommer ouvertement son mari devant la communauté des femmes algériennes du village. Désigner son mari par son nom propre et non par le pronom personnel 'lui' est une démarche que la mère effectue aussi en parlant l'arabe dialectal, mais sur le modèle de la culture française, par le truchement de la langue française. L'apprentissage de cette langue l'émancipe et lui démontre d'autres dimensions de la vie en couple. Ainsi, un nouvel état est acquis par la mère, un état linguistique et civilisateur qui transforme son attitude envers son mari à qui elle s'adresse en utilisant son prénom. Pourtant, considérant les degrés de rapport à la tradition des différents contextes sociaux, elle l'introduit différemment : elle se sert du prénom de son mari « avec ses sœurs et cousines », tandis qu'« avec ses tantes ou ses parentes plus âgées, elle revenait au purisme traditionnel » (LALF 55).

En utilisant la langue et la culture françaises de cette façon, la mère ne perçoit aucunement leur côté colonisateur : elle les voit surtout comme des outils qui lui permettent de s'approcher de son mari et de lui affirmer comme elle l'affirme au 'monde entier', c'est-à-dire à la communauté qui

---

comment elle parlait aux voisines françaises, femmes d'instituteurs, comment donc elle s'essayait au français, m'est parvenue à travers les décennies sa voix qui devenait une voix de fillette. Quand vous débutez dans une langue, vous en avez d'abord la maladresse; pour l'enfant qui écoute ainsi sa mère, c'est comme si cette dernière perdait un peu de son statut » (Gauvin 22, nous soulignons).
Ce point de vue diffère de ce qui se passe dans le chapitre que nous analysons, « Mon père écrit à ma mère », où Djebar souligne combien la narratrice (son double autobiographique) est fière de sa mère qui s'initie au français.

les regarde, le lien fort qui les unit, leur amour, le fait qu'ils « formaient un couple » (LALF 55). Cet événement met au clair la force libératrice du français et de la culture dont il est porteur. Le français est ici marqué d'une valeur positive (chez Memmi et chez Todorov, cela signifie non-racialisant).

Le caractère extraordinaire de la conduite des parents de la narratrice les place hors de la communauté[32]. Leur fille, la narratrice qui nous conte de son point de vue cette transformation, a pressenti cette révolution au niveau de la famille, la cellule la plus petite de la société, une de ses institutions capitales qui est la première à discipliner, dans le sens foucaultien, l'individu selon les valeurs traditionnelles de la communauté. Les lignes suivantes témoignent, aux yeux de la narratrice, de l'exceptionnalité de ses parents : « Des années passèrent. Au fur et à mesure que le discours maternel évoluait, l'évidence m'apparaissait à moi, fillette de dix ou douze ans déjà : mes parents, devant le peuple des femmes, formaient un couple, réalité extraordinaire ! » (LALF 55).

Par la chaleur du souvenir, la narratrice revient sur le fait qu'au cours de son enfance, elle accordait le statut de héros à son père à cause de cette attitude exceptionnelle envers son épouse, une attitude hors du commun.

> Mon père, et seulement mon père; les autres femmes ne daignaient jamais les nommer, eux, les mâles, les maîtres qui passaient toute leur journée dehors et qui rentraient le soir… Mon père seul… Ma mère, la voix posée, le col incliné, prononçait « Tahar » – ce qui, je le sus très tôt, signifiait « le pur » – et, même quand ses interlocutrices souriaient à demi ou avaient l'air mi-gênées…, je pensais qu'une distinction nouvelle éclairait le visage maternel. (LALF 55-6)

Dans ce passage, l'utilisation de l'adverbe 'seulement', qui forme, avec l'épithète 'seul', une figure étymologique (« seulement »… « mon père seul »), est un procédé stylistique qui souligne le caractère extraordinaire, unique, des parents de la narratrice. La répétition anaphorique des

[32] Ce qui est aussi le sens étymologique du mot « extraordinaire ».

adjectifs possessifs ‘mon’, ‘ma’ amplifie la figure[33]. Le symbolisme du nom du père, Tahar[34], est explicitement et immédiatement traduit en français : ‘pur’. En considérant l’adhésion du vrai père de Djebar au mouvement politique moderniste des jeunes Turcs[35]qui voulait introduire l’émancipation relative de la femme musulmane, le fait que la narratrice souligne le sens du nom de son père en français indique que l’auteure pressent le rôle purificateur du père au sein de sa propre famille. Pour revenir à la source primaire de l’islam, le père purifierait l’islam rétrograde qui séquestre les femmes et opprime leurs désirs, leur volonté de penser, de créer, d’agir en êtres libres. Djebar insiste encore sur la pureté du caractère et de l’esprit du père dans la réflexion qui suit ce

---

[33] Dans l’entretien avec Clarisse Zimra qui fait partie de la postface de *Women of Algiers in their Apartment*, Djebar mentionne un fait d’une signifiance importante. Nous avons évoqué au début que pour se protéger d’être reconnue comme l’auteure de *La soif,* son premier roman, Fatima prend un nom de plume et une fausse date de naissance (4 août 1936, la vraie date étant le 30 juin 1936). Djebar explique que ce qu’elle avait choisi comme une fausse date de naissance était en fait la date de mariage de ses parents. Selon elle, c’est le père qui avait élu cette date parce qu’elle marquait l’abolition des classes dans la société française (4 août 1789) et de cette façon soulignait dans la sphère intime l’égalité entre femme et mari dans leur couple (Zimra, Aftreword 159). Il nous semble que pour Djebar, la portée symbolique de cette date est de désigner sa renaissance sociale et spirituelle, car elle est née d’un couple qui aspirait à l’égalité entre mari et femme dans la société musulmane, une société jusque-là revêche à cette idée progressiste.

[34] Rappelons que le nom du père de Djebar est Tahar Imalhayène, un détail qui révèle le degré autobiographique de cet épisode et le rend important non seulement sur le plan littéraire, mais aussi comme témoignage socio-historique.

[35] Voilà le passage de l’entretien où Djebar évoque l’adhésion de son père aux « jeunes Turcs » :

« – Votre père était instituteur de français?

– De français alors qu'il est d'origine vraiment berbère mais ayant parlé non le berbère, mais l'arabe. Mon père faisait partie d'une génération des années 30 très impressionnée par la révolution de Mustapha Kemal, par ceux qu'on appelait ‘des jeunes Turcs’. Il faudrait se rappelait que l’émancipation des femmes en Egypte, en Syrie et en Turquie, s’est faite dans les classes bourgeoise et aristocratique dès les années vingt et trente. Cela avait une grande influence en Algérie. Mon père, tout en étant instituteur de la langue française, ne se considérait pas comme assimilé ; lui-même déjà utilisait sa langue comme protestation. Il faisait partie d’une élite nationaliste dont les femmes restaient à la maison, mais qui souhaitait que leurs filles soient sur le modèle du Moyen-Orient, sur le modèle des premières femmes turques, égyptiennes, syriennes. Ce qui empêchait cela, c’était évidemment la présence coloniale. Tout cela pour dire que le féminisme chez nous, enfin l'émancipation des femmes, est passé par l'intercession des pères » (Gauvin 26).

passage, réflexion où la narratrice définit ce qui se produit comme « imperceptible révolution » dans l'institution du harem où la mère se distinguait par « une souveraine originalité » (LALF 56). Par ailleurs, la phrase « une distinction nouvelle éclairait le visage maternel » (LALF 56) fait partie du champ lexical de la pureté et de la lumière qui aide à signaler à plusieurs reprises la qualité de couple éclairé des parents.

C'est la mère qui apporte la révolution dans la communauté grâce à l'usage du français et de la culture différente, étrangère, qui lui est attachée : celle de nommer directement son mari, de faire un couple avec lui socio-linguistiquement et culturellement[36].

Ce qui a déjà été amorcé par la mère est devenu possible grâce à son mari et a été développé et encouragé par celui-ci. De la part du père, cette révolution est même plus retentissante : « Un jour, survint un prodrome de crise. Le fait banal dans un autre monde, devenait chez nous pour le moins étrange : mon père, au cours d'un voyage exceptionnellement lointain..., mon père donc écrivit à ma mère – oui, à ma mère ! » (LALF 56). Ici, le procédé de la répétition anaphorique des adjectifs possessifs utilisés à plusieurs reprises dans ce chapitre, « mon père » et « ma mère », restitue les sensations d'étonnement et de fierté qu'éprouve la narratrice en comprenant ce que le couple ose faire au vu et au su des gardiennes de la tradition.

Ecrire à sa femme ne fait pas partie de la tradition musulmane. Y ajouter le geste d'adresser la carte en français va au-delà de toutes normes établies. Comme la narratrice l'indique, l'acte d'inscrire le nom officiel de son épouse,

---

[36] Cependant, comme le note Elia Nada dans « The Forth Language. Subaltern Expression in Djebar's Fantasia », cela coûte l'aliénation de la mère par les femmes de la communauté, c'est le prix à payer pour ce nouveau bonheur de former un couple réel selon les standards occidentaux : « Nevertheless, even as it brought the parents closer, French alienated Djebar's mother from the 'womenfolk' with whom she could only chat in Arabic [...] For by accessing French, Djebar's mother had moved away from full membership in the disempowered women and aligned herself, if only through her claim to be part of a couple, with a speaker and teacher of an alien and alienating language » (191).

précédé du titre 'Madame', sur une carte postale dans ce contexte socio-historique est un changement dramatique :

> La révolution était manifestée : mon père de sa propre écriture, et sur une carte qui allait voyager de ville en ville, qui allait passer sous tant et tant de regards masculins, y compris pour finir celui du facteur de notre village, un facteur musulman de surcroît, mon père donc avait osé écrire le nom de sa femme qu'il avait désignée à la manière occidentale : « Madame untel… » ; or, tout autochtone, pauvre et riche, n'évoquait femme et enfants que par le biais de cette vague périphrase : « la maison ». (LALF 57)

« Il a mis le nom de sa femme et le facteur a dû ainsi le lire ? Honte ! » (LALF 57), commente la communauté des femmes traditionnelles qui vise à blesser le couple en se servant de l'ethos de la honte. C'est à nouveau à la mère de se faire l'avocate de Tahar auprès des femmes scandalisées et moralisantes : « Je vous rappelle que j'ai appris à lire le français maintenant ! » (LALF 58).

Le commentaire de la narratrice est une marque d'adoration, elle croit fortement à l'exemplarité de ce couple éclairé : « C'était en fait la plus audacieuse des manifestations d'amour. Alors s'ébaucha, me semble-t-il, ma première intuition de bonheur possible, du mystère qui lie un homme et une femme » (LALF 58). Or, ce mystère a été articulé pour que les autres le voient et le reconnaissent : « Mon père avait osé 'écrire' à ma mère. L'un et l'autre, mon père par l'écrit, ma mère dans ses nouvelles conversations où elle citait désormais sans fausse honte son époux, se nommaient réciproquement, autant dire s'aimaient ouvertement » (LALF 58).

En quoi consiste ce type de révolution? Quand l'individu vit dans sa propre culture locale, il est fixé dans son contexte à elle, avec ses lois, son ordre moral, c'est-à-dire des valeurs, mœurs, rituels qui forment ses conventions sociales. Ce qui signifie que l'individu s'identifie entièrement au contexte de sa propre culture locale. Dans le chapitre « Mon père écrit à ma mère », le père et la mère se comportent en individus libres de choisir leur comportement hors de ce contexte, libres de ne pas s'identifier entièrement au système traditionnel, de se désengager de certains aspects de ce système : c'est en ceci qu'une mini-révolution a lieu. Chacun des parents a joué son rôle dans ce théâtre révolutionnaire et les deux se sont servis du français et de la culture qui lui est attachée pour y parvenir. Dans les termes de Tzvetan Todorov, c'est une révolution sur « le plan du rapprochement » ou bien sur le « plan praxéologique » (*La Conquête* 141). En somme, par cette transformation, la famille de la narratrice se fraie le chemin d'une émancipation inédite, ce qui, dans le contexte socio-historique des années 1940, est effectivement un acte héroïque, car exigeant un affrontement avec les femmes du village qui ont été formées pour maintenir la tradition.

Selon Albert Memmi, la structure du racisme inclut le placement d'une valeur négative sur ceux qui sont différents. Cette valorisation négative est ensuite élevée en une généralisation employée comme instrument de légitimation de la subordination d'un groupe par un autre. Pour récapituler le point de vue de Memmi sur le racisme, il serait possible de le définir comme la création d'une *hétérophobia* valorisée. Le cas de la mère de la narratrice représente un excellent exemple de l'attitude contraire, celle de l'*hétérophilia*. En décrivant le comportement des personnages de la mère et du père, Djebar refuse de racialiser la langue, autrement dit de lui donner une valeur négative. Elle exécute plutôt le mouvement opposé, celui de la déracialisation de la langue française, et la représente comme digne d'admiration en tant qu'instrument de libération. Dans ce contexte, la valeur symbolique de l'appellation 'Madame' par le mari qui s'adresse à la mère de la narratrice déclenche le processus de libération. 'Madame', ce mot écrit sur la carte postale, devient une manifestation de l'émancipation de l'épouse grâce au discours français du mari.

Le chapitre « Mon père écrit à ma mère » de *L'amour, la fantasia* devient ainsi très important pour l'aspect idéologique du roman, car il montre l'une des manières possibles de traiter du problème de la langue de l'autre par le mouvement de la déracialialisation. Par ailleurs, si l'on considère les notions d'interpellation et d'assujettissement, ce chapitre pourrait être lu à travers la perspective de la création d'un espace hétérotopique, ce qui permettrait d'examiner comment le pouvoir travaille par et à travers la langue. Pour étudier l'idéologie cachée sous l'adresse du mari à son épouse, il faut se référer à Louis Althusser qui décrit comment derrière toute langue se cache une idéologie qui nous appelle, qui nous assujettit. Dans le système théorique d'Althusser, 'appeler' est en effet synonyme d''interpeller'. Par ce processus, l'individu devient sujet, un sujet 'libre' dans le sens où c'est un sujet libre d'obéir. Ainsi, l'appellation de la mère de la narratrice que le père désigne par le nom 'Madame' peut être interprétée non seulement comme une libération au sein du système algérien, mais aussi (et de façon plus convaincante), comme une interpellation par un autre système, celui du colonisateur. Le processus d'assujettissement au français fonctionne ici comme une métonymie de la France et de sa mission civilisatrice (colonisatrice). La mère qui parle français et qui est nommée d'une manière occidentale par son époux devient en fait un bon sujet de l'empire colonial français[37]. Dans son article « Francophone Women Writers and Postcolonial Theory », Anne Donadey formule bien le rapport entre l'impossibilité de parler et l'espace postcolonial dans les termes suivants: « Djebar's entire work reflects the impossibility of letting the 'Other' woman [the subaltern in Spivak's terms] speak outside of the circulation of power, especially in a postcolonial context » (209-10).

La prison

Le chapitre « De la mère en voyageuse » de *Vaste est la prison* (1995) nous présente une scène où la mère de la narratrice (la mère qui est la même femme arabe décrite dans le chapitre « Mon père écrit à ma mère » de *L'Amour, la fantasia*), rend visite à son fils à la prison de Metz. Pendant

[37] Nous employons ici 'empire' dans le sens colonial et non dans le sens historique précis puisque la France est alors, et depuis septembre 1870, une république.

cette visite, la mère est appelée 'Madame', cette fois-ci non par son mari, mais par le directeur de la prison. Dans « Of Other Spaces : Utopias and Heterotopias », Michel Foucault interprète l'espace de la prison comme un site hétérotopique où l'on entre après certains rites de purification :

> Heterotopias always presuppose a system of opening and closing that both isolates them and makes them penetrable at one at the same time. Usually, one does not get into heterotopian location by one's own will. Either one is forced, as in the case of the barracks or the prison, or one must submit to rites of purification. One can only enter by special permission and after one has completed a certain number of gestures. (355)

En quoi consiste donc la purification qu'effectue la mère avant d'arriver en France et dans la ville de Metz où son fils est emprisonné pour des raisons politiques comme ennemi de la Métropole ? Pour avoir accès à ce lieu du pouvoir punitif du colonisateur, la mère voyageuse arabe s'est purifiée en s'efforçant d'effacer ses origines raciales, en se déguisant en femme européenne et en apprenant la langue de l'autre, c'est-à-dire en se déracialisant sur le plan linguistique. Ces actions de la mère, comme les rites de purification, doivent s'effectuer avant de franchir le seuil de la prison. Or, le seuil est une notion très importante dans l'analyse idéologique des textes de Djebar. Cette purification est donnée à voir au lecteur à travers le regard de Selim, le fils, détenu comme prisonnier politique : c'est lui qui perçoit la métamorphose extérieure de la femme-mère qu'il connaissait avant sa transformation : « Quand elle s'habille ainsi, comme une Parisienne, avec des gestes empruntés, à cause de ces habits, de ces manches courtes, du col de pensionnaire, de toutes ces couleurs lilas et rose fuchsia… elle devient une jeune fille ! » (VP 192). Selon le jugement de Selim, après la purification, la mère est plus belle et plus jeune, mais elle a perdu quelque chose de son identité algérienne, quelque chose qui représentait un état d'imperfection par rapport aux normes érigées par la purification. Après avoir franchi le seuil de la prison et après avoir été autorisée à rencontrer son fils, notamment grâce à cette métamorphose, la mère s'apaise. Son identité, en termes de langue et de gestes, redevient telle qu'elle était avant la purification. L'exercice de purification à l'origine de la métamorphose se révèle superficiel : il « expose » à qui sait la voir la fragilité de la mère :

> Peut-être parce que, seule avec lui, elle a pu se livrer en mots arabes. Qui lui ont redonné, peu à peu, armure et convenance... Son air, son ton, jusqu'à ses gestes de citadine traditionnelle de là-bas (« ses gestes de la maison », se dit doucement Selim), tout est revenu, malgré l'allure des vêtements français qui la fragilisent, qui certes l'embellissent, mais qui aussi l'exposent... (VP 192-3).

Ce qui vient de la langue et de la culture françaises est perçu plutôt comme imposé, comme un 'malgré' auquel on ne peut échapper autrement que par la révolte, qui est justement la cause de la détention de Selim dans la prison de Metz, « dans cette France à eux où les prisons sont pleines des camarades de son fils » (VP 196). Plus tard dans cet épisode, la mère et son fils sont autorisés à rester quelques instants seuls dans le cabinet du directeur de la prison. Après avoir ordonné à Selim, interdit par la surprise, d'embrasser sa mère (une forme directe d'interpellation), le directeur de la prison laisse la porte ouverte. Quoiqu'apparemment libres de s'entretenir, mère et fils se sentent sous surveillance. Le seuil de la porte du bureau du directeur n'est pas un *limes* suffisant entre le groupe de la mère et du fils (de 'nous') et le pouvoir punitif colonial (d''eux'). Le fils commence alors à parler en arabe, bien conscient du caractère clandestin, insurgent de cet entretien dérobé :

> Il lui dit, à voix basse, en arabe :
> « Ils ont laissé la porte ouverte ! »
> Il a un ton de mise en garde. Si le directeur entre dans son dos, qu'il ne les trouve pas ainsi tous deux, confiants et se parlant en arabe. (VP 193)

Refusant de prendre des risques, la mère continue en français, ce qui permet à Selim de remarquer secrètement que « son français est correct désormais, et presque sans accent »

(VP 194). La narratrice qui fait l'analyse de ce qui se passe commence à utiliser le conditionnel pour souligner le fait que Selim, très étonné du progrès de sa mère dans la langue d'Autrui, décide cependant de se taire, probablement guidé par son orgueil nationaliste : « Il pourrait le lui dire ; il sait que cela lui ferait plaisir, à la jeune mère qui vient de loin. Il s'attendrit; mais il se tait » (VP 194). La pause de l'intonation dans la phrase, mise en évidence par la ponctuation choisie, un point-virgule, souligne la signification de ce qui se passe : il s'agit en fait d'un spectacle ambigu et tragique entre une mère et son fils emprisonné pour avoir aimé son pays plus que 'son' colonisateur.

En observant l'apparence de Selim, la mère de son côté pense avec raison qu'« il veut avoir l'air d'un 'vrai Arabe,' d'un de ses cousins à peine descendus de la *zaouïa* montagnarde... ! » (VP 194). À chacun sa métamorphose, métamorphose à laquelle la colonisation oblige. Quand le directeur se dresse sur le pas de la porte, « Selim dit tout bas, en arabe : – Au revoir, mère » (VP 194). Djebar choisit d'employer le mot 'mère', qui est plus proche par sa connotation d'une appellation arabe, une appellation pleine de dignité et de respect, au lieu de l'appellation, plus française, de 'maman'. Quant à la mère, elle utilise l'arabe pour exprimer sa tendresse que le français ne peut pas transmettre : « Enfin, d'un coup, les phrases retenues en elle, les mots arabes, les mots de tendresse sortent, fusent » (VP 192). C'est la seule manière d'abolir « l'aphasie amoureuse » (Erickson 317) que le français produit chez les protagonistes de Djebar dont la narratrice parle souvent et qu'elle démontre. C'est un élément de l'univers romanesque de Djebar que John Erickson commente dans son analyse sur la problématique de la langue dans *L'Amour, la fantasia* ainsi : « Moreover, with French she [Djebar] experienced 'aphasia of love' ('aphasie amoureuse'), an inability to express intimacy, which she could do only in her mother tongue. She had described herself earlier as seeking her mother's tongue 'rich vocabulary of love,' of which she had been deprived » (317).

Dans son comportement révolutionnaire, Selim refuse l'idée même qu'il et sa mère s'embrassent devant les ennemis, c'est-à-dire « devant le directeur et les gardiens derrière » (VP 194). Voilà pourquoi à un certain moment, à la fin de leur rencontre, Selim commence à parler une troisième langue, langue de non-lieu, celle du corps, pour prévenir sa mère et la sommer de se maîtriser devant les Français. « Il prend l'air sévère : « Reprends ton calme !, semble-t-il dire, devant eux ! Eux ! » (VP 194). Ici, la notion d'ennemi est mise en évidence de façon emphatique par le double emploi du pronom accentué 'eux'[38] et sa connotation d'aliénation. La mère dit adieu à son fils en arabe, la seule intimité qu'elle se permette. Toutefois, dans de telles circonstances, cela vaut plus qu'une embrassade. Cette scène de visite à la prison est une illustration parfaite de la conclusion théorétique que H.-Adlaï Murdoch livre dans son étude sur Djebar à propos de la lutte des langues et de l'ambiguïté du sujet parlant qu'elle engendre : « At this juncture, the subject's ambiguity is encoded discursively. The struggle between the *langue marâtre* and the *langue mère* bespeaks the cultural dilemma produced by colonial appropriation and the imposition of colonial desire » (« Rewriting Writing » 90). Dans le contexte idéologique, il est intéressant de noter que, cette fois-ci, le directeur interpelle la mère du prisonnier en la nommant toujours 'madame' et en lui donnant l'ordre de prendre congé

[38] Il est pertinent ici de faire un parallèle entre l'usage d''eux' par Selim, le protagoniste révolutionnaire chez Djebar, et un commentaire d'Albert Memmi. Dans le *Portrait du colonisé*, Memmi s'occupe également du phénomène socio-psychologique du racisme de la part du colonisé. C'est dans ce cadre qu'il commente l'usage d''eux' par les colonisés ainsi : « Considérés en bloc comme eux, ils ou les autres, à tous les points de vue diffèrent, homogénéisés dans une radicale hétérogénéité, [ainsi] le colonisé réagit en refusant en bloc tous les colonisateurs » (158). Car : « Pour le colonisé, tous les Européens des colonies sont des colonisateurs de fait » (156). De plus, Memmi caractérise le racisme du colonisé comme un racisme de défense et le définit ainsi : « Si la xénophobie et le racisme consistent à charger globalement tout un groupe humain, à condamner *à priori* n'importe quel individu de ce groupe lui prêtant un être et un comportement irrémédiablement fixe et nocif, le colonisé est, en effet, xénophobe et raciste; il l'est devenu. Tout racisme et toute xénophobie sont des mystifications de soi-même et des agressions absurdes et injustes des autres. Y compris du colonisé » (158).

de son fils : « Il faut dire au revoir à votre fils, madame… ! » (VP 195). Ainsi la scène de la rencontre mère-fils dans la prison est encadrée non seulement par la présence des gardes et du directeur, mais aussi par les deux interpellations que le directeur adresse tour à tour au prisonnier et à sa visiteuse. La présence du pouvoir, de l'état avec ses appareils de punition, domine et englobe le monde de l'individu. Ni la mère ni le fils ne peuvent y échapper. Même si le directeur est une personne compréhensive, la machine, l'appareil de l'Etat, marche par elle-même, poussée par la loi de l'interpellation, comprise dans le sens large. La figure légèrement personnalisée du directeur est placée dans ce rôle symbolique par le contexte sociohistorique que la narratrice explore en profondeur. Son rôle de fonctionnaire de l'État colonial fait de lui, qu'il le veuille ou non, un raciste au sens traditionnel de la première moitié du XXe siècle. La notion de racisme est introduite ici par les mots d'une chaîne sémantique qui comprend « ethnologue », « observe », « une Mauresque », « en dévisageant » : « Elle, debout, les bras ballants. Le directeur s'est assis, l'observe comme au début : une attention presque d'ethnologue, 'une Mauresque, cette jeune femme si bien habillée' ? Il a pensé cette phrase, tout en la dévisageant » (VP 195).

Le comportement du directeur, régi par la microphysique du pouvoir, témoigne en effet que le racisme du XIXe siècle continue même après la Deuxième Guerre mondiale. En effet, les analyses racialistes du XIXe siècle, parfois confortées par l'engouement pour les études ethnographiques et l'attrait de l'exotisme, persistent à imprégner de leur approche et de leur vocabulaire soi-disant scientifiques les attitudes des Français envers les Algériens et les autres peuples colonisés. Contrepoint du français, dans le même paradigme racialisant, la langue arabe dans cette scène de visite à la prison est représentée comme le monde de la tendresse, de la maison, de l'intimité. La langue arabe crée mentalement la perception d'une terre imaginaire qui reconstitue la terre natale, restaure son aura à travers l'harmonie des sons de la langue qui chante à nouveau comme elle chante dans les veines de la mère et du fils depuis la naissance. Rappelons-nous encore une fois les lignes suivantes : « Enfin, d'un coup, les phrases retenues en elle, les mots arabes, les mots de tendresse sortent, fusent » (VP 192).

H.-Aldaï Murdoch cite la définition d'Eric Cheyfitz de son ouvrage *The Poetics of Imperialism* (1991) pour faire ressortir le rapport fondamental entre la langue, la race et la culture qui est particulièrement vrai chez Djebar : « ...whether implicit or explicit, there appears to have been a close connection between language and racial, or cultural, identity... The notion of what is human... is intimately tied to the question of linguistic difference » (« Rewriting Writing » 90-91). Dans cet épisode du chapitre « De la mère en voyageuse », l'alternance entre les langues, entre les différences linguistiques et culturelles du français et de l'arabe, s'effectue plusieurs fois selon la situation émotionnelle et ses implications politiques. Car la scène est dominée par le pouvoir en vigueur, pouvoir qui contrôle l'espace, celui de la prison en l'occurrence. Cette alternance des mouvements se manifeste d'autant plus comme une pulsation entre racialisation et déracialisation. La mère prétend se déracialiser pour avoir accès à la prison ; le directeur de la prison reconnaît ses efforts et accepte sa métamorphose comme réussie. De façon dramatique, les deux mouvements, de racialisation et de déracialisation, créent un espace hétérotopique où on les perçoit comme juxtaposés.

Ainsi, le point culminant du chapitre « De la mère en voyageuse » dans *Vaste est la prison* montre comment le régime du pouvoir s'impose face au régime de la langue. La scène démontre également un troisième mouvement, révolutionnaire, insurgent, celui qu'un détenu peut effectuer sur la langue d'Autrui. Dans ce cas, une langue, l'arabe, devient le refuge, l'espace intime tandis que la langue de l'autre, celle du pouvoir, est simplement l'instrument, servant de mot de passe. Par cette scène, Djebar met la langue en relation avec un système culturel vestimentaire et gestuel (la conduite et les manières empruntées de la mère).

Une fois la culture adverse apprise, la mère a accès à son fils prisonnier. Cela veut dire que l'individu comprend lui-même (comme la mère de Salim) l'importance d'être interpellé par le système pour y avoir accès. Progressivement, on avance vers l'ironie stridente qui caractérise le postcolonial. La scène revêt une importance cruciale du fait qu'elle présente l'individu comme conscient de l'idéologie de la langue et de ses modes d'emploi.

L'école coloniale française

L'analyse dans cette partie porte sur l'école coloniale en se concentrant sur l'exotisme linguistique imposé et aussi sur le symbolisme culturel enseigné aux dominés avec une fermeté qui se détermine par la violence symbolique et les sanctions correctives, normalisatrices, comme « surveiller et punir » pour maintenir dans la situation de domination, pour donner au dominé le sentiment d'être un « étranger dans son propre pays »[39]. Pour aborder ces questions, l'analyse s'appuie sur un chapitre de *L'amour, la fantasia* et sur un épisode de *La disparition de la langue française.*

Dans le chapitre « L'école coranique » de *L'amour, la fantasia,* la narratrice raconte son expérience d'étudiante bilingue allant de l'école coranique à l'école française jusqu'à l'âge de dix ans : « Dans ma première enfance – de cinq à dix ans –, je vais à l'école française du village, puis en sortant, à l'école coranique » (LALF 256). Ensuite, en grandissant, elle est « privée de l'école coranique » (LALF 258), c'est-à-dire de l'éducation en langue arabe, sa langue maternelle[40].

---

[39] Selon l'expression amère de Memmi (*Portrait du colonisé* 135).

[40] A propos de cette problématique, voir l'article « France-Algérie : un mariage forcé, une séparation sanglante » (2004) de Gilbert Meynier où il étudie aussi la pratique scolaire coloniale en Algérie et il l'explique : « L'arabe, langue de culture depuis plus d'un millénaire, ne sera bientôt plus enseigné que comme... langue étrangère. En terre tenue pour française, la France ne fait pas respecter l'obligation scolaire : 5 % des enfants sont scolarisés en 1914, 10 % en 1954, moins de 30 % à la rentrée de 1962, année où le pays accède à l'indépendance ». En ligne : http://www.ldh-toulon.net/spip.php?article538 (consulté le 24 mars 2010). Le

Ces allers et retours entre deux milieux linguistiques scolaires, « ces apprentissages simultanés » produisent chez le personnage une « dichotomie de l'espace », où elle s'installe (LALF 260). En fait, c'est la même expérience de schizophrénie sociale dont Albert Memmi discute dans le *Portrait du colonisé.* Dans le sous-chapitre « Le bilinguisme colonial », il parle d'une « définitive dualité » qui est définie comme « un déchirement » qui est « l'essentiel du colonisé » et s'exprime surtout dans le bilinguisme colonial. Dans ce contexte, Memmi conclut sans gratitude envers « la mission civilisatrice » que « le colonisé n'est sauvé de l'analphabétisme que pour tomber dans le dualisme linguistique » (135)[41].

Djebar caractérise souvent et en plusieurs endroits le français comme une langue du dehors à l'opposé de l'arabe qui est pour elle une langue de proximité. Cette perception du français a aussi à voir avec l'institution de l'école française et son exotisme qui est le résultat d'une approche nationaliste très consciente de sa « mission civilisatrice » dès lors racialiste. Il s'ensuit un enseignement des matières scolaires comme une botanique, une zoologie ou bien une géographie particulières parce que ne tenant compte que du monde français qui est représenté comme le seul monde possible, ce que lui donne une fausse dimension de l'universalité. Cette approche nationaliste et donc racialisante est menée jusqu'au bout dans l'épisode de l'école et du drapeau dans le roman *La disparition de la langue française* de Djebar.

---

même fait se confirme par le vécu que Djebar relate dans son entretien avec Gauvin : « Pendant ces six années au village, car c'était un village de colonisation, ma mère disait : 'Il faut qu'elle apprenne et qu'elle écrive l'arabe' parce qu'elle-même avait une bonne formation en arabe. Il faut rappeler que la langue arabe a été pratiquement interdite avec l'arrivée des Français » (Gauvin 27).

[41] Memmi se rapporte plus particulièrement à quelques données sociales comme le fait que la langue du colonisateur s'utilise de la bureaucratie jusqu'aux quais de gares et aux plaques de rues, pour conclure que si le colonisé parle seulement sa langue maternelle, il est « un étranger dans son propre pays » (*Portrait* 135), dès lors, « le bilinguisme est nécessaire », car, dans le contexte colonial, « il est condition de toute communication, de toute culture et de tout progrès », ce qui d'ailleurs n'épargne pas le bilingue colonisé d'une « catastrophe culturelle » (*Portrait* 135).

Ainsi s'explique pourquoi l'apprentissage qui est le produit de cette approche est voisin de l'illusion, de la fiction : « J'écris et je parle français au-dehors : mes mots ne se chargent pas de réalité charnelle. J'apprends des noms d'oiseaux que je n'ai jamais vus, des noms d'arbres que je mettrai dix ans ou davantage à identifier ensuite, des glossaires de fleurs et de plantes que je ne humerai jamais avant de voyager au nord de la Méditerranée » (LALF 261). Ce type de nationalisme est perçu dans l'effort méta narratif de Djebar comme un « exotisme sans mystère », un exotisme privé de mystère parce qu'imposé et jamais désiré : « En ce sens, tout vocabulaire me devient absence, exotisme sans mystère… » (LALF 261).

Davantage même, les livres d'enfant ne s'adressent qu'aux enfants de la métropole et par conséquent rendent impossible l'identification des autres hors de la métropole : « Les scènes des livres d'enfant, leurs situations me sont purs scénarios; dans la famille française, la mère vient chercher sa fille ou son fils à l'école ; dans la rue française, les parents marchent tout naturellement côte à côte… » (LALF 261)[42].

Dans ce passage, même la rue est ethnicisée par l'étiquette « française » et la différence entre cultures est mise en évidence, du fait qu'une culture impose sa langue et à travers elle, un tout autre univers référentiel inconnu. Ce mouvement, engendré par le racialisme civilisateur, amène, « propulse » le personnage de la jeune fille « à la frontière d'une sournoise hystérie » (LALF 260). Après ces observations acerbes, Djebar conclut : « Ainsi, le monde de l'école est expurgé du

[42] Ici s'établit un dialogue intertextuel entre Djebar et Memmi qui, dans le sous-chapitre « L'école du colonisé » dans *Portrait du colonisé,* affirme que l'héritage d'un peuple se transmet par l'éducation sauf pour les peuples du Maghreb qui étaient heureux d'être admis à l'école : « la mémoire qu'on lui constitue n'est sûrement pas celle de son peuple » (133). Et puis : « L'histoire qu'on lui apprend n'est pas la sienne. Il sait [écolier colonisé] qui fut Colbert ou Cromwell, mais non qui fut Khazndar… Les livres l'entretiennent d'un univers qui ne rappelle en rien le sien… Le transfert ne se fait pas, ni de l'enfant au maître, ni (trop souvent, il faut l'avouer) du maître à l'enfant… Si le transfert finit par opérer, il n'est pas sans danger… enfin, loin de préparer l'adolescent à se prendre totalement en main, l'école établit en son sein une définitive dualité » (134).

quotidien de ma ville natale tout comme celui de ma famille. A ce dernier est dénié tout rôle référentiel » (LALF 261).

C'est l'idée maîtresse de ce chapitre : la culture maternelle est privée du rôle référentiel, ce qui constitue un racisme culturel de la part du système scolaire colonial. Par rapport à la langue officielle et les valeurs métropolitaines, on pourrait faire une analogie entre la fonction unificatrice de l'école coloniale française et le processus d'unification linguistique après la Révolution française en pays de langue d'oc, processus dont parle Pierre Bourdieu. Le sociologue souligne qu'« une situation de bilinguisme » adressée par « l'imposition de la langue légitime contre les idiomes et les patois fait partie des stratégies politiques destinées à assurer l'éternisation des acquis de la Révolution par la production et reproduction de l'homme nouveau » (Bourdieu, *Langage* 74).

Cette démarche est identique à la situation de baptême de « l'homme nouveau » colonial (« l'homme dominé ») par la langue dominante, processus qui doit assurer « l'éternisation des acquis » non de la Révolution, mais de la colonisation dans le cas décrit par Djebar quand elle parle de sa propre expérience d'enfant colonisé et de ses rapports avec l'école coloniale.

De plus, lorsque Bourdieu explique la dynamique du champ linguistique qui inclut la compétence linguistique comme l'une des dimensions du capital culturel, il identifie la famille et le système scolaire comme « les deux principaux facteurs de production de la compétence légitime » (94). Cela tient au fait qu'« en tant que marché linguistique strictement soumis aux verdicts des gardiens de la culture légitime, le marché scolaire est strictement dominé par les produits linguistiques de la classe dominante et tend à sanctionner les différences de capital préexistantes… » (94).

Dans le cas de la future narratrice encore élève de l'école coloniale dans *L'amour, la fantasia*, elle ne perçoit pas le racisme culturel mais sent qu'« ailleurs se trouve l'aire de l'école » (LALF 261), un « ailleurs » qui forme un « écartèlement », c'est-à-dire une dichotomie déformante d'espace, où « s'introduit un début de vertige » (LALF 260).

De même, dans le roman *La disparition de la langue française*, un autre personnage, le petit Berkane, subit une sensation de vertige qui suit une punition physique à l'école : il a dessiné le drapeau algérien au lieu du drapeau français sur son dessin de bateau dans la mer. Quarante ans plus tard, Berkane qui, revenu au pays natal après un long séjour d'immigré en France, veut écrire en français sa réinsertion dans la vie en Algérie, se souvient d'un épisode disciplinaire qui lui est arrivé à l'école française coloniale. C'est précisément cet épisode qui nous intéresse ici.

L'épisode scolaire de l'enfance de Berkane témoigne de la violence symbolique (définie par Pierre Bourdieu)[43] par la voie de la culture dominante et de ses symboles, dans ce cas, le drapeau comme symbole suprême de la nation. Dans cet épisode se manifeste une forte théâtralité. La scène se déroule comme un mini-spectacle en deux actes : dans la salle de classe et dans le cabinet du directeur. Les acteurs sont : le maître français, la classe entière, un bon élève (Marcel, Espagnol, caractérisé aussi comme « Européen »), un mauvais élève (Berkane, Algérien) et le directeur. L'objet du crime est un dessin dans lequel Berkane a dessiné un bateau orné du drapeau algérien. La scène commence paisiblement par la représentation de l'entente des deux camarades de classe, Marcel et Berkane, qui travaillent au devoir de dessin. Le maître a précisé qu'il faut dessiner un navire sur la mer, un navire qui doit avoir un drapeau : « Mon voisin, à ma table, était un petit Espagnol… Donc, mon voisin européen se met à dessiner, moi, moins doué que lui, je regarde ce qu'il fait, je lui emprunte ses couleurs : la couleur bleue pour la mer, la noire pour dessiner le mat, puis il faut colorer les vagues et le ciel. Mais le maître a dit : 'le drapeau' » (DLLF 38). L'incident qui déclenche ce drame est la coloration du drapeau :

---

[43] Rappelons que la théorie de la violence symbolique a pris forme dans *La reproduction. Eléments pour une théorie du système d'enseignement* (1970), une étude que Bourdieu et Passeron font de l'école comme institution qui impose des rapports de sens, une institution qui le cache mais sert les classes dominantes.

> Mon voisin, il est déjà à crayonner son drapeau : « bleu, blanc, rouge »… Sauf que je me dis aussitôt : « Pour moi, je n'ai pas besoin du bleu ! Eux, c'est le bleu, et nous, c'est le vert ». Je cherche, sans façons, dans la boîte de mon voisin… je suis content de mon dessin, je colore de vert mon drapeau où il y a déjà, comme chez Marcel, du rouge et du blanc, mais je me répète : « Nous, c'est le vert ! ». Je viens à peine de finir : je suis tout fier de moi…» (DLLF 38).

Notons ici la distinction qui commence à se faire dans l'esprit de Berkane entre 'nous' et 'eux', ce que Memmi a très bien formulé par rapport à l'usage dans l'espace colonial du pronom démonstratif 'eux' qui indique « une radicale hétérogénéité » par laquelle le colonisé refuse « en bloc tous les colonisateurs » (*Portrait* 158). C'est exactement ce mouvement racialisant qu'à ce moment précis le petit Berkane intériorise dans ses pensées. En apercevant le détournement de la loi « bleu, blanc, rouge » (notons l'ordre fixe qui rappelle un axiome, l'impression forcée par la citation entre guillemets qui l'oppose dans le récit à l'énumération libre des couleurs du drapeau algérien un peu plus tard dans le texte), le maître s'approche et commence l'interrogatoire du petit pécheur[44] :

> – Ça, c'est quoi, ça… ? …
> – C'est mon drapeau, m'sieur !
> – Et lui, chez Marcel, c'est quoi ? …
> – Lui, c'est son drapeau à lui, m'sieur !
> Soudain, le maître me prend par l'oreille, me soulève à demi et se met à crier, à hurler :
> – Lui, Marcel, je le vois bien que c'est notre drapeau tricolore, mais… qu'est-ce que c'est que cela, sale… (DLLF 38-9)

[44] Pendant cet interrogatoire Berkane n'avoue pas que c'est sa mère qui lui a appris l'existence du drapeau algérien. Ce fait relève aussi un symbolisme lourd, car la figure de mère représente la nation et le drapeau est le symbole suprême de la nation. Ce sont alors des raisons culturelles qui fécondent le nationalisme qui se réveille chez Berkane. Il se les explique dans son monologue intérieur en désignant les oppresseurs qu'il perçoit alors par 'eux' : « Certes, je me rappelle ce que m'a dit ma mère. Mais quoi, je suis un enfant arabe, on n'évoque pas sa mère hors de la maison, et surtout pas en classe, devant 'eux'! » (DLLF 39).

Après avoir surveillé l'acte d'insurrection, après avoir rappelé pour les autres élèves (sujets de l'empire) les couleurs de « notre drapeau » et après avoir fait une remarque racialiste qui commence par « sale » et que le récit cache derrière les points de suspension, le professeur comme un bon agent, un brave soldat de l'empire colonial, se met en devoir de punir le mauvais sujet, le mauvais élève arabo-algérien, le petit Berkane qui est au début surpris et incapable de comprendre la réaction de cet homme, le professeur. En somme, cette impossibilité de compréhension est due au fait que le professeur n'agit pas en homme mais en soldat, comme si c'était une scène de guerre :

> Il me fait lever, toujours par le bout de mon oreille, la chaise tombe derrière, les enfants se tournent en silence. Moi qui ne comprends toujours rien, qu'est-ce que lui prend, le maître ? Je réussis tout de même à dire, avec un soudain entêtement – de cela je me souviens avec précision :
> « Lui, c'est son drapeau... et moi, c'est mon drapeau ! » (DLLF 39)

D'où vient ce « soudain entêtement » du petit Berkane? Peut-être du sang de Jugurtha qui coule dans ses veines, du sang qui se souvient de la révolte de Jugurtha contre un autre empire, celui des Romains. C'est en fait le petit Berkane qui, en dessinant le drapeau avec une couleur différente (le vert qui, par une distinction visible, commence à porter une valeur nationaliste qui distingue nettement le « nous, c'est le vert » du « eux, c'est le bleu »), a aussi dessiné une ligne de démarcation qui reflète un fossé dans la société coloniale.

Une division, un gouffre culturel s'ouvre pour menacer la réussite de la colonisation par le moyen du système scolaire. Le professeur comme un soldat de la colonisation ressent le danger de révolte, de l'insoumission et réagit immédiatement par une punition publique qui possède de nombreuses qualités du spectacle moralisant. Voilà ce qu'il ne faut pas faire pour ne pas être puni : c'est la morale de cette performance-moralité devant la classe. La classe est en fait un public actif qui apprend sa leçon, à savoir que dans l'institution de l'école française coloniale, il n'y a qu'un drapeau et qu'on l'appelle « le nôtre ». A cet égard, il faut se conformer à un règle, à une loi, à l'axiome « bleu, blanc, rouge » où les couleurs sont interprétées pour designer la nation dominante et rappeler en permanence la réalité de la colonisation. En d'autres termes, le symbole suprême de la nation dominée est perçu comme illégal dans les limites de l'institution de l'école coloniale où on doit prétendre que l'autre monde (le monde non français) n'existe plus. Quant à la démarche du professeur, elle reflète le manichéisme social qui caractérise celui de l'espace colonial et qui plus tard est confirmé par la conduite disciplinaire du directeur de l'école.

Le deuxième acte de cette scène se déroule devant l'institution du tribunal, qui dans ce cas, est le directeur de l'école, car il incarne le pouvoir suprême dans ces circonstances : « Il a pris mon dessin dans son autre main. Nous voilà chez le directeur. Le maître exhibe mon dessin, l'objet du crime. Je suis accusé » (DLLF 39-40). Le verdict du tribunal est en même temps une punition immédiate physique et humiliante (« gifle retentissante ») et une punition morale qui prend la forme d'un renvoi de l'école jusqu'à ce que le père accompagne lui-même le « mauvais » élève pour demander sa réadmission, apprendre le verdict du directeur à l'encontre de son fils et recevoir lui aussi sa leçon de civisme. Ce sera au père de punir encore le petit Berkane : « Tu ne remettras pas les pieds à l'école si tu ne reviens pas avec ton père ! » (DLLF 40).

Dès lors, le père agira aussi comme un bon sujet de l'empire colonial qui accepte le fait que sa société soit dominée par une autre culture qui a toutefois, pour lui le père, un statut « sacré ». Cette vénération tient surtout au fait que le père comprend très bien l'importance de recevoir une formation scolaire dans la culture dominante pour la réussite sociale du sujet colonial : « ... il va me frapper avec son ceinturon en me disant : 'Tu as fait certainement une bêtise'. Car, je n'ai pas de chance, moi : dans tout mon quartier, je suis le seul enfant arabe à avoir un père pour lequel l'école des Français, c'est sacré ! » (DLLF 40).

Dans l'ensemble, par les actions de deux enseignants dans cette scène, le maître (par sa colère) et le directeur (par sa froideur), la mission civilisatrice équivaut de plus en plus à une « sanction normalisatrice » (Foucault). Dans ce sens, l'épisode, par sa narration dramatisée, est une illustration éloquente de ce que Foucault, dans *Surveiller et punir*, définit comme la « sanction normalisatrice » (181) qui se manifeste dans l'exercice du micropouvoir avec sa micropénalité à l'école et dans d'autres endroits semblables pour atteindre son but qui est de dresser des corps dociles. Examinons un peu la typologie que Foucault élabore pour les micropénalités et analysons comment l'épisode scolaire du drapeau s'inscrit dans ce cadre.

> A l'atelier, à l'école, à l'armée sévit toute une micropénalité du temps (retards, absences…), de l'activité (inattention, négligence, manque de zèle), de la manière d'être (impolitesse, désobéissance)... En même temps est utilisée, à titre de punitions, toute une série de procédés subtils, allant du châtiment physique léger, à des privations mineures et à de petites humiliations. (181-82)

Dès lors, la micropénalité de « la manière d'être » et celle aussi qui cible le corps avec ces « gestes non conformes » (ceux de dessiner le drapeau algérien) sont celles qui représentent le mieux cette scène puisque l'élève Berkane désobéit à son professeur en ne suivant pas les règles qui lui ont été inculquées. Il subit immédiatement un châtiment physique et moral, très humiliant. Son châtiment, qu'il reçoit devant la classe entière, devient un châtiment public qui rappelle bien par sa théâtralité les exécutions publiques ou du moins l'application des jugements pénaux du Moyen Age sur les estrades.

Par leur caractère théâtral fortement marqué, les comportements de tous les acteurs de cet épisode, le maître, le directeur, le bon élève et le mauvais élève, deviennent des signes[45] de la guerre coloniale qui se prolonge dans le

[45] Dans ce sens, voir ce qu'Antonin Artaud avance sur le pouvoir du langage théâtral : « Et ce que le théâtre peut encore arracher à la parole, ce sont ses possibilités d'expansion hors des mots, de développement dans l'espace, d'action

domaine de la culture dont l'école est l'institution fondatrice, car elle propage la langue et la culture officielles par une violence symbolique où le micropouvoir se manifeste par les voies de la micropénalité, comme nous venons de le voir.

Avec l'analyse de l'école, nous concluons la dernière partie de ce premier chapitre qui examine ce que Gayatri Chakravorty Spivak appelle les « screen-allegories that foreclose a reading of the broader narratives of imperialism », en rendant hommage à Foucault pour avoir découvert la force de ce type d'allégories pour mettre fin aux grands récits de l'impérialisme[46].

Ces allégories, ces *topoi* d'institutions comme la famille, l'école et la prison, nous ont été nécessaires pour poursuivre l'étude des mouvements de racialisation et de déracialisation qui s'exercent à travers elles et qui témoignent du drame de l'individu scindé qui vit dans le monde colonial et dans le monde postcolonial qui le suit.

---

dissociatrice et vibratoire sur la sensibilité. C'est ici qu'interviennent les intonations, la prononciation particulière d'un mot. C'est ici qu'intervient, en dehors du langage auditif des sons, le langage visuel des objets, des mouvements, des attitudes, des gestes, mais à condition qu'on prolonge leur sens, leur physionomie, leurs assemblages jusqu'aux signes, en faisant de ces signes une manière d'alphabet » (138).

[46] « Sometimes it seems as if the very brilliance of Foucault's analysis of the centuries of European imperialism produces a miniature version of that heterogeneous phenomenon: management of space – but by doctors; development of administrators – but in asylum; consideration of the periphery – but in terms of insane, prisoners, and children. The clinic, the asylum, the prison, the university – all seem to be screen-allegories that foreclose a reading of the broader narratives of imperialism » (Spivak, *A Critique* 279).

CHAPITRE 2

La guerre des langues et la pacification de l'écriture : le cas d'Assia Djebar

> « ... nous ne sommes pas assez *subtils* pour apercevoir l'*écoulement* probablement *absolu* du *devenir* ; le *permanent* n'existe que grâce à nos organes grossiers qui résument et ramènent les choses à des plans communs, alors que rien n'existe *sous cette forme*. L'arbre est à chaque instant une chose neuve; nous affirmons la *forme* parce que nous ne saisissons pas la subtilité d'un mouvement absolu » (Nietzsche). Le Texte serait lui cet arbre dont nous devons la nomination (provisoire) à la grossièreté de nos organes. (96)
>
> Roland Barthes, *Le plaisir du texte* (Paris : Seuil, 1973)

Dans ce chapitre, notre recherche se focalise d'une part sur certaines représentations chez Djebar des *topoi* de la guerre des langues, et d'autre part sur une vision de l'écriture qui donne la possibilité à l'individu de se sauvegarder hors de l'assujettissement identitaire et de la racialisation, en le menant vers un tiers lieu, vers un ailleurs de non-lieu qui fait partie de l'utopie personnelle de l'écrivaine. Nous allons nous servir surtout d'exemples tirés de *Vaste est la prison, L'amour la fantasia, Les nuits de Strasbourg* et *Ces voix qui m'assiègent*.

La stèle de Dougga

Cette étape de notre investigation se concentre sur les enjeux de la racialisation et de la déracialisation dans la partie consacrée à la stèle de Dougga dans *Vaste est la prison*. Par le *topos* de la stèle de Dougga, Djebar adopte une perspective historique envers l'identité, c'est-à-dire une compréhension du passé comme phénomène culturel partagé dans la longue durée. La stèle en tant que site du passé provoque chez la critique une sensation de vertige parce que c'est, en quelque sorte, un musée, une archive que Djebar en tant qu'écrivaine et historienne arrange devant nous. Selon la définition de Michel Foucault, il nous faut aussi interpréter la stèle comme espace hétérotopique, c'est-à-dire comme « sortes d'utopies effectivement réalisées » qui sont : « des sortes de lieux qui sont hors de tous les lieux, bien que pourtant ils soient effectivement localisables » (« Of Other Spaces » 352)[47]. En fait, l'hétéroglossie (qui est un aspect particulier de l'hétérotopie) manifeste le mouvement de racialisation de la langue. Cette hétéroglossie est apparente sur la stèle, mais elle est aussi très visible pendant son inauguration puisque plusieurs langues y sont juxtaposées sans former une synthèse, parlant chacune en soi.

> Les notables de Dougga font cercle autour des stèles en double alphabet.
> – Bilingues, nous avons voulu les inscriptions bilingues, précise le chef de l'équipe technique, un nommé Atban.
> Chacun des assistants n'oublie pas que Massinissa autrefois a décrété la punique langue officielle dans son royaume, mais quel réconfort de se retrouver enfin entre soi, parlant la langue ancestrale que l'on creuse cette fois à égalité sur la pierre ! (VP 153)

Massinissa (238-148 avant J.-C.) est le roi qui unifia la Numidie en utilisant la langue punique, la langue de son ennemi – les carthaginois. Cet emprunt n'empêcha pourtant pas Massinissa de s'allier avec les Romains contre Carthage et de contribuer à la chute de la ville. Djebar fait rapporter ce fait par Micipsa, le fils de Massinissa, dans les termes suivants : « la destruction totale de la plus grande métropole de la terre » (VP 153). Un peu plus tôt, le texte parle de Massinissa comme de « [celui] qui a permis aux Romains de vaincre tout à fait, dans l'ultime sursaut, Carthage » (VP 151). L'inauguration de

[47] Voir la note 27 dans chapitre 1.

la stèle bilingue se fait après l'hommage rendu au grand Massinissa[48]. Le fait que Jugurtha lise l'inscription « dans la langues des Autres », puis « dans la langue des Ancêtres » (VP 154) est marquant car Djebar utilise la figure de Jugurtha pour évoquer un passé mythopoïétique qui doit rappeler la lutte de ce leader numide contre la pénétration romaine à la fin du IIe siècle avant J.C. Massinissa lutta donc contre Carthage et plus tard Jugurtha défendit la terre de ses ancêtres, les Berbères, contre les envahisseurs romains. Dans ce contexte historique, il n'est pas possible d'interpréter la stèle aux inscriptions bilingues (punique et berbère), ni l'inauguration de celle-ci en trois langues (le punique, le berbère et le latin) comme une synthèse. Il s'agit au contraire d'une guerre des langues qui est un autre aspect de la guerre réelle. L'inauguration de la stèle montre plus clairement la guerre linguistique. Si on remarque de plus que l'inauguration se fait en trois langues, on comprend en quoi cette cérémonie illustre la hiérarchie sociale de ce moment historique.

Dans *Kafka. Pour une littérature mineure,* Deleuze et Guattari se servent du modèle tétralinguistique d'Henri Gobard. Dans ce modèle, les quatre langues sont les suivantes :

> ... la langue vernaculaire, maternelle ou territorial, de communauté rurale ou d'origine rurale; la langue véhiculaire, urbaine, étatique et même mondiale, langue de société, d'échange commercial, de transmission bureaucratique, etc., langue de première déterritorialisation; la langue référentiaire, langue de sens et de culture, opérant une reterritorialisation culturelle; la langue mythique, à l'horizon des cultures, et de reterritorialisation spirituelle ou religieuse. (44)

Dans la hiérarchie que révèle l'inauguration de la stèle de Dougga, le berbère est « la langue vernaculaire [qui] est ici » ;

[48] Voilà ce que Charles-André Julien, dans son *Histoire de L'Afrique du Nord,* écrit à propos de lui : « Massinissa voulut faire figure de souverain et, peut-être, de dieu. C'est, en tout cas, à partir de son règne que s'établit le culte de la divinité royale. Dix ans après sa mort, on lui élevait un temple à Tsuga (Dougga)… Quand, en 148, il mourut, chargé d'ans, le Maghreb ne trouva pas d'autre guide doué de qualités aussi exceptionnelles » (99).

le punique est à la fois la langue « véhiculaire, partout » et « référentiaire, là-bas ». Le latin, lui, se présente comme « la langue de l'avenir », ce que Djebar met en évidence :

> Deux ou trois de la municipalité de Dougga entament des discours : le premier, avec une aisance ostentatoire, en punique (c'est évident, il fait ses études à Carthage, il en est fier encore) ; le deuxième, d'allure plus râblée, intervient en berbère, avec comme un confort retrouvé du laisser-aller, de la chaleur d'être « entre soi ». Et c'est le troisième, le plus jeune... qui termine par une hâtive conclusion... en latin, « la langue de l'avenir », a-t-il dû se dire. (VP 153-54)

Pour notre recherche sur la langue et ses effets racialistes dans l'œuvre de Djebar, il s'agit de relever une autre remarque pertinente de Deleuze et Guattari : « ... la distribution de ces langues varie d'un groupe à un autre, et pour un même groupe, d'une époque à une autre (le latin fut longtemps en Europe langue véhiculaire, avant de devenir référentiaire, puis mythique; l'anglais, langue véhiculaire [devenue] mondiale aujourd'hui » (44). Dans le moment contemporain d'où la narratrice nous relate l'inauguration de la stèle de Dougga, l'arabe est « la langue vernaculaire qui est ici »; le français est devenu à la fois « véhiculaire » et « référentiaire »; tandis que le berbère a pris le statut de la langue « mythique, au-delà ». C'est-à-dire qu'à cause de l'époque contemporaine où elle vit, la narratrice possède une optique adéquate pour représenter le processus de reterritorialisation culturelle que sa terre natale subit depuis les origines des temps historiques[49].

Dans son commentaire d'un autre épisode de *Vaste est la prison,* Michèle Vialet montre une intuition presque identique envers la langue et sa perte. Il s'agit de l'épisode de la mort de Cherifa (dans l'épidémie de typhus de 1924), la « sœur-mère » de la petite Bahia, choc à la suite duquel Bahia cesse

[49] L'interprétation de ce modèle linguistique est bien élaborée aussi chez Réda Bensmaïa « Introduction to tetraglossia : the situation of Maghrebi writers » (87-96). Voir aussi Assia Djebar, « Le triangle linguistique », dans *Ces voix* (54-57). Ici, pour la pacification de l'avenir linguistique, elle propose un « triangle linguistique ouvert » et parle aussi d'un « métissage inévitable, dont se nourrit toute création » (56).

de parler. Dans son interprétation, Vialet s'approche de la notion de langue mythique, mais privilégie la valeur émotive et psychologique du berbère dans le développement de la fillette. Langue mythique ou langue symbolique, la fonction du berbère reste la même.

> Son aphonie durera un an. Lorsqu'elle recommence à parler, elle ne parle plus du tout berbère, la langue des conversations et des jeux qu'elle partageait avec sa sœur... l'aphonie et plus tard l'oubli du berbère marquaient le lieu et le moment de la mort de Cherifa, comme s'ils s'érigeaient en cénotaphe de la sœur, dénotant à la fois sa mort (le tombeau) et l'absence du langage symbolique. (« Filles et mères » 265)

Il existe donc un parallélisme profond dans l'œuvre de Djebar entre ce type de cénotaphe et celui dont fait partie la stèle de Dougga qui est offerte par les notables de Dougga en 138 avant J.-C. « pour commémorer le deuxième anniversaire de la mort du grand Massinissa » (VP 151).

L'histoire de la stèle de Dougga permet à Djebar d'insérer dans son récit, qui lie comme un fleuve le passé et le présent, deux figures emblématiques, celle de Jugurtha et celle de Polybe (dans le chapitre « L'écrivain déporté » qui suit celui de la stèle de Dougga, « La stèle et les flammes », dans *Vaste est la prison*). Charles-André Julien dans son *Histoire de L'Afrique du Nord* offre la description suivante : « Jugurtha était beau, intelligent, ardent, habile à utiliser les faiblesses de ses adversaires… Au siège de Numance, où il prit place dans l'état-major de Scipion Emilien, il avait séduit les jeunes nobles romains. Micipsa dut tenir compte de sa polularité parmi les Numides et de la pression qu'exerca Emilien en sa faveur. Il le légitima, puis l'adopta et légua son royaume en sa faveur » (113). Il est nécessaire d'examiner ce que Charles-André Julien (dont Djebar était disciple et collègue à Rabat) écrit sur Jugurtha. Du point de vue historique, Jugurthaétait une figure ambiguë : il est pro-romain pendant un certain temps et plus tard, quand Rome entre en guerre contre lui, puisqu'il exige d'avoir une souveraineté complète sur la Numidie, comme l'avait son grand-père Massinissa (qui lui aussi était ami des Romains par intérêts politiques personnels), il se bat très courageusement contre les armées romaines jusqu'à ce qu'il soit trahi par son beau-frère et aboutisse dans une prison de Rome où il est tué.

Effectivement, dans *Vaste est la prison* et à plusieurs autres moments de son oeuvre, Djebar situe Jugurtha dans un récit mythologisant qui met l'accent sur lecôté héroïque de resistance contre les Romains dans la vie de Jugurtha. Ce type de récit rend hommage au panthéon des héros nationals de l'Algérie, et dès lors porte des traits romantico-nationalistes. Voici comment, par exemple dans son discours « Idiome de l'exil et langue de l'irréductibilité »[50] d'octobre 2000, Djebar explique très clairement le rôle emblématique de Jugurtha dans le panthéon national :

> … il a suffi qu'un Jugurtha, non domestiqué, soit allé jusqu'au bout de son défi contre une Rome encore invincible, cela 50 ans avant Jules César, pour que, en Afrique du Nord, chaque résistance contre les invasions ultérieures (contre les Arabes, les Espagnols, les Turcs puis les Français) invoquât le fantôme de cet ancêtre héroïque.

Les figures de Jugurtha et de Polybe fonctionnent en fait comme des masques de Djebar, autant que comme des symboles importants. En tant que symboles, Jugurtha et Polybe échappent au passé révolu pour prendre une valeur active dans l'avenir de l'Algérie, mais aussi dans l'avenir de l'écriture en exil. Jugurtha est la figure à travers laquelle Djebar voit et représente la force et la beauté tragique du passé qui se répète à nouveau, au présent, avec la fatalité du destin. Aujourd'hui comme hier, la terre de Jugurtha reste victime d'une hétéroglossie insurmontable qui éclate dans la violence du politique et se consume dans la révolte et la guerre.

---

50 En ligne: <www.assiadjebar.net/prizes/assia_paix.htm> (consulté le 12 june 2011).

L’écriture polygame, ou comment échapper à l’interpellation

La question qui poursuit Djebar comme écrivaine postcoloniale est la suivante : comment échapper à l’interpellation brutale par le politique qui déchire l’Algérie et l’enjoint à ne pas écrire dans la langue de l’autre, qui est malgré tout son seul medium d’écriture? L’autre figure emblématique, celle de Polybe-omphalos[51], fonctionne davantage comme le symbole de l’avenir de l’écriture en exil. On sait que Polybe est un écrivain grec, pris en otage par les Romains en 166 avant J.-C. Détenu pendant dix-sept ans, il sera témoin de la défaite de la Grèce, marquée par le sac romain de Corinthe, et plus tard de la destruction complète de Carthage. Sous la plume de Djebar qui s’identifie comme « l’humble narratrice d’aujourd’hui », Polybe devient le site de l’écriture en tant que non-lieu. Ecrivain, scribe et spectateur, déraciné, prisonnier, en exil, Polybe est la figure parfaite de la situation d’hétéroglossie. Mais pour Djebar, il semble qu’il soit la figure d’une résolution utopique de l’hétéroglossie.

Le fait que Polybe écrive en grec, dans sa langue à lui, et non en latin, langue de ceux qui ont conquis son pays et qui le détiennent, n’empêche pas Djebar de l’ériger en emblème du non-lieu de l’écriture au-delà de l’interpellation. Les lignes qu’elle lui consacre révèlent la profondeur et la passion de sa recherche identitaire, une recherche qui aboutit au non-lieu.

---

[51] La figure de Polybe, selon Clarisse Zimra, est fortement emblématique: « Gruber draws the similarities between Djebar, the historian-trained writer orchestrating the plural partial narrators of *Vaste est la prison*, and Polybius, its most emblematic character, a structural ‘omphalos.’ Polybius, the conquered, nevertheless deems it his own ethical imperative to salvage history’s memory for conquered survivors and conquerors alike; and so, to write. In turn, and in reluctant homage, the victors salvage for him all the books found in the ruins. The deposed, deterritorialized historian who no longer has a country makes himself one in writing itself. Could this be a biographical allegory of another writer-historian then ? » (« Hearing Voices » 157). Selon la mythologie grecque, *omphalos* veut dire le ‘centre du monde’.

> Or moi, l'humble narratrice d'aujourd'hui, je dis… que l'écriture de Polybe, nourrie à tant de chutes concomitantes…, que cette écriture, inscrite dans une langue certes maternelle, mais épousée par les esprits cultivés de l'Occident d'alors, court sur les tablettes, polygame ! Polybe, en traçant dans le troisième alphabet le compte de sa vie… son écriture s'installe au centre même d'un étrange triangle de la destruction, dans une zone neutre qu'il découvre… Polybe, l'écrivain déporté, de retour, au soir de sa vie, à la terre natale, s'aperçoit qu'il n'a plus ni terre ni même pays (celui-ci enchaîné et soumis), simplement une langue dont la beauté le réchauffe, qui lui sert à éclairer ses ennemis d'hier devenus ses alliés. (VP 158-59, nous soulignons)

L''écriture polygame' est le contraire du type de créativité qui se borne à ce qui n'appartient qu'à une tribu, à ce qui est 'endogame'. Ecrire une 'écriture polygame' veut dire aller hors de la tribu, transgresser les limites fixées par la tradition. Ce mouvement peut être traduit par la métaphore de faire l'amour à autrui. À propos de ce trait de la philosophie artistique de Djebar, Mireille Calle-Gruber remarque : « C'est une écriture polygame qui découvre qu'à faire la guerre on fait aussi l'amour à l'Autre, et qu'à décider l'interruption, on nouait lien » (*Assia Djebar, ou la résistance* 77). Un tableau pareil évoque la scène de la prise d'Alger en 1830 dans *L'amour, la fantasia* où la conquête est perçue aussi par l'angle du désir amoureux dans les regards des femmes algériennes. Ce type de polygamie d'écriture se présente alors, comme le souligne encore Calle-Gruber, comme « ni exclu ni inclus, un entre, une non-place, lieu de la lettre exclusivement, de l'effacement… ce lieu sans lieu de la stèle, de la tablette ou pergamène, permet une liberté exorbitante : hors de l'orbite de la fidélité mais aussi hors de l'orbite de la trahison, elle donne la liberté d'écrire *ailleurs*. Donne *alibi* » (*Assia Djebar, ou la résistance* 77). C'est précisément ce que Djebar affirme au sujet de Polybe, cet écrivain « déporté » : « Voici que, loin de Carthage mais aussi loin de Corinthe toute proche, il écrit non dans la fidélité, ni dans la collaboration. Simplement ailleurs » (VP 159), où le mot « ailleurs » représente son idée-clef d'une zone neutre, un tiers lieu, un non-lieu.

Le fait que Polybe soit une figure-omphalos, centrale pour le monde imaginaire de l'écrivaine, prouve la préoccupation que Djebar a pour lui et qu'elle exprime aussi dans son essai « Anamnèse » de *Ces voix*. A cette occasion, Djebar signale un lien très complexe entre Polybe qui commence à représenter aussi la « troisième écriture » (concrètement grecque, mais chez Djebar cette expression prend une dimension figurée qui veut dire une écriture qui ne prend parti pour aucun côté) et ce qu'elle fait comme écrivaine à la recherche de la zone neutre :

> Ce n'est pas par hasard non plus que, dans *Vaste est la prison,* se lèvent d'autres morts en foule, au cours de la chute de Carthage... Les livres sauvés, l'incendie brûlant les corps, le désastre et son rythme irréductible se mettent en scène, ressuscitent tous, mais cela est établi grâce à Polybe, l'historien grec : c'est donc la troisième écriture, ni la mienne (la française) ni le berbère de la stèle de Dougga, mais la grecque qui va auréoler ma généalogie féminine (passée, elle, de l'arabe et du berbère à l'inscription française) d'un cercle de feu. (CV 149)

La troisième écriture suggère un rythme ternaire aussi bien qu'une ouverture fantasmatique, ce qui d'après nous est un aspect formel de l'utopie. Beida Chikhi définit ces mouvements ainsi : «... l'écriture tente de sortir de l'impasse en introduisant un troisième terme sur le mode de la médiation imaginaire et esthétique ou de l'ouverture fantasmatique. La troisième mesure qui enrichit le rythme est donc le signe d'une ouverture ludique » (69).

Si l'on transpose Polybe, cette figure généralisée de l'écrivain en exil qui cherche toujours la « troisième écriture », donc l'écriture transculturelle, dans le texte clé de l'*ars poetica* de Djebar, *Ces voix,* la formule de Clarisse Zimra peut nous aider à mieux comprendre la particularité du choix identitaire de Djebar-écrivaine, son utopie transculturel, incarnée par une écriture *a*-territorialisée, utopique :

> *Ces voix* shows the writer repositioning herself no longer with regard to a local or national audience but, rather with regard to an international one... She also pays equal homage to an intriguing

> international, or rather, transnational roster: Camus, Beckett, Ionesco, Leiris, Kafka, Blanchot, Zambrano, Pasolini, Michaux, Duras, Kandinsky, Pessoa, Yourcenar, Jabès, Chédid, Levinas, Arendt, all thinkers astride several cultures and spatio-temporal experiences… Simultaneously exiles, exaptriates, and voluntary « passeurs » (215), they are, in the ambivalence of the French term, those who pass/trespass across borders and smuggle in those who cannot. Thus, they are not so much deterritorialized (to use the Deleuze-Guattari concept) as a-territorialized, the better to invest the only space that is fully theirs: writing. In so doing, Djebar refuses to be pinned down inside any one literary schools or any one set of borders: national, ethnic, religious, even gendered. So that one might imagine that, in such stubborn company, Djebar may have vaulted over the confines of the postcolonial altogether. (« Hearing Voices » 152)

Cette tâche de l'écrivain en exil qui cherche le non-lieu, la « zone neutre » (VP 159), est sans doute un travail de déterritorialisation et de reterritorialisation et se caractérise par son caractère révolutionnaire. Cela se manifeste non seulement au niveau thématique, mais aussi dans les expérimentations que Djebar fait par et dans la langue. En écrivant comme elle le fait, à travers ses expérimentations, Djebar place ses textes à côté de la grande littérature de l'autre, la française, et représente un exemple par excellence de ce que Reda Bensmaia, en suivant Khatibi, appelle un « professional stranger »[52], un « translator » (« Nationalisme » 134).

Dans l'utopie de l'écriture de Djebar, il est possible de voir comment la littérature mineure s'arrête au seuil de la grande littérature de l'autre, avant de la transgresser en créant de nouvelles écritures, en faisant de soi une nouvelle stèle de Dougga, puisque pacifiée, un espace utopique dont les voix se transmettent dans le monde, grâce à une « franco-graphie » (CV 29).

---

[52] Lorsqu'il brode autour de la notion de Khatibi de « professional traveler » dans son essai « Nationalisme et internationalisme littéraire », Bensmaïa donne la définition de l'écrivain bi-langue qui est importante aussi dans le cas de Djebar : « The *bi-langue* writer is above all someone who, because he or she lives between at least two languages, two borders, and thus two differents ethos, can no longer be a single history, people, or country, but is instead a passenger – or perhaps, better yet, a frontier runner (*passeur*) – of space-time that, while it is the product of artistic creation, is not for all that a simple fiction of myth » (124-25).

Dans la chambre d'échos de « Ces voix »

Dans *Ces voix*[53], Djebar démontre le processus de construction de soi comme sujet éthique par la déracialisation de la langue de l'adversaire qui aboutit au mouvement contre l'assujettissement identitaire. Dans une forme très condensée, l'écrivaine fait un examen de conscience transformant ainsi cette collection d'essais en un traité sur son cheminement vers l'*éthopoïétique* de son écriture dans le sens que Foucault donne à ce terme, comme un processus de construction de soi comme sujet éthique dans un rapport à soi déterminé (*L'herméneutique* 197-220). Ce cheminement révèle aussi le drame de son esprit préoccupé par la question de la langue française comme lien aux autres qui a le potentiel de l'éloigner des siens.

Il est d'abord nécessaire de remarquer la présence dans l'ouverture du livre d'un avant-propos qui s'accompagne d'une introduction. Cette tautologie paratextuelle reflète la complexité de la problématique que ce livre tente d'aborder. C'est précisément le rôle de ces deux textes de démontrer la difficulté et la nécessité de cerner une problématique qui vise l'utilisation de la langue de l'autre, le contexte de francophonie et le rôle des femmes dans celle-ci, ainsi que l'écriture comme témoin à la fois du parcours autobiographique et de la mémoire collective, une écriture de déplacement et de dépaysement qui en même temps tente de rendre compte du sang, de la violence perpétuelle en Algérie. Enfin, une écriture qui englobe, mais dépasse cette problématique puisqu'elle gagne le pouvoir que nous donnent la littérature et son monde dialogique. Les titres des sept chapitres qui constituent *Ces voix* donnent une vue générale sur les grandes pistes de réflexions qu'offre la problématique du livre : « Francophonie », « Ecriture francophone au féminin », « Ecriture de l'autobiographie », « Ecriture de la

---

[53] En analysant d'une façon compacte dans cette partie, *Ces voix*, nous ferons aussi des parallèles (ou digressions) en écho à des thèmes similaires abordés dans d'autres œuvres de l'écrivaine.

mémoire », « Ecriture du regard », « Ecriture de l'étranger/étrangère », « Ecriture d'encre, chemins de sang ».

Cette liste de titres forme une arche[54] des thèmes principaux qui s'élaborent à travers des variations et des nuances subtiles tout au long du recueil, ce qui démontre la nature réflexive, même métaréflexive, de l'écriture essayistique de Djebar. En effet, son écriture est souvent imprégnée par un sentiment fort de devoir éthique envers sa généalogie féminine que l'écrivaine future était forcée d'abandonner par le don de la tunique de Nessus (c'est ainsi qu'elle perçoit le français dans *L'amour, la fantasia* 297-302), un don du père. Néanmoins, son écriture se réalise à travers la tentative infinie de ressusciter les aïeules en leur donnant une voix. Ce sont notamment « ces voix qui assiègent » l'écrivaine, une formule juste, venant par le truchement de Beckett pour exprimer avec un laconisme tragique la tension existentielle de Djebar. Dans ce recueil, Djebar non seulement fréquente l'intertextualité, mais se sert d'un degré d'auto-intertextualité (intratexualité) élevé. L'écrivaine se cite ou bien ouvertement ou bien implicitement. Ce que l'écrivaine fait dans *Ces voix* par rapport à son œuvre est comparable d'une certaine façon à la démarche de Pierre Menard[55], le personnage de Borges, lorsqu'il se permet de réécrire *Don Quichotte.* Le rôle de la paratextualité qui fait partie de l'intertextualité de l'écriture essayistique de ce livre est non moins remarquable. La signature du pseudonyme « Assia Djebar » est suivie en apposition par la mention « de l'Académie française » qui revendique en effet 'les siens' (compris dans le sens large de la nation), si nous considérons l'aveu qu'elle fait dans l'entretien avec Lise Gauvin[56] et dont nous avons déjà parlé dans le premier chapitre. De plus, l'ouvrage est placé dans la collection « L'identité plurielle » qui souligne la problématique des identités multiples dont le livre parle aux lecteurs. Le titre *Ces voix qui m'assiègent* est suivi d'un sous-titre qui s'ouvre sur

[54] Djebar admet à maintes reprises qu'elle pense souvent ses romans par la vue architecturale.

[55] Jorge Luis Borges, « Pierre Menard, autor del *Quijote* ».

[56] Gauvin 28.

trois points de suspension « … en marge de ma francophonie » dessinant par l'usage de cette ponctuation une image inachevée, en attente autour d'un centre en mouvance parce qu'en changement. Comme nous l'avons mentionné, le titre du recueil est une paraphrase élaborée à partir d'un extrait de *L'innommable* de Samuel Beckett, une paraphrase qui intertextualise par la voie du paratexte non seulement le titre, mais aussi l'épigraphe du chapitre trois, « Ecriture de l'autobiographie »[57]. Ce type d'utilisation de la paratexualité et de l'intertextualité est aussi une manifestation de la polyglossie inhérente au langage créatif polygame de Djebar.

Dans le chapitre précédent, nous avons décrit dans le contexte foucaldien la purification dont se sert la mère de Selim dans *Vaste et la prison* pour obtenir un mot de passe, afin de rendre visite à son fils dans la prison. Dans la même veine de pensée, nous voyons *Ces voix* comme un livre, ou un recueil, qui rassemble en un seul lieu tous les efforts et toutes les stratégies dont l'auteur use dans son œuvre, afin de purifier le français en tant que langue d'écriture.

Comment Djebar, en essayiste, exécute-t-elle, dans le genre de Montaigne, cette tâche dialectique ? L'écrivaine narre sous la forme d'une confession son expérience d'être humain de sexe féminin qui a subi la colonisation et vécu la période de décolonisation d'une façon non moins pénible, puisque la politique d'arabisation et de renfermement sur des valeurs fondamentalistes de son pays l'a forcée à vivre en exil. Djebar décrit et réfléchit sur toutes les formes que le français a prises dans sa vie, depuis l'âge nubile jusqu'à 1999, l'année où le livre *Ces voix* voit le jour. En d'autres termes, l'écrivaine essaie de répondre à la question par

[57] « Cette voix qui me parle… Elle sort de moi, elle me remplit, elle clame contre mes murs, elle n'est pas la mienne, je ne peux pas l'arrêter, je ne peux pas l'empêcher de me déchirer, de m'assiéger » (Citation de Beckett dans CV 95). *L'innommable* (1953) est le dernier roman de la trilogie de Beckett après la parution de *Molloy* et *Malone meurt*. Incapable de se mouvoir, le personnage du roman donne voix à des personnages différents à travers son parler. En écoutant attentivement les textes, on reconnaît d'ailleurs certaines tournures beckettiennes au début du livre de Derrida *Le monolinguisme de l'autre, ou la prothèse d'origine* (1996).

laquelle elle se voit souvent interpellée, à savoir : « Pourquoi écrivez-vous en français ? », une question qui lui rappelle qu'elle vient d'ailleurs (CV 7). Le recueil *Ces voix* est composé des interventions et des discours que Djebar a préparés pour des évènements intellectuels de la francophonie. Ce texte a aussi servi de thèse de doctorat en France[58] et a été publié en France et au Canada en 1999.

Compte tenu de ces faits, nous pourrions voir *Ces voix* comme une auto-analyse, voire une anamnèse[59], autant que comme explication de sa propre poétique et de son ethos d'écrivaine engagée, engagée non seulement avec l'histoire algérienne en tant qu'historienne, mais aussi avec les implications socio-politiques et éthiques de l'actualité du pays.

Dans les essais de *Ces voix*, par le biais de l'auto-analyse et de l'analyse sociocritique de la francophonie qui représente la décolonisation et par conséquent la colonisation qui l'a précédée, Djebar exerce effectivement une sorte de purification de sa langue d'écriture, le français, en la

---

[58] « These essays were first presented in May 1999 as a doctoral dissertation, 'Le roman maghrébin francophone. Entre les langues, entre les cultures : quarante ans d'un parcours : ASSIA DJEBAR 1957–97,' under the direction of Jeanne-Marie Clerc at l'Université Paul Valéry (Montpellier, France). Somewhat rewritten, with modified or reshuffled parts, the book came out within weeks, in two simultaneous editions. The first one, with Les Presses de l'Université de Montréal, was soon after awarded the prize for best collection of essays from the scholarly Canadian journal *Etudes françaises*. It bore a double title, *Ces **VOIX** qui m'assiègent*, in large, black capital letters, with **VOIX** printed twice as large and twice as bold on a warm golden-beige cover that reproduced the shiny undulations of sand dunes » (Zimra, « Hearing Voices » 150).

[59] Comme le note Rita A. Faulkner : « In fact, Luce Irigaray's approach to psychoanalysis, hysteria and history reads nearly like a blueprint for the Djebarian project of anamnesis, the rebirthing/rewriting of woman and the nation. Moreover, as mentioned, Djebar makes direct reference to Irigaray in her essay entitled 'Anamnèse' [*Ces voix*] » (76).

Encore sur le procédé de l'anamnèse, voir Michèle Vialet qui, dans « Filles et mères dans *Vaste est la prison* : un ethos de survie » explique justement celle-ci comme instrument éthique que Djebar emploie pour surmonter les injustices du passé envers les femmes en leur donnant la voix : « … elle invite aussi de plus en plus de femmes, récitantes ou écrivains, à répondre à l'effort d'anamnèse qui permettra de réécrire les femmes dans l'histoire du Maghreb, dans l'histoire de la France et dans l'avenir des deux rives de la Méditerranée » (266).

déracialisant et en l'épurant de l'interpellation de l'empire colonial et de ses fantômes. En fait, tout au long de son parcours d'écrivaine, Djebar, comme le montre le corpus de son œuvre, a été un champ de bataille des enjeux de la langue du colonisateur et des siennes propres. De là proviennent son sentiment d'être obligée de justifier son choix de la langue d'écriture et sa persistance en tant qu'écrivaine à maintenir son usage du français depuis 40 ans (« ma langue à disposition » CV 28). Cette justification qui se manifeste comme une idéologie de purification/déracialisation présente un changement de paradigme d'aptitude qui s'opère par plusieurs procédés. Néanmoins, dans l'œuvre de Djebar, il n'y a pas de séparation nette entre ces procédés que nous représenterons par une sorte de schématisation pour les rendre plus visibles. Voilà comment *Ces voix* tracent quelques-unes de ces stratégies d'ablution.

Au début de sa trajectoire d'écrivaine algérienne en langue adverse, Djebar questionne souvent sa « loyauté linguistique »[60] envers ses origines; mais puisqu'elle décide d'exprimer les voix de ces aïeules et que par ailleurs elle est hautement consciente de la situation linguistique plurilingue en Algérie, sa démarche envers le français change progressivement. *Ces voix* sont son histoire personnelle d'écrivaine, ce livre reflète l'évolution de sa poétique, de ses thèmes, de ses hésitations et de ses décisions créatives, de toutes ses allées et venues « entre deux » qui sont innombrables : entre deux langues, entre deux mémoires (française et algérienne) de mêmes évènements (la colonisation et la guerre de l'Indépendance), entre deux rives de la Méditerranée, même « entre deux » pôles dans sa famille où son père plurilingue, d'origine berbère, parlant l'arabe (Gauvin 26), enseigne le français, la langue adverse, et sa mère, bien instruite en arabe, commence à apprendre la langue de Voltaire en s'occidentalisant de plus en plus, mais jamais définitivement.

---

[60] « Language loyalty » est un terme forgé par Uriel Weinreich (99).

En termes de stratégie générale, Djebar définit son écriture comme « franco-graphie » (CV 29) et la défend en tant qu'écriture de nécessité, comme si elle se trouvait devant un jury invisible mais puissant, quasi kafkaïen. C'est-à-dire que cette écriture disponible est vue comme nécessaire pour ressusciter les voix des sœurs maghrébines et de sa « généalogie féminine », en tissant par sa franco-graphie une « autobiographie collective » féminine (Geesey 153), ou une « autobiographie plurielle » (Gafaiti 119).

Le même projet a été aussi envisagé dans *L'amour, la fantasia* : « Ecrire en langue étrangère, hors de l'oralité des deux langues de ma région natale – le berbère des montagnes du Dahra et l'arabe de ma ville –, écrire m'a ramenée de mon enfance, à ma seule origine. Ecrire ne tue pas la voix, mais la réveille, surtout pour ressusciter tant de sœurs disparues » (LALF 285).

Dans son entretien avec Mildred Mortimer en 1988, en parlant de *L'amour, la fantasia*, Djebar justifie ses intentions d'écrivain qui se sert du français toujours par le prisme de l'ancrage de l'oralité féminine algérienne dans la langue adverse :

> S'établit alors pour moi un rapport avec l'histoire du dix-neuvième siècle écrite par des officiers français, et un rapport avec le récit oral des Algériennes traditionnelles d'aujourd'hui. Deux passés alternent donc : je pense que le plus important pour moi est de ramener le passé malgré et à travers l'écriture, mon écriture en langue française. Je tente d'ancrer cette langue française dans l'oralité des femmes traditionnelles. Je l'enracine ainsi. (201)

La phrase « ramener le passé malgré et à travers l'écriture, mon écriture en langue française » mérite une lecture plus attentive. Djebar y juxtapose ces deux mouvements, de 'malgré' et d' 'à travers', donc celui de la résistance et celui de l'acceptation (racialisation et déracialisation). Ces deux mouvements déclenchent une alchimie de purification, celle de l'appropriation du français qui, en restant presque le même devient autre chose – 'mon français'. L'écrivaine réterritorialise le français en l'ancrant dans l'oralité des femmes traditionnelles algériennes, un mouvement utopique qui possède une force créative unique.

La deuxième stratégie de purification que l'écrivaine emploie est de mener une guerre intérieure contre elle-même pour cesser de voir le français seulement comme « langue marâtre » (LALF 298)[61], c'est-à-dire comme la langue dominante de la colonisation, et respectivement de se voir elle-même comme écrivaine dominée selon la description classique d'Albert Memmi. Dans cette description, Memmi explique le cas de l'écrivain dominé à la lumière du bilinguisme colonial, comme un drame qui « incarne toutes les ambigüités, toutes les impossibilités du colonisé portées à l'extrême degré » (*Portrait* 137). Djebar se persuade de ne pas percevoir les traits de l'ennemi dans une langue dont l'histoire collective maghrébine porte les cicatrices encore douloureuses de sévices pénibles. Elle se convainc que cette langue n'est en fin de compte qu'un instrument d'écriture qui peut se forger selon nos désirs, notre éthos et nos intentions créatives, par exemple en y inscrivant les voix d'autres langues d'une façon carnavalesque subversive.

Cette piste de réflexions nous amène à examiner ce dont Dejbar parle lorsqu'elle définit le français comme une langue « simplement mise à disposition, dans mon cas, le français » (CV 28), en insistant : « je pratique… une franco-graphie » (CV 29). Ici, le quotidien, celui du métier ('pratique', 'disposition'), est mis en lumière, d'où la formation d'une désacralisation du français qui possède un haut degré de déracialisation par rapport à la piété que les Français de souche portent envers leur langue dont l'Académie française est le prêtre-gardien[62]. Par contre, Djebar ne garde pas la pureté linguistique du français. Elle y apporte des intonations et des tournures étrangères en y inscrivant les voix qui la poursuivent : « les multiples voix qui m'assiègent… je les

[61] Voir sur ce sujet Gaussy 457-62.

[62] L'Académie française, une institution mythique dans l'histoire culturelle de la France, paradoxalement (les paradoxes sont propres à la décolonisation), a admis Assia Djebar en son sein en 2005. Elle a fait donc partie de ses quarante sociétaires.

entends, pour la plupart en arabe dialectal, ou même en berbère » (CV 29). Elle tente aussi de « ramener les voix non francophones… les gutturales, les ensauvagées, les insoumises – jusqu'à un texte en français qui devient enfin le mien… » (CV 29).

Ces voix insoumises sont celles qui ne se sont pas converties en franco-*phonie* vue comme transmission des messages parlés en français; pour Djebar, celle du colonisateur devenue une franco-*graphie* rendant compte des voix insoumises gutturales, 'non francophones', provenant de l'arabe dialectal et du berbère, qui jouent le rôle des langues rebelles dans le cadre de la métaphore utilisée par l'écrivaine.

Le processus d'appropriation du français ('devenir enfin le mien') se fait par le dérangement du français 'propre' (nous comprenons celui-ci comme une construction imaginaire de Djebar, mais aussi comme une construction qui lie la communauté imaginée, pour reprendre le terme « imagined community » de Benedict Anderson (6) qui pour Djebar désigne la nation française, donc celle du colonisateur). Ce dérangement du français 'propre' se fait dans l'œuvre djebarienne par le biais des voix qui proviennent de ces langues rebelles. L'adverbe 'enfin' souligne un processus long et difficile, mais qui s'installe définitivement dans son écriture devenue une franco-graphie et rendant compte de ces voix.

Djebar se livre ainsi à un exercice de prosopopée élargie qu'elle poursuit dans son œuvre entière, un exercice qui s'applique aussi aux cultures étouffées puisqu'une langue est toujours liée avec la culture[63] : « faire réaffleurer les cultures traditionnelles mises au ban… les inscrire… dans une graphie qui devient mon français » (CV 29). Après 'enfin le mien', le français est déjà approprié, reconnu comme 'mon', mais sous la forme de 'graphie', de représentation écrite des mots dans laquelle l'écrivaine inscrit un ailleurs, par la forme du mot

[63] Comme l'exprime bien Frantz Fanon dans *Peau noire, masques blancs* pour un contexte colonial : « Parler, c'est être à même d'employer une certaine syntaxe, posséder la morphologie de telle ou telle langue, mais c'est surtout assumer une culture, supporter le poids d'une civilisation » (13).

d'autrui. Cet effort place Djebar dans le contexte bakhtinien où la parole d'autrui (*cuzoe slovo*) traduit le dialogisme[64]. L'une des manifestations majeures de la parole d'autrui (*cuzoe slovo*) dans la franco-graphie djebarienne est l'oralité des femmes algériennes. Une telle inscription porte des traits carnavalesques, les utilise d'une façon subversive (puisqu'elle chemine hors de la *doxa*), mais dans une certaine limite maintient le statu quo. Cela signifie que la graphie en tant que graphie dépassant le français 'pur' reste quand même une graphie de français; elle garde ainsi des traits du statu quo en les transgressant d'une façon carnavalesque.

La troisième stratégie de purification de la langue d'écriture est celle qui consiste à la représenter dans un contexte de plurilinguisme, en rappelant d'une manière érudite que l'Algérie est une terre de polyglossie[65] depuis la nuit de temps. Il s'agit de faire savoir aux lecteurs occidentaux que l'histoire a façonné son pays comme une terre multilingue (« polygone de langues » CV 54), une terre où cohabitaient le berbère, le latin, le punique, le grec, et plus tard l'arabe, le berbère et le français. Djebar fait cette affirmation en maints lieux, mais surtout dans l'essai « Le triangle linguistique » de *Ces voix*. Elle y rappelle et inclut dans le corpus historique de la littérature algérienne des écrivains comme Saint Augustin, Apulée et Tertullien, écrivains légitimement maghrébins par le territoire et par le

[64] Michael Holquist explique dans *The Dialogic Imagination* de Bakhtine: « *Cuzoj* is the opposite of *svoj* [one's own] and implies otherness – of place, point of view, possession or person. It does not (as does « alien » in English) imply any necessary estrangement or exoticism; it is simply that which someone has made his own, seen (or heard) from the point of view of an outsider. In Bakhtin's system, we are all *cuzoj* to one another by definition : each of us has own [*svoj*] language, point of view, conceptual system that to all others is *cuzoj*. Being *cuzoj* makes dialogue possible. The novel is that literary art form most indebted to *cuzdost* [otherness]… We communicate by crossing barriers : leaving our *svoj*, or making another's *cuzoj* our own. Transmission of information is therefore always simultaneously an appropriation (or assimilation) of it. But there is always a gap between our own intentions and the words – which are always someone else's words – we speak to articulate them » (Bakhtin, *The Dialogic Imagination* 423-24).

[65] Sur ce sujet, voir l'excellent recueil d'articles *Algeria in others languages*, ed. Anne-Emmanuelle Berger (Ithaca and London: Cornell UP, 2002).

plurilinguisme partagés. Ces trois auteurs sont définis par leur langue maternelle et par leur langue d'écriture ainsi : « les fleurons de la littérature d'Afrique certes latine… Ces trois hommes nés tous trois dans l'Est maghrébin parlèrent dans leur enfance, continuèrent sûrement à pratiquer leur langue maternelle : soit le libyque (nous dirions le libyco-berbère), soit un punique pas encore disparu… » (CV 54). Le plurilinguisme à cette époque formait, affirme Djebar, « une sorte de polygone des langues » où les « lettrés et artistes s'agrippent aux assises différentielles : réenracinement berbère, contestation punique par l'ombre du grand vaincu d'hier, éclats préservés de la lumière grecque pour élargir à l'infini l'horizon » (CV 54). Dans ce contexte, le latin se déracialise puisqu'il devient « langue créatrice » : « A ce prix, la langue latine, adoptée d'abord comme un corset rude et raide, se forge, se déforme, se trahit et s'invente pour devenir langue créatrice chez nos ancêtres » (CV 55).

En parlant de faire « réaffleurer » les cultures traditionnelles ou de les ramener au même niveau qu'avant d'être mises au ban, Djebar utilise le pluriel[66] puisque le Maghreb contemporain est le lieu de multiples cultures aussi bien qu'un lieu multilingue qui oblige à une graphie en français particulière : « … écrire au Maghreb, ce serait aujourd'hui… pour les autochtones, inscrire en français légèrement dévié puisque entendu avec une oreille arabe ou berbère, écrire tout contre un marmonnement multilingue » (CV 29). C'est un programme aussi bien qu'une justification de la manière d'« être une voix francophone », selon le titre de l'essai dont nous avons extrait ces citations.

De ce programme de contre-discours qui tombe dans le domaine du carnavalesque, il s'ensuit que l'essai « L'entre-deux-langues et l'alphabet perdu » est un plaidoyer en faveur du « métissage » (CV 32) qui est devenu possible aujourd'hui après que les plaies de la guerre d'Independence, qui ont laissé leurs traces dans la mémoire et dans les langues, se sont

---

[66] Rappelons ici *Maghreb pluriel* (1983), le titre fondateur sur ce sujet d'Abdelkebir Khatibi.

cicatrisées. Une tâche s'impose à l'écrivain d'entre deux langues : celle « d'expérimenter le passage entre les langues » (CV 32), une approche qui est également pertinente pour la philosophe féministe et écrivaine latino-américaine, Gloria Anzaldúa, qui introduit dans l'espace culturel le concept de l'écriture *mestiza* qui accueille la guerre et l'amour entre les langues (dans le cas d'Anzaldúa, ce sont l'espagnol et l'anglais-américain). Comme nous l'avons déjà noté, cette intuition théorique de proximité dans la pensée de Djebar et d'Anzaldúa, nous la partageons avec Anne Donadey qui l'analyse dans un contexte un peu différent du nôtre, bien que la piste principale reste la même[67]. C'est aussi l'esprit carnavalesque d'« outside the sentence »[68] une expression que

---

[67] Gloria Anzaldúa, *Borderlands/la frontera : The New Mestiza* (San Francisco: Aunt Lute Books, 1987).
Voir Anne Donadey (« Overlapping » 22 : 42) qui soutient aussi l'idée de proximité typologique de Djebar et d'Anzaldúa.

[68] Homi Bhabha, dans « The Postcolonial and the Postmodern » (2001), écrit à ce propos: « What is caught... 'outside the sentence', in Barthes' concept, is that problematic space – performative rather than experiential of which poststructuralist theory speaks in its many varied voices... In spite of fall of a predictable, predicative linguistics, the space of the non-sentence is not a negative ontology : not before the sentence but something that could have acceded to the sentence and yet was outside it. This discourse is indeed one of indeterminism, unexpectability... 'Outside the sentence' is not opposed to the inner voice; the non-sentence does not relate to the sentence as a polarity. The timeless capture that stages such epistemological 'confrontations', in Richard Rorty's term, is now interrupted and interrogated in the doubleness of writing – 'at one very cultural and very savage', 'as though that were the law of such a language'» (198).
Cette double écriture, ce *hors de la phrase*, en tant qu'écrivaine postcoloniale, Djebar les pratique aussi. Ici, Bhabha renvoie au passage suivant de Barthes qui décrit la stéréophonie des langues arabe et française dans un bar à Tanger de cette façon : « Through me passed words, syntagms, bits of formulas and no sentence formed, as though that were the law of such language. This speech at once very cultural and very savage, was above all lexical, sporadic ; it set up in me, through its apparent flow, a definitive discontinuity : this non-sentence was in no way something that could not have acceded to the sentence, that might have been before the sentence; it was : what is ... outside the sentence » (Barthes, *Pleasure* 49).
Voilà la version originale : « Un soir, à moitié endormi sur une banquette de bar, j'essayais par jeu de dénombrer tous les langages qui entraient dans mon écoute : musique, conversations, bruits de chaises, de verres, toute une stéréophonie dont une place de Tanger... est lieu exemplaire. En moi aussi cela parlait... j'étais moi-même un lieu public, un souk ; en moi passaient les mots, les menus syntagmes, les bouts de formules, et *aucune phrase ne se formait*, comme si c'eut été la loi de ce langage-là. Cette parole à la fois très culturelle et très sauvage était surtout

Bhabha nous rappelle à l'esprit, après Barthes, pour cerner le brouillage qu'introduit une pléthore de langues dans nos oreilles et nos gorges.

En termes de graphie qui aurait pu être la sienne authentiquement, c'est l'alphabet perdu « tifunagh », celui de la langue berbère qui a été oublié partout sauf chez les Touaregs, qui préoccupe Djebar comme un fait historique et également comme une métaphore puissante par son symbolisme culturel (CV 33). La preuve que ce thème est particulièrement cher à Djebar est le fait qu'elle consacre la plupart de la deuxième partie de *Vaste est la prison,* « Effacement sur la pierre », au sujet du déchiffrement de cet alphabet. Hors de la narration des péripéties nombreuses de ce déchiffrement de l'alphabet dont l'un des exemples est la stèle bilingue de Dougga en langue berbère et en langue punique, une narration exécutée avec une érudition historique remarquable, Djebar se permet des digressions qui ouvrent une piste de réflexions sur la valeur de ce capital culturel pour son peuple. Les caractères de cet alphabet ont été tracés sur la stèle de Dougga, mais aussi « sur les roches » (VP 147) ou comme le remarque un voyageur en 1827 « également par les nomades sur les flancs de leurs chameaux » (VP 146). Dans *Vaste est la prison*, c'est notamment l'alphabet des Touaregs qui fait rêver Djebar au passé multilingue de sa terre maghrébine :

> Si cette écriture étrange s'animait, se chargeait d'une voix au présent, s'épelait à voix haute, se chantait? Si ce supposé « dialecte » d'hommes qui parlèrent tour à tour punique avec Carthage, latin avec les Romains et les romanisés jusqu'à Augustin, et grec puis arabe treize siècles durant et qu'ils continuèrent, génération après génération, à garder vivace pour un usage endogamique (avec leur mères, leurs épouses et leurs filles essentiellement), si ce parler remontait jusqu'à plus loin encore? (VP 145)

---

lexicale, sporadique ; elle constituait en moi, à travers son flux apparent un discontinu définitif ; cette *non-phrase* n'était pas du tout quelque chose qui n'aurait pas eu la puissance d'accéder à la phrase, qui aurait été *avant* la phrase ; c'était : ce qui est éternellement, superbement, *hors de la phrase* » (Barthes, *Le plaisir* 79-80).

Dans *Vaste est la prison* figure aussi un épisode où en 1836 un savant parisien, M. de Saulcy, reçoit en prêt deux lettres de la correspondance du bey Ahmed écrite en arabe, mais où le bey « a tracé plusieurs lignes d'une écriture secrète » qui paraît au savant « un simple code » (VP 147). Soudain, M.de Saulcy comprend que comme le bey parlait le berbère, appris auprès des nomades sahariens, il avait dû utiliser l'alphabet berbère « comme l'écriture du danger, justement pour conjurer le danger » en tant que « chef résistant » (VP 148) contre la conquête française.

A la fin du chapitre « Le secret » de *Vaste est la prison,* la voix narrative pose une question rhétorique sur un passé pesant : « ... combien sommes-nous, bien qu'héritiers du bey Ahmed, des Touaregs du siècle dernier et des édiles bilingues de Dougga, à nous sentir exilés de leur première écriture? » (VP 150). Avec cette question, elle se place dans la lignée « des exilés de son écriture », c'est-à-dire de non-appartenance à aucune autre écriture; en d'autres termes, dans la lignée de ceux qui doivent se servir des écritures qui sont à « disposition » faute d'une écriture leur appartenant authentiquement.

Un autre exemple d'intra-textualité que Djebar reprend dans *Ces voix* et dans *Vaste est la prison* est le suivant : en1842, la façade du mausolée de Massinissa a été démolie pour qu'un collectionneur puisse emporter la stèle au British Museum (VP 142). Djebar déplore cette tragédie culturelle ainsi : « Peu après 1900, le travail de reconstitution du monument, en utilisant d'abord les pierres sur la place, en reconstituant les sculptures des femmes ailées, du quadrige, du conducteur de char, est soigneusement entrepris. En 1910, exception faite de l'inscription bilingue, restée à Londres, le mausolée de Massinissa dont la stèle faisait partie se dresse à nouveau, quasiment intact, mais dépouillé de sa double écriture » (VP 143).

De fait, l'insistance sur le mausolée qui est « dépouillé de sa double écriture » est un signe, un pressentiment de l'écrivaine qui se sert de la parabole du passé pour avertir du danger du monolinguisme qui pourrait à n'importe quel moment présent s'installer dans le pays, comme l'avaient voulu les adeptes de l'arabisation qui, après la guerre d'Indépendance, pourchassaient les autres langues de l'Algérie, le berbère et le français. La métaphore de la préservation du mausolée du passé, même dépouillé du plurilinguisme, sert d'avertissement.

Djebar reprend ce thème dans l'essai « L'entre-deux-langues et l'alphabet perdu », qui dans son titre fait le bilan de la situation linguistique ambiguë de Djebar, elle-même sans alphabet maternel et « entre-deux-langues », expression où les traits d'union montrent graphiquement une situation d'emprisonnement qui d'autre part pourrait être imaginée comme faisant un pont. Cette ambiguïté est recherchée et ressentie avec acuité par l'auteure lorsqu'elle parle de « quelque chose d'autre, de signes suspendus » (CV 34).

Dans cet essai, Djebar continue donc à traiter du thème de l'alphabet perdu et le développe par rapport aux deux langues :

> En effet, toujours entre deux langues, se profilent la perte, l'absence et quelquefois même l'oubli de cette perte (qui devient alors perte absolue) ; derrière deux langues, presque toujours subsiste l'aile de quelque chose d'autre, de signes suspendus… ces deux langues (pour moi, l'arabe, langue maternelle avec son lait, sa tendresse, sa luxuriance, mais aussi sa diglossie, et le français, langue marâtre – ou l'ai-je appelée langue adverse pour dire l'adversité), ces deux langues s'entrelacent ou rivalisent, se font face ou s'accouplent mais sur le fond de cette troisième – langue de la mémoire berbère immémoriale, langue non civilisée, non maitrisée, redevenue cavale sauvage… (CV 33-4)

La quatrième stratégie dont Djebar se sert pour la purification de la langue adverse se nourrit de raisons politiques et féministes qui se rejoignent souvent. Comme écrivaine engagée, l'auteure de *Ces voix* prend parti contre le renfermement politique et linguistique du pays par l'arabisation et contre les assassinats politiques des intellectuels algériens francophones. Par exemple, l'essai « L'entre-deux-langues et l'alphabet perdu » se referme sur une triste constatation : « L'entre-deux-langues, aujourd'hui, en Algérie, ce serait vraiment 'avec furie et silence' » (CV 34), point focal, des vers de Mallarmé 'avec furie et silence' qui résonnent avec 'Algérie'.

Les raisons féministes de garder l'ouverture culturelle et linguistique de l'Algérie sont liées aux raisons politiques, mais les dépassent car la justification de l'utilisation du français comme langue d'écriture soumise à la purification est aussi une lutte contre la Loi du Père. En fait, dans la biographie réelle de Djebar, c'est le père en tant qu'instituteur de français qui lui a donné le français comme langue, et c'est cela qui lui donne raison d'identifier le français comme langue paternelle, même si par son origine, le père est berbère, ayant parlé l'arabe, comme en témoigne Djebar dans son entretien avec Lise Gauvin (26). En reliant sa généalogie féminine au français et en l'inscrivant en français, elle fait de cette langue un réceptacle de la *chora* de ses langues primaires, c'est-à-dire le berbère et l'arabe dialectal. Donc, pour dépaternaliser le français, Djebar le rapproche d'une autre langue, langue d'ailleurs qui n'est plus « langue marâtre » (LALF 298), mais une franco-graphie qui inclut tout. En somme, ce concept de franco-graphie qui inclut tout, Djebar le relie au concept de métissage comme un tiers lieu, un trope caractéristique de la poétique et de l'éthique de la décolonisation.

De même, dans l'essai « L'enjeu de mon silence », l'écrivaine dresse le portrait de son écriture bipartite :

> Ma francophonie d'écriture est le résultat de cette rencontre bipartite, mon français, de l'école, celui de mon père, de ma liberté acquise au-delà de la puberté…, ce français écrit qui aurait pu m'éloigner peu à peu de mes racines, de ma communauté féminine d'origine, s'est trouvé au contraire, au cours de ces années d'apparent silence… remis en mouvement (d'un mouvement secret, intérieur), dynamisé dans l'espace grâce à cette résonnance de mon écoute orale des femmes dans les montagnes de Chenoua au cours des années 75, 76 et 77. (CV 39)

Djebar pose clairement ces réflexions dans le cadre du bipartisme. En fait, la notion de 'bipartite' renvoie à la paire binaire 'langue paternelle' – 'langues maternelles' de sa communauté féminine, paire opposant l'école à la vie dans le passage cité. Par ce mouvement secret intérieur s'établit toutefois une reterritorialisation qui permet à l'écrivaine de sortir de la binarité du bipartisme, vers un tiers lieu devenu désormais possible. C'est la reterritorialisation du métissage multiple, tenant à la fois du féminin et du masculin, de l'écriture française et des voix arabes et berbères, une reterritorialisation qui émane toujours de la dynamique de racialisation et déracialisation.

Dans le même essai, Djebar revient sur l'épisode de son silence comme écrivain et de sa sortie de celui-ci : « En 1979, quand je me réinstalle à Paris pour écrire (je commence *Femmes d'Alger dans leur appartement…*), je prends conscience de mon choix définitif d'une écriture francophone qui est, pour moi alors, *la seule de nécessité* : celle où l'espace en français de ma langue d'écrivain n'exclut pas les autres langues maternelles que je porte en moi, sans les écrire » (CV 39). C'est alors que vient le point culminant de sa crise, après laquelle Djebar se reconnaît comme « écrivaine francophone » : « … à partir de 1979, parce qu'entourée, « portée » aussi, mais par instants cernée par ces voix de femmes invisibles – les vivantes, les disparues, mais toujours présentes –, je suis volontairement une écrivaine francophone » (CV 39).

Notons aussi qu'ici Djebar change le mot 'écrivain' en 'écrivaine', pour s'identifier en tant que scribe féminin qui traduit par l'écriture féminine les voix des femmes. Démanteler la culture dominante en la purifiant par les voix des subalternes est la décision éthopoïétique que Djebar a prise durant son silence d'écrivain. Pendant cette période où elle s'était exilée de l'écriture en français pour repenser son sentiment d'être exilée, privée de l'alphabet berbère des Touaregs par les forces de l'histoire, se préparait dans sa conscience d'écrivaine le mouvement vers la purification du français comme la langue adverse.

La rigueur éthique de Djebar durant cette période de silence libérateur rappelle le comportement de l'homme de la

Renaissance qui se libère du dictat de l'église médiévale et apprend à contrôler son propre destin par lui-même, comme le manifeste l'humaniste italien de la Renaissance Pico Della Mirandola dans son discours *De la dignité de l'homme* (1486). Dans la renaissance de l'écrivaine Djebar, la réévaluation de la langue française (la seule qu'elle ait à sa « disposition » pour écrire) par les voies de la déracialisation et de la déterritorialisation est en somme le changement de paradigme d'une valeur transformatrice profonde. Ce changement d'optique fait que le français n'est plus un espace d'exclusion mais au contraire un espace d'inclusion – mouvement qui reflète la démarche dialectique de la déracialisation.

Après avoir fait un bilan du recueil *Ces voix*, nous allons maintenant nous concentrer sur quelques essais que nous considérons comme très représentatifs de la problématique des langues. Ainsi, dans « L'écriture de l'expatriation » (CV 203-217), Djebar explore la thèse selon laquelle l'écriture de l'expatriation en langue française reflète dans le « miroir de la langue du Nord » les « images d'un Sud fracturé » (CV 204). Elle se sert de cette opposition binaire pour la dépasser ensuite par le trope du miroir comme un tiers lieu. Il en résulte un « territoire nouveau » pour les expatriés qui sont décrits comme des « témoins d'une déflagration » (CV 204). L'écriture devient pour ces derniers une sorte d'instrument qui les aide à « saisir un peu du gouvernail » (CV 204). Djebar rappelle ces « écrivains en fuite » à travers les textes desquels « s'exprime l'obsession de la terre brutalement quittée » (CV 204). L'adverbe 'brutalement' est essentiel car il montre une déchirure qui révèle une obsession perpétuelle de la terre natale dont ces écrivains se sentent atrocement expatriés. L'écrivaine parle ici de l'étape de mutisme, de silence qui s'installe après le moment où l'on quitte son pays. Djebar caractérise cette étape d'« amputation » (CV 204), un terme chirurgical dont l'usage s'inscrit dans la chaîne sémantique de la violence et de la brutalité qui opère dans le texte de cet essai. Ceci rappelle l'usage de la même chaîne lexicale que celle dont se sert Julia Kristeva lorsqu'elle décrit comme 'une greffe' l'expérience d'exil et de langue autre que la sienne, vécue par le personnage de Pauline, dans son roman *Possessions* (237). De plus, Djebar illustre son récit-réflexion par l'une des références les plus cruelles de la mythologie grecque, celle d'Œdipe aveugle accompagné sur la route par sa fille Antigone. Selon l'auteure, ce mythe représente l'une des premières images de l'expatriation. Dans le même paragraphe, Djebar cite une scène du roman *Œdipe sur la route* d'Henry Bauchau, scène symbolique où Œdipe s'adresse à quelques bergers qui restent indifférents envers lui : « Je suis Œdipe, qui fut roi, qui est aujourd'hui un homme parmi les hommes, un aveugle parmi les aveugles... Je demande à tous de m'accueillir à nouveau comme un suppliant, un aveugle et un homme parmi les autres hommes » (CV 205).

Ce geste d'accueil à nouveau peut paraître souvent impossible. En tant que lecteurs, posons-nous la question : Djebar est-elle elle-même accueillie à nouveau par la France où, académicienne de l'Académie française, elle reste toujours « au seuil », une métaphore qu'elle emploie dans son discours de réception en 2006? Si, oui, pourquoi s'est-elle installée aux Etats-Unis comme dans un tiers lieu? La métaphore du « seuil » qui existe dans le répertoire d'images de Djebar, porte une lourde charge lorsque l'écrivaine explique ses rapports avec la langue française dans son discours inaugural à l'Académie française en 2006.

> La langue française, la vôtre, Mesdames et Messieurs, devenue la mienne, tout au moins en écriture, le français donc est lieu de creusement de mon travail, espace de ma méditation ou de ma rêverie, cible de mon utopie peut-être, je dirai même ; tempo de ma respiration, au jour le jour : ce que je voudrais esquisser, en cet instant où je demeure silhouette dressée sur votre seuil. (Réception de Mme Assia Djebar. Discours prononcé en séance publique le jeudi, 22 juin 2006 – nous soulignons).

En apposant à la « langue française » qu'elle évoque le possessif 'la vôtre', Djebar fait ressurgir la notion d'altérité, car la notion de ce qui est 'vôtre' s'oppose par présupposition au sens linguistique de ce qui est 'mien'. De plus, elle répète l'adjectif possessif 'votre' presque anaphoriquement deux fois (« votre seuil », « votre langue ») dans ce passage assez court. Ce mouvement vers l'espace de l'autre qui est devenu le sien « au moins en écriture » est perçu et défini clairement par des dimensions de l'utopie, ce que Djebar appelle « mon utopie », donc une utopie personnelle.

De même, dans « L'écriture de l'expatriation », Djebar aborde à nouveau sa caractéristique d'écrivaine et d'être humain en se définissant comme « Algérienne en Europe depuis environ quinze ans » qui n'est « ni refugiée d'abord, ni émigrée, ni exilée » (CV 206). La voix autoriale dans cet essai fait son portait par un enchaînement presque synonymique de l'entre-deux : « je me suis définitivement installée... dans cet entre-Nord/Sud... entre deux rives de la Méditerranée, entre deux territoires, entre deux langues; également entre deux mémoires » (CV 206).

Dans le paragraphe précédent, un exemple parmi tant d'autres dans son œuvre, Djebar égalise la langue et la mémoire, la dernière étant un élément fondamental et constitutif dans sa poétique et sa philosophie d'auteure, telle une philosophie de retour en arrière, une archéologie des mémoires, individuelle et collective, qui s'entremêlent et s'écrivent.

L'essayiste convaincante Djebar situe avec précision son écriture par rapport à la colonisation et à la mémoire collective ainsi : « écrire à la fois celle de la colonisation d'hier et celle de la post-colonisation, ou plutôt de la décolonisation dans la langue précisément du colonisateur d'hier... écrivant depuis longtemps et de plus en plus nécessairement dans ce constant tangage[69], dans ces allers retours, voici que je débouche aujourd'hui... dans cet inter-rivages qui me fait affronter soudain la falaise de non-retour... Deviendrais-je donc une expatriée? » (CV 206).

---

[69] Un mot dont l'usage implique le balancement d'un vaisseau – dès lors un voyage inachevé dans aucune direction.

Ensuite, elle insiste sur l'une des définitions qu'elle s'était donnée dans le roman *Vaste est la prison*, notamment « fugitive et ne le sachant pas » (VP 167, CV 207). L'écrivaine interprète l'éloignement de son pays comme un sacrifice « offert par moi-même à mon écriture et la liberté de celle-ci » (CV 206-07) pour accomplir son devoir de mémoire : « Je me suis écartée de la terre-patrie au début des années quatre-vingt, éloignée ainsi à vue pour ne pas me perdre de vue, moi et les miens… » (CV 207).

Cette conviction fait partie de son utopie personnelle, car elle a besoin de repenser et de réinterpréter le mouvement principal dans sa vie de sa langue à la langue de l'autre comme un élan vers la liberté. De ce sacrifice, il résulte une déterritorialisation absolue où l'écriture devient la patrie ultime, même s'il s'agit d'une écriture qui s'exécute dans la langue adverse. Le paradoxe tragique de son être d'écrivain est qu'elle doit son écriture à sa souffrance, à son je-scindé qui se dresse « au seuil », demandant à être thématisé sans cesse, dans des variations infinies derrière lesquelles on devine la situation archétypale qui les a engendrées – celle de l'expatriation brutale, y compris linguistique, par des forces socio-historiques.

Dans « Du Français comme butin » (CV 69-71), Djebar met en lumière le lien entre un évènement majeur de sa vie de fille arabe qui l'a marquée pour toujours : la sortie au-dehors et en dehors du harem à l'âge nubile au début des années 50 (l'auteure note que c'était aussi un évènement pour « quelques milliers de Maghrébines », CV 69) et ses études en français. L'explication que la mère donne à la communauté des femmes traditionnelles crée le doute : « ... elle sort parce qu'elle lit ! ». Le texte éclaire le fait que « lire » en arabe dialectal est synonyme d'« étudier » (CV 69). Le droit de sortir au-dehors est perçu à travers l'optique du butin au détriment de celle du don. La notion du butin qu'on arrache, grâce à la victoire contre l'ennemi (perçu à la fois comme le colonisateur et comme l'ordre patriarcal de la société musulmane) est mise en évidence. Le terme « butin » est défini dans *Larousse* (1979) ainsi : « Ce qu'on enlève à l'ennemi; ce que l'on amasse, ce que l'on prend pour son profit » (56). En fait, ce mot polysémique qui signifie aussi « la récolte des abeilles » ouvre l'interprétation vers l'emploi implicite (ou non-conscient) par Djebar de cette métaphore qui donne un autre aspect de la libération des femmes, précisément en les comparant aux abeilles qui gagnent leur liberté grâce à leur travail qui aboutit à une « récolte ». Cette « récolte » est la langue adverse qui devient leur langue du fait qu'elle les a imprégnées hors de la loi ancestrale du don d'expression et de la volonté et du désir d'oser dire « je » dans une culture qui l'interdit aux femmes. Dès lors, le message s'approche de celui de la symbolique de la tunique de Nessus (le chapitre du même titre dans *L'amour, la fantasia,* 297-302) qui traite d'une façon dramatique la dialectique du don-poison.

Par ailleurs, ce droit inhabituel de la jeune narratrice rend manifeste le parallélisme entre sortir au-dehors et « sortir en la langue différente » (CV 70), ce qui est selon Debar « une double expulsion » : celle du harem qui représente les coutumes religieuses ancestrales et celle de la langue maternelle – l'arabe dialectal. Pour illustrer en quoi consiste cette expulsion, l'écrivaine a recours à une comparaison lourde de symbolisme, à la fois corporelle et sensuelle, qui palpite du pressentiment du danger : « Écrire en la langue étrangère devenait presque faire l'amour hors la foi ancestrale » (CV 70).

La modalité de cette écriture féminine débutante et de « grelottement » (CV 70) est d'« écrire à la première personne du singulier et de la singularité, corps nu et voix à peine déviée par le timbre étranger », ce qui veut dire en effet « parler hors la chaleur matriarcale, hors l'antienne de la Tradition, hors la 'fidélité' – ce terme pris au sens religieux » (CV 70).

Le pathos de cet essai résume le danger que courent les jeunes femmes arabes qui s'expriment en écrivant et qui échappent à l'institution du harem à cause de cette performance. Ainsi, le butin du français pour la femme arabe est ambigu, car il la charge de porter avec elle « tout le champ (et le chant) de la guerre intérieure » (CV 71) : guerre intérieure entre les femmes émancipées et la société patriarcale puisque le butin est aussi « arraché sur le voisin proche, sur le frère ou cousin germain » (CV 71). Néanmoins, sortir hors de la tradition du harem et commencer à parler à la première personne sont, pour la femme musulmane, un acte qui contribue à l'expression et à la transmission « de la mémoire de l'ombre populeuse » (CV 71), c'est-à-dire de la mémoire des femmes séquestrées depuis la nuit du temps. Encore une fois, nous voyons le français déracialisé, désormais sous la forme d'un butin pour libérer partiellement (car la guerre intérieure est toujours présente) les femmes de l'oppression patriarcale qui fait d'elles des ombres auxquelles on ne permet pas de s'exprimer à leur gré.

Mieux encore, une telle singularité qui s'écrit à la première personne se rapproche du concept d'eccéité du théologien écossais du XIIIe siècle Jean Duns Scot qui comprend par cela l'être singulier, l'individualité, le côté unique de chacun. L'eccéité est un concept qui inspire sept siècles plus tard Maurice Merleau-Ponty qui le définit ainsi : « Les sens et en général le corps propre offrent le mystère d'un ensemble qui, sans quitter son eccéité et sa particularité, émet au-delà de lui-même des significations capables de fournir leur armature à toute une série de pensées et d'expériences » (*Phénoménologie* 147).

En reprenant son propre corps de la Tradition et en donnant un nouveau sens au français par le puisement dans la mémoire féminine, l'écriture d'une femme arabe telle que Djebar est susceptible de produire « une série de pensées et d'expériences ». Dans notre lecture, c'est une expérience féminine de déracialisation et de déterritorialisation dont l'essai « Les nuits de Strasbourg » dans *Ces voix* est aussi particulièrement représentatif. L'essai s'ouvre par le sous-titre « Allées et venues » où la voix autoriale avoue par une pulsion autobiographique : « J'ai passé presque la moitié de ma vie entre Alger et Paris, entre la France et l'Algérie… Mais j'ai tout ce temps, le plus souvent écrit 'sur l'Algérie; de près ou de loin; sur celle d'aujourd'hui ou sur celle de mon enfance, ou sur celle de mes ancêtres » (CV 233). Mais cet état de fait change quand même « un jour », car l'écrivaine ressent que son écriture « désirait, tendait vers l'ailleurs » (CV 233). De cette façon, son écriture se déterritorialise aussi géographiquement et Djebar commence à situer certains de ses textes (comme par exemple le roman *Les Nuits de Strasbourg*) en Europe, bien qu'elle se croie « l'étrangère en Europe » (CV 233). Elle choisit de planter son roman à Strasbourg à partir d'un séjour de trois mois en 1993, mais surtout à cause de la signification du nom de Strasbourg, « la ville de route », qu'elle perçoit en historienne comme : « ville frontière », « ayant oscillé tant de fois entre autorité française puis allemande » (CV 234).

Ce qui déclenche, chez Djebar, l'imagination de *mestiza de borderland, la mestiza consciousness*[70], c'est toujours un lieu entre deux, un lieu frontalier qui représente aussi une zone de cultures. Dans ce roman 'européen', Djebar pose la question de la langue d'amour, une question qu'elle traite aussi dans *L'amour, la fantasia, Vaste est la prison, La disparition de la langue française*, au travers de la courte aventure amoureuse d'une jeune Algérienne et d'un Français plus âgé qu'elle. Par une petite digression portant sur le roman *Les nuits des Strasbourg*, nous aimerions attirer l'attention sur un dialogue, au cours de la neuvième nuit de ce couple qui met en scène une langue métisse par le dialogue du couple aux voix indistinctes dans la « nuit éclaircie » (372) :

> « Alsace, Algérie… Non plutôt Alsagérie!
> – Alsagérie, en quelle langue ce mot? Dans la tienne, dans la mienne?
> – Redis ce mot dans ce noir de notre chambre, redis-le!
> – Redis-moi ce mot : épelle-le lentement, si lentement… comme si tu me caressais avec :
> – Al za gé rie! » (372)

---

[70] « Mestiza consciousness, one of Anzaldúa best known concepts, this consciousness of the borderlands is a holistic, non binary way of thinking and acting that includes a transformational tolerance for contradiction and ambivalence » (*The Gloria Anzaldúa Reader* 321). Voir aussi la note 4 dans le chapitre 1.

C'est la dernière nuit du couple et le mot métisse 'Alsagérie' devient un mot-lieu qui 'résume' les amants de neuf nuits (« ce mot qui nous résume », *Les nuits de Strasbourg* 374). Certes, ce mot est ce que ce couple a enfanté – une parole métisse qui les unit comme leurs langues et leurs corps propices à une géographie imaginaire de l'hybridité.

Par les exemples analysés, nous avons vu que ce que Djebar entreprend comme ablution par *Ces voix* est en effet une purification qui s'opère pour sortir des prisons : celle de la tradition dictée par l'ordre patriarcal et celle des souvenirs lourds de la colonisation. De plus, cette purification est un mouvement idéologique qui va plus loin en s'ouvrant au monde par la 'franco-graphie' de Djebar qui transmet des voix ranimées de la tradition et de la généalogie féminine de l'écrivaine. La généalogie féminine y est comprise dans le sens étroit de la famille et dans un sens plus large, de tout *socius* des sœurs algériennes arabo-berbères dans le fil de temps.

Dans la bonne tradition de Montaigne, Djebar réfléchit dans ses essais sur soi et sur le monde; en somme, elle nous offre un ensemble d'autoportraits où elle essaie d'être amie des siens avant de s'appartenir à elle-même[71]. C'est son écriture qui l'exprime comme amie des siens aussi bien que comme citoyenne de la république métisse des lettres. Par ce type de comportement éthique, l'écriture en français de Djebar mène effectivement avec le français et ses autres langues un dialogue intérieur dont Bakhtine nous explique les données[72].

---

[71] Dans ce sens, voir le livre de Jean Starobinski *Montaigne en mouvement* (1982).

[72] « Dialogue is studied merely as a compositional form in the structuring of speech, but the internal dialogism of the word (which occurs in a monologic utterance as well as in a rejoinder), the dialogism that penetrates its entire structure, all its semantic and expressive layers, is almost entirely ignored. But it is precisely this internal dialogism of the word, which does not assume any external compositional forms of dialogue, that cannot be isolated as an independent act, separate from the word's ability to form a concept [koncipirovanie] of its object – it is precisely this internal dialogism of the word finds expression in a series of peculiar features in semantics, syntax and stylistics that have remained up to the

Le type de littérature qui se réalise dans les romans de Djebar est celle qui enseigne au monde, par la terreur et la pitié, la problématique postcoloniale tout en la dépassant. Ecrits par une ex-colonisée pour nous faire comprendre, à nous, ex-colonisés et ex-colonisateurs, que l'autre existe et cherche le non-lieu de l'entre-deux pour construire un monde différent du passé colonial et du présent postcolonial, les romans djebariens travaillent précisément l'espace qui se situe au-delà de l'interpellation. L'être colonisé, prisonnier, n'existe pas seulement en tant qu'interpellé par le pouvoir qui le détient : il y échappe dans la recherche du non-lieu et devient libre grâce à l'art de l'écriture qui apporte la pacification. Djebar utilise les mouvements de racialisation et de déracialisation de la langue pour les mettre en situation d'interrogation infinie. Il s'ensuit une écriture dont la base est la résistance (Calle-Gruber, *Assia Djebar, ou la résistance de l'écriture*) et dans laquelle l'identité s'exprime, se perd, se cherche et se retrouve. Clarisse Zimra, en caractérisant la position de Djebar sur le français dans un entretien non publié, commente : « The language of the colonizer was no longer an issue for her » (« Disorienting » 151). Ce commentaire s'appuie sur l'explication fournie par Djebar : « … en écrivant *L'Amour, la fantasia*, j'ai définitivement réglé mes comptes avec la langue française. Les peintres furent mes intercesseurs » (« Disorienting » 151). En reprenant l'appellation 'intercesseurs', Zimra fait une analyse qui approfondit notre compréhension de cette problématique djebarienne :

> The term « intercessor, » one who intervenes *with* someone as well as *on behalf of* someone else, shifts simultaneously in opposite directions through ambivalent registers : either that of an accredited, trusted mediator who speaks for someone, or, perhaps

---

present time completely unstudied by linguistics and stylistics… The word is born in a dialogue as a living rejoinder within it ; the word is shaped in dialogic interaction with an alien word that is already in the object. A word forms a concept of its own object in a dialogic way » (Bakhtin, *The Dialogic Immagination* 279). J'utilise la traduction anglaise de Bakhtine plutôt que la traduction française parce que la première rend mieux le texte original russe.

> one who, secretly and speciously, presumes to speak « instead of » those who cannot, or may not, speak to themselves. The deployment of the term thus invests the liminal, transgresive space where subjectivity is to be negotiated, as well as the space where it may find itself infinitely (re)negotiable. (« Disorienting » 151)

Dans son *Discours sur le colonialisme,* Aimé Césaire affirme que la colonisation se traduit aussi par la chosification : « Entre colonisateur et colonisé, il n'y a de place que pour la corvée, l'intimidation, la pression... Aucun contact humain, mais des rapports de domination et de soumission qui transforment l'homme colonisateur en pion, en adjudant, en garde-chiourme, en chicot – et l'homme indigène en instrument de production. A mon tour de poser une équation : *colonisation = chosification* » (19). Dans cette équation, « chosification » est équivalent de racialisation, qui est aussi une des caractéristiques de la colonisation par définition. Par son comportement linguistique qui est la base de sa poétique, Djebar refuse précisément ce type de chosification et de dictat de la culture obligatoire. Elle les transcende en incluant dans son écriture des voix différentes, issues de cultures non-obligatoires, et en inventant une franco-graphie dont l'éthopoïétique la mène à accepter volontairement d'être une « écrivaine francophone ». C'est-à-dire que Djebar trouve finalement sa justification sur la voie de la déracialisation et de la déterritorialisation d'une écriture; hors de l'assujettissement et de l'enfermement culturel dans une seule langue et dans une seule tradition.

Djebar refuse l'isolement culturel par son comportement linguistique et culturel et, grâce à son écriture, exerce un mouvement peut-être utopique mais nécessaire pour mener les siens et se mener elle-même hors de l'assujettissement et de l'enfermement, qu'il soit de l'ordre de la division sexuelle (de *gender*), ou d'ordre racial, ou qu'il relève du stéréotype. En fait, c'est la pacification que l'écriture apporte et Djebar, en visionnaire, l'exprime par sa franco-graphie à voix différentes.

CHAPITRE 3

Maternité et altérité, possessions et dépossessions dans la langue : le cas de Julia Kristeva

> We are unknown to ourselves, we men of knowledge – and with good reason. We have never sought ourselves – how could it happen that we should ever *find* ourselves? ... So we are necessarily strangers to ourselves, we do not comprehend ourselves, we *have* to misunderstand ourselves, for us the law 'Each is furthest from himself' applies to all eternity – we are not 'men of knowledge' with respect to ourselves. (451)
>
> Friedrich Nietzsche, *The Genealogy of Morals* (1887), *Basic Writings of Nietzsche*, ed. & trans. Walter Kaufmann (New York: Modern Library, 1968).

La deuxième partie de cette étude est consacrée à Julia Kristeva. Ici, nous continuons notre interprétation dialogique[73] c'est-à-dire la mise en dialogue de textes de fiction avec des textes théoriques et essayistes.

Nous nous concentrons sur des protagonistes, des scènes extraites des deux romans que nous avons retenus, *Possessions* et *Meurtre à Byzance*, ainsi que sur certains

[73] Nous suivons dans notre approche Tzvetan Todorov qui, dans *Critique de la critique,* définit bien ce concept « La critique dialogique parle non des œuvres, mais aux œuvres – ou plutôt : avec les œuvres ; elle se refuse à éliminer aucune des deux voix en présence. Le texte critiqué n'est pas un objet que doit prendre en charge un 'métalangage', mais un discours que rencontre celui du critique ; l'auteur est un 'tu' et non pas un 'il', un interlocuteur avec qui on débat des valeurs humaines. Mais le dialogue est asymétrique, puisque le texte de l'écrivain est clos, alors que celui du critique peut continuer indéfiniment. Pour que le jeu ne soit pas truqué, le critique doit loyalement faire entendre la voix de son interlocuteur » (185-86).

essais de Kristeva. Ce sont des passages qui révèlent une rhétorique qui fait partie du régime kristevien de la représentation de la dialectique langue maternelle – l'autre langue, dans le cadre plus vaste de l'étrangeté.

De 1991 à 2004, Kristeva crée une trilogie romanesque qui comprend *Le Vieil Homme et les loups* (1991), *Possessions* (1996) et *Meurtre à Byzance* (2004). Les trois polars, qui se déroulent à Santa-Barbara (village planétaire et imaginaire) et en France, ont des personnages communs[74] et présentent selon nous une stratégie rhétorique commune. Les éléments de discours démonstratif [75] qui y apparaissent sont ceux de l'éloge qui loue la France/Byzance (les deux toponymes sont utilisés d'une manière presque synonymique) et ceux de l'invective qui vise Santa-Barbara, le « village planétaire » (MB 113) qui peut être partout où il y a de la violence, de l'unidimensionnalité, des décisions et des arguments faciles, la mafia. Santa-Barbara est tout ce qui s'oppose au couple Byzance / France.

Chaque roman a cependant un message principal, une clé de voûte centrale. Dans le premier volet de la trilogie, *Le Vieil Homme et les loups,* domine l'invective contre le totalitarisme, le plus haut degré du barbarisme. L'invective n'épargne pas la transition grotesque vers la démocratie, plutôt démocrature[76], dans un pays de l'Europe de l'Est, probablement la Bulgarie à cause des références explicites dans le texte. La contrepartie de l'invective se joue dans l'éloge du latin et de ce qui reste de la civilisation romaine sur la terre bulgare. L'invective est intense tout au long du *Vieil Homme* et ses effets sont renforcés par l'usage d'intertextes comme Goya et Freud parmi d'autres. La compréhension du

[74] Kristeva est aussi auteure des romans *Les Samouraïs* (1990) et *Thérèse, mon amour* (2008). Ces cinq romans sont tous parus aux Editions Fayard (Paris).

[75] Dans le sens d'Aristote qui souligne : « Quant au démonstratif, il comprend l'éloge ou le blâme » (*Rhétorique,* livre I, chapitre III).

[76] Mot-valise composé à partir de *démocratie* et de *dictature*. Il fait partie du titre de l'ouvrage de Max Liniger-Goumaz, *La démocrature, dictature camouflée, démocratie truquée* (1992).

latin comme un équivalent du français est la base de l'éloge du latin que Kristeva formule[77].

Dans *Possessions,* le deuxième volet de la trilogie, éloge et invective sont intercalés à travers la maternité et ses démons. L'intertexte peu explicite dans lequel est présentée la problématique des psychoses et de l'âme en souffrance, n'est autre que « Réflexions sur *L'Orestie* » de Mélanie Klein[78]. Néanmoins, on retrouve l'invective contre Santa-Barbara qui n'épargne pas non plus ce roman, puisque le meurtre de Gloria, une traductrice qui est « incapable de haïr » (PS 277), devient emblématique des maladies sociales et de celles de l'âme dans ce village planétaire : « L'affaire Harrison était désormais devenue emblématique de la vie à Santa-Barbara. Il n'était plus question de Gloria mais de « la situation », la presse mondiale en parlait… » (PS 211). Santa-Barbara est représenté comme un village qui se caractérise par son opacité[79] qui est le contraire de la lucidité, de la lumière et de

---

[77] A la question de Bernard Sichère qui demande pourquoi le Vieil Homme est un latiniste, appelé aussi Septicus Clarus, qui agit comme un *Doppelganger,* au père de Stéphanie, Kristeva répond que son propre père était alphabétisé en latin et que dans un contexte plus large, elle utilise le latin comme un équivalent du français pour montrer que dans le déclin de l'Empire romain, un déclin dans lequel nous sommes à nouveau, la langue de la civilisation est en danger : « I summon up Latin culture and language as a way of calling attention to French as an endangered language » (Sichère 169). Notons que Septicus Clarus est une personne historique, c'est un préfet du prétoire sous l'empereur Hadrien (117-138). Il est déchu du pouvoir en 124. Le préfet du prétoire est un fonctionnaire romain, responsable de la garde impériale et de l'administration de la justice. Le symbolisme du nom que Kristeva choisit confirme que le professeur est gardien d'un monde et d'une culture en train de disparaître.

[78] « Comme le mythe d'Œdipe avait éclairé la théorie de Freud, Klein s'appuie sur le mythe d'Oreste, une fois qu'elle diagnostique dans sa clinique le fantasme matricide, pour en déplier la logique spécifique. En effet, avec ses « Réflexions sur *L'Orestie* », la psychanalyste fait valoir – sans pour autant denier l'Œdipe de Freud – une autre logique de l'autonomie subjective » (Kristeva, *Mélanie Klein* 216).

[79] « Le sentiment initial d'opacité et de déjà-vu qui avait submergé Stéphanie à son arrivée à Santa-Barbara avait cheminé sournoisement jusqu'au pire, mais s'était mué à présent en une irréalité ductile : comme les images, les crimes devaient être virtuels, puisque les personnes l'étaient ou du moins étaient en passe de le devenir. Entiché des femmes cubistes de Picasso, le petit Jerry avait vu plus juste que les adultes : visages concasses, identités brocardées, prises de vue et angles d'attaque

la vérité. En fait, Stéphanie apprend la vérité de cette affaire meurtrière non à Santa-Barbara mais à Paris, la Ville Lumière, et dans un lieu aussi symbolique que le bar qui porte le nom *Lutecia*, le nom romain de Paris. Ce nom lie symboliquement dans le contexte du roman le latin au français, une tendance plus marquée dans *Le Vieil Homme et les loups.* Lorsque Stéphanie compare le monde parisien et le monde santa-barbarois, les raisonnements qui s'ensuivent sont révélateurs. Parmi eux figure son éloge « J'aime retrouver la France » (PS 217-22), morceau qui est l'un des préférés de Kristeva, car elle le cite dans *L'avenir d'une révolte* en se référant à son roman *Possessions.*

Dans le dernier volet de la trilogie *Meurtre à Byzance*, l'éloge de la France, de Byzance et de l'Europe est la clé de voûte. Dans ce roman, la stratégie que Kristeva emprunte au discours démonstratif est la plus visible. Ici, comme dans les autres romans de sa trilogie, Santa-Barbara reste toujours l'autre pôle de l'équation du discours démonstratif – celui du blâme et de la satire[80].

Dans notre premier chapitre sur Kristeva, nous examinerons la dynamique de l'autre langue et la langue maternelle dans le contexte des thèmes de la maternité et de l'étrangeté dans *Possessions* et *Étrangers à nous-mêmes*. Le choix d'une autre langue se pose souvent dans un contexte qui considère implicitement ou explicitement la grande problématique de l'altérité. Kristeva, comme Levinas, est très sensible à cette problématique. Elle témoigne de ses efforts théoriques de penser l'altérité dans son livre *Etrangers à nous-mêmes* (1988) auquel nous ferons référence dans le développement de notre argument. Commençons d'abord par la question du parcours biographique de Kristeva et brièvement celle de sa place dans les mouvements d'idées en France.

---

ou fuyants, perspectives mobiles, consciences tournantes – où êtes-vous, repères d'antan? » (PS 213).

[80] Cette problématique est discutée en profondeur dans le dernier chapitre de ce livre.

Le parcours biographique de Julia Kristeva[81]

Aujourd'hui, l'œuvre de Julia Kristeva fait partie de la pensée occidentale contemporaine, fait renforcé et hautement institutionnalisé par la reconnaissance offerte à Kristeva sous la forme du Prix Holberg en 2004, le plus grand prix dans la catégorie des sciences humaines[82]. Dans la perspective du conte, la vie de Kristeva représente un conte merveilleux dont le héros est une intellectuelle originaire de Bulgarie, un pays riche de culture, mais historiquement tourmenté à cause de sa position à un carrefour géographique qui comme un mur a protégé depuis le XIVe siècle l'Europe de l'Ouest des Ottomans et puis du totalitarisme de type soviétique. Sous cet angle, Kristeva devient un héros culturel contemporain qui revendique le génie féminin de l'Est, celui qui remonte à Anne Comnène, dans le centre sacré de la culture occidentale – Paris. Elle arrive à Paris de Bulgarie en 1965, très jeune, comme doctorante pour écrire sa thèse sur le roman. En fait, c'est une bourse dans le cadre de l'initiative du général de Gaulle[83] pour l'Europe de l'Est ; une initiative qui arrache Kristeva à l'enfer communiste imposé dans le pays par l'Union soviétique depuis 1944. A Paris, en tant que

---

[81] Pour le développement de cette section, nous utilisons surtout : la chronologie de Bouthors-Paillart, *Julia Kristeva* 98 ; Lamontagne, « Julia Kristeva – Sans croix ni bannière » ; Calle-Gruber, *Histoire de la littérature française du XXe siècle* ; Lechte, *Julia Kristeva* ; Kristeva, *Les Samouraïs* ; *Julia Kristeva : prix Holberg* (2005) ; Ivantcheva-Merjanska et Vialet, « Entretien avec Julia Kristeva » 158-189.

[82] Ludvig Holberg (1684-1754) est le premier grand écrivain scandinave des temps modernes. Julia Kristeva a reçu le premier Prix international Holberg à Bergen, ville natale de Holberg, le 3 décembre 2004. Le Prix Holberg est l'*équivalent* du Prix Nobel pour les sciences humaines, la psychanalyse et la religion.

[83] « Nous sommes en 1965, quelques jours avant Noël. Une jeune Bulgare de 24 ans quitte Sofia, capitale de la Bulgarie, où elle a fait de brillantes études universitaires sur la littérature française, pour Paris, l'une des capitales culturelles de l'Europe. Si elle peut partir, c'est grâce à une bourse du gouvernement français décernée dans le cadre d'un programme destiné aux jeunes chercheurs de l'Est et mis en avant par le général de Gaulle, qui rêvait alors d'une « Europe de l'Atlantique à l'Oural ». Le français, Julia Kristeva l'a appris depuis qu'elle est toute petite, à la maternelle, chez les Dominicaines. Son père, Stoyan Kristev, francophile, médecin ayant fait des études de théologie, affiche en effet une foi orthodoxe dans un pays communiste, cette attitude suppose de dissidence et de vexations dans un régime politique ouvertement athée » (Lamontagne, n. pag.).

doctorante de Lucien Goldmann (théoricien marxiste d'origine judéo-romaine), Kristeva se trouve vite dans le cercle *Tel Quel*[84], commence à développer des liens intellectuels avec Barthes, fréquente les séminaires de Lacan, et épouse en 1967 l'écrivain et intellectuel Philippe Sollers[85], le fondateur de *Tel Quel*. Kristeva se définit elle-même comme un « monstre de carrefour »[86], et avec raison : une force énorme est nécessaire pour réussir son parcours et l'épreuve de se trouver dès son arrivée à Paris dans une situation très exigeante intellectuellement, situation qui sera en fait son initiation au Paris intellectuel. Kristeva commence

---

[84] Mireille-Calle Gruber dans *Histoire de la littérature française du XXe siècle* (2001) explique : « On peut distinguer cinq périodes de *Tel Quel*, au rythme des exclusions et des adoptions qui agitent le groupe » (129). L'entrée de Kristeva dans le mouvement de *Tel Quel,* toujours selon Gruber, marque la troisième période qui se caractérise de cette façon : « S'ouvre ainsi une troisième période, de théorisation (l'entrée de Kristeva, exclusion de Faye) de 1967 à 1971. Sollers commente la *Grammatologie* (« Un pas sur la lune », *Tel Quel*, no 39) ; avec « La dissémination », Derrida fait une magistrale lecture-réécriture de *Nombres* de Sollers. La publication de l'ouvrage collectif *Théorie d'ensemble* constitue un manifeste. C'est aussi l'époque d'une tentative de rapprochement avec le parti communiste à la faveur des luttes de Mai 68. Jusque-là, *Tel Quel* a véritablement joué un rôle d'avant-garde révolutionnaire. L'adhésion à la doxa du marxisme-léninisme alors qu'arrive le souffle libertaire de 68, la rupture avec le PCF, l'engouement pour le maoïsme, tout cela discrédite le mouvement et modifie définitivement son impact » (130).

[85] Philippe Sollers (1936-) – écrivain célèbre, de son vrai nom Philippe Joyaux –, naît en Gironde dans une famille d'industriels. Après des études secondaires à Bordeaux, il est envoyé chez les jésuites à Versailles, d'où il est renvoyé en 1953. En 1957, il publie son premier texte et prend le pseudonyme de Sollers. En 1960, il fonde la revue *Tel Quel* aux Éditions du Seuil, refuge des protestataires et des anticonformistes. Il reçoit le prix Médicis en 1961 pour *Le Parc*. Il commence dès lors à réfléchir sur la problématique du sujet dans *Drame, Nombres et Lois, Paradis*. En 1983, année de son roman *Femmes* et de son départ du Seuil pour rejoindre Gallimard, il fonde une nouvelle revue, *L'Infini*, et prend la direction de la collection du même nom. Il est membre du comité de lecture des éditions Gallimard. En 2007, Philippe Sollers publie ses mémoires sous le titre *Un vrai roman*. Julia Kristeva et Philippe Sollers se sont mariés en 1967, ils ont un fils, David.

[86] *L'avenir d'une révolte* 67. Par rapport à cette formule, Bouthors-Paillart commente : « Déconcertant autoportrait de Julia Kristeva que cette formule sibylline aux accents antiques : 'Je suis un monstre de carrefour'… Elle apparaît au détour d'un texte intitulé « L'amour de l'autre langue » dans lequel Kristeva évoque l'instabilité de sa position de migrante, en perpétuel transit entre deux pays, deux identités, deux langues… » (14).

presque immédiatement à contribuer à ce bouillonnement culturel avec ses premiers articles sur les paragrammes et sur Bakhtine[87], puis elle s'inscrit dans le développement du structuralisme et surtout du poststructuralisme avec ses théories et concepts-clés, tels que l'intertextualité, la sémanalyse, l'abject, le sémiotique, la *chora*, etc.[88] N'oublions pas qu'elle devait aborder cette exigence intellectuelle à travers son « français de migrante » (comme Kristeva l'avoue dans l'interview de Pierre-Louis Fort), donc par l'autre langue, qu'elle maîtrisait déjà grâce à ses études de philologie romane à l'Université de Sofia « Saint Kliment Ohridski ». Par ailleurs, elle n'a jamais eu le côté enfantin de la langue française, *le* sémiotique. Elle l'acquiert peu à peu et à un certain degré en se faisant psychanalyste et en parlant avec son fils David, né en France en 1975[89].

---

[87] Julia Kristeva, « Bakhtine, le mot, le dialogue et le roman », *Critique*, XXIII, 239 (avril 1967) : 438-65 ; Julia Kristeva, « Pour une sémiologie des paragrammes », *Tel Quel*, 29, (Printemps 1967) : 53-75.

[88] Comme le note Mireille-Calle Gruber : « Arrivée à Paris en 1965, venant d'une 'démocratie populaire' des plus dures, Julia Kristeva poursuit ses études sous la direction de Lucien Goldmann. A l'enseigne du dialogisme de Bakhtine, elle élabore un sémiotique qui vise une 'dynamisation du structuralisme', développe le concept d'intertextualité et celui de 'polylogisme' (*Semiotikè,* 1969 ; *Le Texte du roman*, 1972 ; *La Révolution du langage poétique,* 1974) ; puis sous l'influence de la psychanalyse lacanienne, elle construit une théorie de la « signifiance des textes et du « sujet en procès » (*Pouvoirs de l'horreur*, 1980 ; *Histoires d'amour*, 1983 ; *Soleil noir*, 1989) […] Kristeva est sémioticienne et psychanalyste. L'écriture littéraire ne la requiert guère : *Les Samouraïs* (1990), sorte d'autobiographie à peine fictionée donnant dans le roman à clé, puis *Le Vieil Homme et les loups* (1991), ne se posent pas des questions de formes » (*Histoire* 132).

[89] « A la fin de mon analyse, il m'a semblé que j'intégrais la langue française comme un enfant apprend sa langue maternelle, et le désir d'écrire s'en est suivi. A force de raconter mes souvenirs d'enfance en français, et non dans ma langue maternelle, le bulgare, je me suis aperçu que mon français un peu littéraire, un peu abstrait, un peu intellectuel, un peu « étranger » des débuts de mon arrivée en France, s'était peu à peu modulé en une sorte de *baby talk*, une langue intime qui laissait jaillir les sensations, les souvenirs anciens, les états douloureux... La nuit obscure de la relation précoce mère-enfant et de la petite enfance s'était finalement infiltrée dans la langue française, avec des mots simples et vrais. Je me rappelle avoir dit à mon analyste que je voulais faire une analyse pour retrouver du maternel dans le français, que même si j'avais eu de très bons contacts avec ma mère, j'avais tout de suite rebondi, comme un ballon, de son sol... et que, maintenant, je voulais rester un peu au sol. Ensuite, notre fils est né, et je lui ai parlé en français, mon mari, l'écrivain français Philippe Sollers, ne parle pas le

Née le 24 juin 1941 à Sliven, Bulgarie, dans la famille de Stoyan et Christine Kristevi, Julia grandit à Sofia, la capitale de la Bulgarie. En 1963, elle est diplômée de l'Université de Sofia « St. Kliment Ohridski » et commence sa préparation d'un doctorat de littérature comparée à l'Académie des sciences bulgares. En 1965, elle obtient une bourse d'études dans le cadre des accords franco-bulgare et arrive à Paris où personne ne l'attendait avec 5 dollars en poche, comme Kristeva le décrit elle-même dans *Les Samouraïs*.

Elle participe aux recherches esthétiques littéraires et théorétiques de *Tel Quel* (revue fondée par Philippe Sollers en 1960) avec le groupe désormais célèbre, Barthes, Derrida, Lacan, Sollers, autour de cette revue qui fait date dans l'histoire intellectuelle contemporaine française et européenne.

La reconstruction de cette atmosphère intellectuelle parisienne dans *Les Samouraïs* (Gallimard, 1990) est l'aspect par lequel le premier roman de Kristeva est souvent comparé avec *Les Mandarins* (Gallimard, 1954) de Simone de Beauvoir. *Les Samouraïs* est un roman à clé où l'on reconnaît sous les noms inventés des personnages les figures de Goldmann, Barthes, Sollers, Lacan, Derrida, Foucault, Benveniste… Le roman est un document de tout un bouillonnement d'idées et de théories : structuralisme, maoïsme, poststructuralisme. La vie intellectuelle de Kristeva elle-même témoigne de tous les changements paradigmatiques importants dans la « French Theory » où elle s'inscrit comme un nom avec son apport, celui reconnu très tôt par Barthes. Son essai « L'Etrangère », paru dans la *Quinzaine littéraire* en 1970 pour la publication de *Semiotikè* de Kristeva (5 années après l'embarquement de Julia à Paris) est représentatif d'une attitude de reconnaissance intellectuelle profonde[90]. Cet essai

bulgare, mes parents étaient loin : le français est devenu une langue de proximité, du quotidien… » (Ivantcheva-Merjanska et Vialet, « Entretien avec Julia Kristeva » 160-61).

[90] En 1970, Roland Barthes décrit la force de Kristeva par la voie du déplacement : « Julia Kristeva change la place des choses : elle détruit toujours *le dernier préjugé*, celui dont on croyait pouvoir se rassurer et s'enorgueillir ; ce qu'elle

témoigne aussi de la noblesse intellectuelle de Barthes qui reconnaît l'autre ; pourtant, dans ce contexte précis, Kristeva n'est pas seulement l'autre dans le sens existentiel, elle est aussi l'autre dans le sens qu'elle est étrangère, venue d'ailleurs, ne faisant pas partie de la tribu. En prolongeant la métaphore filée du conte merveilleux, on peut dire que l'« infatigable découvreur » (Chevalier 58) Barthes était l'un de ses adjuvants principaux, un fait bien décrit par Jean-Claude Chevalier dans son article « Itinéraires » :

> Elle rencontre Barthes, infatigable découvreur. Barthes était entré à l'EPHE, comme on disait encore, au Centre des communications de masse, de CECMAS. Il lui offre un poste d'attachée au Laboratoire d'anthropologie sociale, et un bureau. Il dirige sa thèse de troisième cycle sur un roman, le *Petit Jehan de Saintré,* qu'elle soutiendra en 1968. Peut-on dire qu'il dirigeait ? On ne dirigeait pas Julia. Néanmoins, il a eu sur elle... une très grande influence, avec son immense talent, marquant l'importance du texte dans l'idéologie française. Qui permettrait à Julia de joindre la tradition russe et Lotman et Bakhtine. (58)

Donc, en 1968, Julia Kristeva fait son doctorat de 3e cycle en littérature française « Le texte du roman. Analyse d'une structure discursive transformationnelle » sous la direction de L. Goldmann et avec R. Barthes et J. Dubois. Elle devient la même année secrétaire générale de l'Association internationale de sémiologie, membre du comité de son organe *Semiotica.* En 1972, Kristeva est chargée de cours en linguistique et sémiologie à l'UFR de lettres « Sciences des textes et documents » à l'université Paris 7 Denis-Diderot. Un an plus tard, elle défend son doctorat d'Etat es lettres « La révolution du langage poétique. L'avant-garde à la fin du XIXe siècle : Mallarmé et Lautréamont » sous la direction de J.-C. Chevalier et avec R. Barthes, P. Albovy et H. Lefèvre. De 1967 à 1973, elle est attachée, puis chargée de recherche au CNRS en linguistique et littérature française, au

---

déplace, c'est *le déjà-dit*, c'est-à-dire l'insistance du signifié, c'est-à-dire la bêtise ; ce qu'elle subvertit, c'est l'autorité, celle de la science monologique, de la filiation. Son travail est entièrement neuf... » (« L'étrangère » 197).

Laboratoire d'anthropologie sociale, au Collège de France, et à l'Ecole des hautes études en sciences sociales (EHESS). En 1973, Kristeva devient professeur de linguistique à l'UFR de lettres « Sciences des textes et documents » à l'université Paris 7 Denis-Diderot. En 1974 commence son aventure américaine et Kristeva est élue « Permanent Visiting Professor » au Département de littérature française de Columbia University où elle est désormais considérée comme l'une des représentantes les plus importantes de la *French Theory*.

En 1975, elle devient mère en donnant naissance à David. La maternité est pour Julia une expérience transformatrice et profonde. Après cette date commence son intérêt sincère pour la psychanalyse – elle fait une psychanalyse et puis commence sa formation pour devenir elle-même spécialiste dans ce domaine. Ses efforts intellectuels dans cette direction aboutissent en 1987 lorsqu'elle devient membre affilié de la Société psychanalytique de Paris (SPP) et de l'Association internationale de psychanalyse (IPA). En 1992, Kristeva est nommée directeur de l'école doctorale « Langue, littérature, image, civilisation et sciences humaines, domaines francophone, anglophone et d'Asie orientale», un poste qui effectivement la définit bien comme une personne qui établit des ponts transculturels. La même année, elle est aussi nommée « Permanent Visiting Professor » de littérature comparée de l'université de Toronto, au Canada et membre adhérent de la SPP et de l'IPA. En 1997, elle deviendra membre titulaire de ces organismes.

Sa reconnaissance de l'importance de l'œuvre de Barthes trouve son expression dans l'initiation de la fondation de l'Institut Roland Barthes que Kristeva entreprend en 2000. Elle crée aussi cette même année, avec Dominique Lecourt, Pierre Fedida et François Julien, l'Institut de la pensée contemporaine. Dans notre entretien, nous lui avons posé une question par rapport aux institutions qu'elle crée en comparant son activité avec celle de Thérèse d'Avila qui a créé 17 monastères :

> *QUESTION* : *N'avez-vous pas fondé le Conseil national Handicap (CNH), le Centre Roland Barthes, l'Institut de la pensée contemporaine, le Forum de Jérusalem... Cela fait déjà quatre « monastères », non ?*
> JULIA KRISTEVA : C'est vrai, mais je suis très loin du compte !!! Et la compétition reste ouverte... Thérèse en a fait dix-sept ! D'une certaine manière, je suis une « femme d'affaires », comme Thérèse le disait d'elle-même avec humour. J'ai envie de créer dans la réalité... alors je fais des institutions. (Ivantcheva-Merjanska et Vialet, « Entretien avec Julia Kristeva » 186)

De 1995 à 2003, la renommée mondiale de Kristeva lui apporte de nombreux titres de docteur Honoris Causa : de l'Université de Western Ontario (Canada), de l'Université Victoria – University of Toronto, d'Harvard University (Boston), de l'Université libre de Belgique, de l'Université de Bayreuth, de l'Université de Toronto, de l'Université de Sofia « Kliment Ohridski », de la New School (New York).

En 2004 vient la plus grande reconnaissance de sa contribution aux sciences humaines, le Prix Holberg. A la remise du prix, le comité Holberg déclare :

> Le prix international Holberg 2004 récompensant des travaux scientifiques exceptionnels en sciences humaines, sciences sociales, droit ou théologie est attribué au Professeur Julia Kristeva, directeur de l'UFR Sciences des Textes et Documents de l'Université de Paris 7 – Denis Diderot. Dans *La Révolution du langage poétique* (1974), Julia Kristeva présente la théorie selon laquelle le processus producteur de sens dans le langage est composé de deux éléments concourants, le symbolique et le sémiotique. Ce travail d'avant-garde relie également le langage au corps vivant. Dans sa trilogie *Pouvoirs de l'horreur* (1980), *Histoires d'amour* (1983) et *Soleil noir* (1987), elle développe des théories originales et efficaces sur l'abjection, l'amour et la dépression. Dans *Étrangers à nous-mêmes* (1988), son approche psychanalytique contribue à une nouvelle compréhension de la migration, de l'exil et de l'altérité. Julia Kristeva a publié plus d'une vingtaine d'ouvrages et est toujours très active. Récemment, elle s'est particulièrement intéressée aux femmes écrivains et aux intellectuelles.
> Les travaux novateurs de Julia Kristeva consacrés à des problématiques qui se situent au croisement entre langage, culture et littérature ont eu une incidence capitale sur la théorie féministe et

> un rayonnement international dans de nombreuses disciplines au sein des sciences humaines et sociales (n. pag) [91].

Pour résumer le parcours biographique de Kristeva, nous allons nous servir de ses propres mots issus de son discours à la réception du Prix Holberg, mots qui la définissent le mieux :

> Le Prix Holberg honore à travers moi une citoyenne européenne, de nationalité française, d'origine bulgare et d'adoption américaine. Je me plais à imaginer ce choix, que je qualifierais volontiers de nomade… Le destin cosmopolite qui est le mien reflète l'histoire européenne depuis la Deuxième Guerre mondiale ; il n'est certainement pas étranger à cette traversée des frontières entre les disciplines qui caractérise mon travail, et qui a retenu l'attention du jury du Prix Holberg. C'est dans le jardin encyclopédiste de la culture française et dans la langue française que j'ai, quant à moi, essayé de greffer ma réflexion et mon écriture, initialement formées à ce carrefour que sont les Balkans, dans ma Bulgarie natale : là où – sous le communisme et malgré lui – la spiritualité byzantine se mariait avec le culte du roman russe, de la philosophie allemande et des Lumières. Aussi voudrais-je remercier le pays qui m'a accueillie, la France, qui n'est jamais plus française que lorsqu'elle se met en question, au point de rire d'elle-même – avec cette vitalité que Holberg admirait chez Molière ! – et jusqu'à se lier aux autres. C'est ce qui explique, à mes yeux, comme je l'ai écrit dans *Etrangers à nous-mêmes*, que « nulle part on n'est plus étranger qu'en France, mais aussi que nulle part on n'est mieux étranger qu'en France » : l'honneur que je reçois aujourd'hui en est pour moi le signe éclatant. (« Penser la liberté » 155-56)

Ces mots de Kristeva guident en grande partie la problématique de notre recherche.

Être transfrontalière, transgresser les frontières – c'est aussi le principe du carnaval ayant un lien direct avec le renversement de l'ordre établi. Venant de l'Est, la pensée de Kristeva est toujours marquée par la pulsion de se révolter et comme « la négativité hégélienne » de « bousculer la doxa » (Kristeva, *La Révolution* 105), laquelle, si on ne la remet pas constamment en question, pourrait aboutir au totalitarisme

[91] En ligne : <www.kristeva.fr/holberg.html> (consulté le 10 janvier 2012).

que la jeune intellectuelle a déjà fui. En fait, la théorie du roman de Bakhtine, dans laquelle le principe du carnaval est fondamental[92], est marquée par cette idéologie qui lutte contre le principe totalitaire dans la société soviétique. La pensée de Bakhtine est l'acmé théorique de la science littéraire qui représente ce type de résistance intellectuelle dans la Russie stalinienne, un lieu inimaginable pour les Occidentaux. Il n'est pas étrange que le premier message que Kristeva porte de l'Est à l'Ouest, de la même manière que Tzvetan Todorov, soit celui de Bakhtine. L'héritage bakhtinien est riche des notions de polyphonie et de la promotion d'une vérité au pluriel, du genre du roman qui se manifeste par l'intérêt infini vers le génie de Dostoïevski et de son univers créatif dialogique. La jeune Julia porte tout cela dans sa valise intellectuelle et dans son esprit. Elle va avoir une autre rencontre décisive dans son développement intellectuel avec notamment la découverte de Freud, vénéré par *Tel Quel*. De l'Est, Kristeva apporte aussi l'influence de Hegel et le principe de négativité de sa dialectique[93]. Le reste des influences que Kristeva subit dans sa vie intellectuelle sont des sous-influences qui se rangent au côté de ses autres inspirations majeures : Bakhtine, Dostoïevski, Hegel, Freud.

En raison de tous ses penchants, il n'est pas étrange qu'elle rêve de créer un roman total (une ambition wagnérienne, si l'on cherche l'équivalent en musique) qui entremêle les aspects psychanalytiques, la négativité dialectique, la polyphonie et le carnaval. Ses préoccupations vis-à-vis de ces

---

[92] Dans son article « Le mot, le dialogue et le roman » dans *Semeiotikè. Recherches pour une sémanalyse* (1969), Kristeva signale que « La structure carnavalesque est comme la trace d'une cosmogonie qui ne connaît pas la substance, la cause, l'identité en dehors du rapport avec le tout qui n'existe que dans et par la relation. La survivance de la cosmogonie carnavalesque est antithéologique (ce qui ne veut pas dire antimystique) et profondément populaire » (160).

[93] L'influence de Hegel se voit particulièrement bien dans le deuxième chapitre « La Négativité : le rejet » dans *La Révolution du langage poétique* (1974) où Kristeva construit son compréhension du sémiotique sur le quatrième terme de la dialectique de Hegel : « Nous dirons pourtant que la négativité hégélienne empêche la fixation du thétique, bouscule la doxa, et permet d'introduire en elle toute cette motilité sémiotique qui la prépare et qui l'excède. Hegel définit d'ailleurs cette négativité comme le quatrième terme de la véritable dialectique… » (105).

concepts théoriques viennent de sa position dans la société française qui, après tout, perçoit Kristeva comme fondamentalement étrangère. Ainsi, la question de la langue et de l'étrangeté dans la langue et sa culture corolaire se range parmi les préoccupations principales de Kristeva. Dans ses romans et dans certains essais (surtout *Etrangers à nous-mêmes* et « L'amour de l'autre langue »), elle les exprime de façon révélatrice. Les concepts majeurs théoriques de Kristeva, tels que l'abject, la maternité, le symbolique et le sémiotique se lient dans ces textes à la problématique du langage et de l'altérité.

Jusque récemment, la critique n'avait pas fourni de grands efforts pour interpréter *Possessions*. Il existe quelques textes, essentiellement des comptes-rendus, qui donnent principalement le résumé du roman. Néanmoins, il existe aussi deux articles qui méritent d'être mentionnés. Imre van der Poel consacre un article entier à ce roman et fait une analyse pertinente et révélatrice de la notion de maternité dans son article « *Possessions*. Symbolique de la maternité chez Julia Kristeva ».Dans son article « Julia Kristeva's 'mystery' of the subject in process », Lynda Stone avance l'hypothèse d'une connexion entre le message du roman et l'éducation et souligne aussi le rôle de la maternité dans la construction du sujet-en-procès dans ce roman. A notre connaissance, excepté ces deux articles, la critique n'est pas très favorable[94] à *Possessions,* ni en quantité ni en profondeur d'interprétations. Nous faisons référence aux articles de Poel et de Stone dans le développement de ce chapitre. Pourtant, aucun de ces textes ne s'occupe en profondeur de la problématique de la langue en tant que l'autre langue.

---

[94] Une critique négative par Thierry Guinhut visant le style de l'écrivain apparue dans *La République des Lettres :* « Les couplets sur la France et la 'francité', sur l'époque qui ne lit plus, les 'une femme qui jouit est décidée à mourir', les lourdeurs, les ressentiments dignes des plus délaissés de nos auteurs maudits » (n. pag.). Voir aussi dans le même sens Renée Kingcaid : « Yet it is hard to determine exactly what Kristeva/Delacour wishes us to discover here […] Stephanie Delacour is rarely more than wispy as a character or narrator; that the stories she files are not always those her editor is interested in, is perhaps indicative of a problematic status of narrative itself in fin-de-siècle culture » (252).

Etant donné nos rapports personnels avec l'exil, l'autre langue et l'étrangeté, nous sommes personnellement attirée par cette problématique chez Kristeva et pensons que la sensibilité que notre vie existentielle et sociale nous procure peut nous permettre de trouver et d'interpréter des aspects différents de ceux abordés par la critique de *Possessions*. Une œuvre littéraire étant toujours ouverte à interprétation.

Le survol du roman *Possessions*

Possessions est le volet dans la trilogie romanesque kristevienne qui tisse le mieux la trame du crime. Ici, la trame criminelle est éminemment liée aux problèmes de la maternité et de la langue. 'L'heure zéro' est l'heure du crime sur laquelle le polar se base principalement, le tout étant de savoir comment des êtres humains convergent vers cette 'heure zéro' (Agatha Christie, *L'Heure zéro* (1944) (*Towards Zero*). Kristeva partage avec la grande dame du roman policier cette compréhension et l'exprime ainsi dans *Possessions* : « Le nombre de choses qu'on peut sentir <u>quand le temps s'arrête</u>, comme tranché par le meurtre... » (PS 137, nous soulignons. Les points de suspension sont la ponctuation originelle de Kristeva dans le texte pour indiquer une rupture dans le discours).

Possessions est un roman qui pousse le suspense jusqu'au bout. En effet, pour Gloria, la victime, il y a eu plusieurs heures zéro, puisqu'elle a été empoisonnée, étranglée (par son amant gigolo), poignardée (par un serial killer), décapitée (par Pauline, prétendante à la place de mère de Jerry). Dès lors, « le meurtre de Gloria Harrison était une œuvre collective » qui « par sa brutalité exorbitante désignait à l'évidence les putrides des bas-fonds de la folie humaine » (PS 120). La décapitation de Gloria et les motifs de son auteur, qui est une femme, sont des éléments qui révèlent par ailleurs un autre aspect distinctif du roman, celui de l'investigation de la folie et de la cruauté féminines[95]. Gloria est mariée à Stanislas, un peintre avant-gardiste très connu qui ne peut être ni mari ni père, car trop artistique, narcissique et coureur de jupons. Après sa mort, Gloria prend un amant – un gigolo, brutal, marchand d'objets d'art qui veut la fortune de Gloria – parce qu'il lui plaît au lit. Le drame mère-enfant de Gloria et de Jerry, son fils handicapé sourd, est au centre du roman. Ce drame reflète l'amour et la douleur d'un rapport entre une mère toute-puissante et son enfant qui, à cause de son handicap, développe une indifférence et un penchant presque sadique. Ce type de rapport, comme Kristeva l'exprime dans son livre sur Mélanie Klein, est développé dans la théorie kleinienne dont nous parlerons plus tard. Du fait de sa surdité complète, Jerry[96] a besoin d'apprendre à parler, mais pas d'une manière ordinaire. Gloria, traductrice de profession, devient pour son fils une traductrice; en fait, elle essaie de lui traduire le monde. Dans l'enseignement du langage à Jerry, Gloria est aidée par une professionnelle, l'orthophoniste Pauline Gadeau.

Le triple meurtre d'une seule femme, dont le nom est Gloria Harrison, devient alors la base de la piste policière et du suspense. Dans ce roman, comme dans toute la trilogie

---

[95] Kristeva participe comme auteur à l'ouvrage collectif *La cruauté au féminin* sous la direction de Sophie de Mijolla-Mellor où Mijolla-Mellor suggère que la cruauté est liée à la pulsion de voir particulièrement focalisée sur l'intérieur du corps. Comme l'observe Brigitte Untersinger par rapport à l'hypothèse de De Mijolla : « La peau doit être arrachée, percée pour révéler ce qu'elle cache, le cru, le sanguinolent, le sang du 'cruor' de la cruauté » (Untersinger, « La cruauté au féminin » n. pag.). Pauline Gadeau en décapitant Gloria, déjà morte, suit précisément ce type de curiosité de la cruauté au féminin.

[96] C'est une des pistes autobiographiques dans ce roman. Marie-Andrée Lamontagne dans « Julia Kristeva – Sans croix ni bannière» met au point cette explication de Kristeva par rapport à *Possessions* : « Exil, féminitude ou maternité : les souffrances de Julia Kristeva n'appartiennent qu'à elle (ainsi, entendez cette pudeur : 'Si je fais cependant le pari de partager cette situation, explique-t-elle au sujet du handicap, dans *La haine et le pardon*, ce n'est pas seulement parce que les difficultés neurologiques de mon fils lui ont fait suivre un enseignement atypique où j'ai découvert la singularité de chaque personne handicapée'. Les romans de Julia Kristeva, autobiographiques certes, mais également construits pour réaménager le réel, n'ont que faire, on le sait, du Moi bavard et s'attachent plutôt au discours du Sujet » (n. pag.).

kristevienne sur Santa-Barbara, nous somme guidés par la narratrice Stéphanie Delacour, journaliste, qui visite pour ses reportages un « foutu pays » (PS 82) appelé Santa-Barbara. Stéphanie est envoyée spéciale de *L'Evènement,* un journal parisien qui fait ses investigations sur la corruption et la mafia de l'atome de Santa-Barbara, pour mettre en garde la société. Menée par son propre désir et sa propre détermination, celle-ci se charge aussi de faire une enquête sur le meurtre de son amie Gloria qui habite à Santa-Barbara.

En fait, Stéphanie représente un type de détective capable de pénétrer et de comprendre les méandres de l'imprévisibilité de l'âme humaine, mieux que les détectives professionnels. Premièrement parce qu'elle est femme, ce qui lui donne la sensibilité de comprendre le côté psychique et les pulsions antagonistes dans notre psyché. Deuxièmement, dans ce type de compréhension et de rapprochement vers l'autre, elle est mieux placée que ceux qui restent dans l'unidimensionnalité; en effet, Stéphanie est une figure kaléidoscopique et polyphonique, car située entre deux cultures et à la fois journaliste et détective dont la méthode se rapproche de la psychanalyse.

Dans *Possessions,* Kristeva, lectrice attentive de Mélanie Klein, cherche la compréhension de la complexité de la maternité – non seulement dans ses aspects angéliques, de Madone, mais surtout dans ses aspects les plus sombres, archaïques et destructifs. L'abandon de la langue maternelle et le voyage existentiel vers la langue de l'autre se placent dans le paradigme primordial du matricide symbolique. Dans ce contexte, le regard multidimensionnel sur la maternité que Kristeva propose dans ce roman est révélateur.

En outre, dans le voyage d'une langue à l'autre, on subit non seulement une métamorphose psychique, mais aussi une métamorphose corporelle. C'est le sens principal dans lequel *la chora*[97] travaille par ses pulsions à la fois notre corps et

[97] Rappelons que Kristeva soutient que toute signification est composée des deux éléments convergents, le symbolique et le sémiotique. L'élément sémiotique représente des pulsions du corps qui se déchargent dans la signification. Le sémiotique est associé avec les rythmes, les tonalités. Comme décharge des

notre langage. C'est la façon dont Kristeva traduit en athée la formule de l'Evangile selon Jean « Le verbe se fait chair » (ch. 1 : 14), par le truchement de la phénoménologie de Merleau-Ponty. La façon dont Kristeva conçoit la corporéité est développée dans la ligne de pensée de Merleau-Ponty qui voit dans le corps une condition permanente de l'expérience. Selon l'auteur de la *Phénoménologie de la perception* (1945), le primat de la perception signifie le primat de l'expérience. La *chora* sémiotique de Kristeva en tant que pré-langage pulsionnel reflète dans une certaine mesure la notion de corporéité de Merleau-Ponty[98]. Dans la veine de Merleau-Ponty également, Kristeva étudie effectivement ses protagonistes comme des « êtres linguistiques » (Merleau-Ponty 207), c'est-à-dire comme des êtres dans la langue, dans leurs rapports à la langue.

Dès lors, les trois femmes qui sont les personnages principaux de *Possessions* sont possédées par le démon de l'instinct suprême de la maternité, mais aussi par les démons de la langue – Gloria est traductrice de *Sonnets* de Shakespeare ; elle est la figure qui représente le thème de la traduction cher à Kristeva. Kristeva représente souvent l'étranger comme traducteur ou bien l'écrivain comme traducteur du sensible selon sa définition dans *L'Avenir d'une révolte,* comme nous allons le voir plus tard dans notre

---

pulsions, il est aussi associé avec le corps de la mère, la première source des rythmes, des sons et des mouvements. C'est la *chora*, cet espace maternel des pulsions que selon Kristeva Platon désigne en tant que « ce réceptacle comme nourricier et maternel, non encore unifié en un Univers, car Dieu en est absent » (Kristeva, *La Révolution* 25).

[98] « Merleau-Ponty a accompli ce bouleversement en recherchant un état « préréflexif » de la pensée qui élargisse la communication avec le monde (avec l'Être), au croisement (chiasme) de la nature et de l'esprit : un 'passage du monde muet au monde parlant' que le philosophe décrit ainsi : 'Le monde vu n'est pas 'dans' mon corps, et mon corps n'est pas dans le monde visible [...] chair appliquée à la chair, le monde ne l'entoure ni n'est entouré par elle [...] ; il y a insertion réciproque et entrelacs de l'un à l'autre'. La 'chair' ainsi définie comme un 'chiasme' entre le moi et le monde devait le conduire à sa *Phénoménologie de la perception* (1945). Mais la perception/sensation ne pouvait s'introduire dans les sciences du langage que lorsque celles-ci allaient commencer à se construire autour du 'sujet de l'énonciation' et, à fortiori, autour du sujet de l'énonciation travaillé par l'inconscient » (Kristeva, « Parler en psychanalyse » n. pag.).

analyse. Le démon de la maternité et celui de la langue s'expriment à travers la pulsion de Gloria de traduire le monde à son fils, dans sa tentative de le transformer en « être normal » (PS 70).

Delacour, en tant que journaliste, met à jour, accouche le sens de l'évènement dont elle fait l'objet de ses reportages. En détective, Stéphanie accouche la vérité du crime, la dépasse et se dirige vers une humanité de la compréhension et de l'écoute de l'être qui est par sa nature tout à fait psychanalytique. C'est aussi elle qui représente par son récit une dimension de corporéité qui est toujours présente dans la langue par la métamorphose de son corps dans l'autre langue dont nous parlerons plus tard. C'est l'influence de Merleau-Ponty dans la pensée de Kristeva qui lie langue et corporéité comme des systèmes interdépendants. Stéphanie est un personnage important pour le roman parce qu'à travers son expérience de voyageuse, Kristeva introduit dans son récit la métaphore filée de « lit gigogne » qui fonctionne aussi comme une allégorie de l'altérité et que nous allons analyser.

Pauline qui est orthophoniste refait sa vie après la perte de son frère aimé. Dans le cas de Pauline, l'exil et l'autre langue sont particulièrement mis en relief. Pauline est représentée par la métaphore de la greffe, un prisme par lequel est interprétée l'expérience de l'exil et de l'autre langue. La greffe est évoquée dans les champs sémantiques de la notion chirurgicale et traduit l'aspect douloureux, pénible de l'exil. Pauline est aussi vue dans le rôle de 'suppliante' : cette notion fait référence aux endroits dans *Etrangers à nous-mêmes* où Kristeva caractérise précisément les premières femmes exilées de suppliantes[99]. L'acte radical de Pauline de sauver Jerry des démons de sa propre mère, Gloria, montre sa détermination psychotique à se l'approprier pour elle seule : elle croit être une mère plus digne car elle redonne à Jerry le don de la parole, que sa mère biologique – ce qui signifie dans un sens

[99] « Les premiers étrangers : des étrangères (de Io aux Danaïdes) » (63-68) et « Suppliants et proxènes » (69-71).

plus large la nature, la Mère primordiale – n'avait pas réussi à lui donner.

Ainsi, le roman entremêle la piste psychanalytique, la piste métaphysique et la piste qui explore la langue par ses personnages.

Les personnages – visages différents de la maternité et de l'altérité dans *Possessions*

Comme nous l'avons déjà remarqué, les thèmes principaux de *Possessions* sont la maternité, la langue et les maladies de l'âme, tous placés dans le champ sémantique des démons/des possessions. Nous allons maintenant analyser la représentation de ces thèmes à travers les figures des personnages féminins dans *Possessions :* Gloria, Pauline et Stéphanie. Même si elles partagent toutes les trois bon nombre de caractéristiques, elles sont néanmoins fortement individualisées. Cela provient non seulement du credo polyphonique de l'écrivaine Kristeva, mais aussi de sa profonde conviction psychanalytique de la singularité de chaque individu. Dès lors, la romancière regarde ses personnages comme 'unes femmes', pour reprendre ce néologisme de Kristeva, qui souligne toujours la singularité de l'expérience humaine.

Les trois personnages féminins ont pour *modus vivendi* le fait d'être étrangères et d'être captivées par les démons de la maternité. Elles maîtrisent leur situation d'étrangères et de femmes possédées par la maternité et par l'altérité à travers trois *modi operandi* différents : Gloria est traductrice, Stéphanie est journaliste et aussi, par décision, détective, Pauline est orthophoniste. Chacun de ces *modi operandi* a à voir avec la langue, y compris l'autre langue, et son traitement est différent pour chacun des trois personnages féminins. Gloria traduit d'une langue à l'autre : de l'anglais au santa-barbarois (la langue du pays imaginaire Santa-Barbara dans la trilogie) ; c'est-à-dire qu'elle apporte la civilisation à travers les sonnets de Shakespeare (PS 90) dans la langue

« barbare ». C'est son effort pour améliorer le monde et échapper à ses démons.

Stéphanie met au jour l'évènement en tant que journaliste, en cherchant et en traduisant pour le public le sens caché, c'est-à-dire en accouchant de la vérité, car comme envoyée spéciale elle est aussi détective, ce qui est effectivement une part essentielle de la profession de journaliste. En faisant cela, elle apporte sa propre contribution à l'amélioration de la société, en la rapprochant de la vérité par son génie féminin : « le métier de détective était parfaitement compatible avec celui de journaliste, le féminin ajoutant à ce mélange deux atouts maîtres : flair et endurance » (PS 55). Stéphanie s'occupe de son côté et presque en secret de l'enquête car Rilsky, « le détective en chef de Santa-Barbara excellait dans tous les savoirs, notamment dans ceux des autres, mais réussissait rarement dans le sien dont la vocation normale eut été de découvrir le coupable » (PS 58). Pour elle, « l'enquête aussi est une passion chirurgicale » (PS 93), mais c'est également le nœud de la narration. « C'est là que tout recommence : l'enquête, donc le roman » (PS 60), pense Stéphanie en assimilant la quête et le roman à la fois à l'intuition et à la raison. Étant la narratrice-personnage, Stéphanie joue le rôle de critique principal de Santa-Barbara dans toute la trilogie romanesque. Stéphanie exécute ce rôle en choisissant le champ dialogique qui lui convient. Elle est dans le 'champ dialogique de l'imagination'[100]. Comme l'observe Bakhtine pour Stavroguine (le personnage principal dans *Les Démons* de Dostoïevski), il n'y a pas une seule idée dans le roman qui ne trouve de réponse dialogique dans la conscience de Stavroguine[101]. Ceci est vrai pour Stéphanie ; elle possède une empathie qui constitue son talent d'humaniste et de détective sensible à la douleur des autres : « Douée pour la douleur comme d'autres le sont pour la

[100] Nous traduisons ce terme de l'anglais « dialogic field of imagination » (Bakhtin, *Problems of Dostoevsky's Poetics* 73).

[101] Dans le même texte, Bakhtine écrit: « In the *Possessed*, there is not a single idea that fails to find a dialogic response in Stavrogin's consciousness » (*Problems of Dostoevsky's Poetics* 73).

musique ou pour l'amour, Stéphanie la cultivait avec une pudeur qui la travestissait en gaieté, parfois en insolence » (PS 94). Le talent de comprendre la douleur des autres se lie bien avec le côté slave de Stéphanie qui a des origines russes. Cette emprise de la douleur se manifeste aussi chez la traductrice Gloria (l'une des *alter ego* de Kristeva dans ce roman). Ce trait distinctif est démontré très explicitement par la passion de Gloria pour Dostoïevski qui, ne l'oublions pas, est le paratexte principal du roman : « Atavisme maternel russe ou lectures hypnotiques de Dostoïevski, Gloria était persuadée que la souffrance, le plaisir et l'ennui sont l'apanage des âmes aristocratiques. Mais elle savait aussi que la douleur calcine le temps infini en un infini point : la douleur est la vérité du temps, elle coïncide avec lui en s'arrogeant le droit de le suspendre » (PS 63).

Pauline quant à elle est enseignante de langue. Une orthophoniste, par définition, redonne le don de la langue à ceux qui en ont été privés par la nature. Pour Pauline, c'est sa façon d'améliorer le monde et d'affronter ses démons. Plus précisément, elle soigne Jerry, le fils handicapé de Gloria, et elle se considère de plus en plus comme sa bonne mère à l'opposé de Gloria, qui, selon Pauline, est une mauvaise mère[102], souvent en colère et prête à céder aux demandes de son amant-gigolo qui veut envoyer son fils en pension et donc le mettre dans une situation défavorable. Cela donne à Pauline la détermination de sauver Jerry de sa mère biologique et de l'avoir pour elle seule. Pauline décapite Gloria comme dans un scénario de matricide qui aurait dû avoir lieu entre elle et sa propre mère, car Jerry se substitue à Aimeric, son frère noyé dont elle se sentait presque mère ; elle détestait sa vraie mère, et maintenant, cette pulsion se retourne contre la vraie mère de Jerry[103]. Cette action s'exécute dans le contexte du

[102] La narratrice nous montre ce qui se passe dans la tête de Pauline qui se justifie ainsi : « Gloria avait franchi un seuil : elle préférait son propre plaisir à l'avenir de Jerry, elle sacrifia Jerry, cela méritait plus que du mépris, ça méritait de la haine. Jerry n'a que Pauline pour le défendre. Elle est prête » (PS 266).

[103] Voici la représentation du délire pulsionnel de décollation chez Pauline, une vrai *Orestie* à la Klein : « Gloria est une mère indigne. Toutes les mères sont

matricide proposé dans la théorie de Klein et attentivement analysé par Kristeva :

> Tous deux, le culte de la mère comme le matricide, sont salvateurs. Cependant, de toute évidence, le matricide l'est plus que le culte maternel. Car, sans matricide, l'objet interne ne se constitue pas, le fantasme ne se construit pas, et la réparation est impossible, tout comme le dépassement des hostilités dans l'introjection du *self.* La négativité kleinienne, qui, nous le verrons, conduit la pulsion à l'intelligence en passant par le fantasme, se donne la mère pour cible : il faut se déprendre de la mère pour penser. Les voies de cette déprise divergent : le clivage est une fausse piste ; la dépression succédant à la séparation/la mort convient beaucoup mieux. Enfin, il existerait une pure positivité, innée elle aussi, qui serait la capacité d'amour d'elle-même. Mais cette grâce dépend beaucoup des aléas de l'envie, ou plutôt de la capacité à se débarrasser de l'envie envers la mère, ou, dit plus brutalement encore, de la capacité à se débarrasser de la mère. (*Mélanie Klein* 213)[104]

Hormis la langue, les trois femmes ont un autre point commun. C'est leur rapport avec la maternité, qui est présentée dans la dialectique du don et du fouet[105], ce qui se traduit dans ce roman par la métaphore des démons, du manque, du deuil et de l'amour-haine. Stéphanie « se voyage » et n'a pas d'enfant à cause de son avortement thérapeutique ; Pauline a perdu son frère cadet, Aimeric, dont elle se sentait la mère et dont elle fait un deuil permanent ; le

---

indignes. Pas seulement parce qu'elle est prête à le déshériter, lui donne des claques et oublie son *game gear.* Non, c'est plus grave. La mère n'est pas dans le coup, la mère n'est jamais dans le coup, légère, emportée, trop ceci ou pas assez cela, intellectuelle, irréaliste, trop réaliste, pas assez intellectuelle, toujours irréelle. Une femme impuissante, déprimée, c'est ça, une mère, voilà le mystère. Comme moi. Je hais. La haine ne fait pas qu'imploser, blanc brasier qui me consume depuis vingt ans déjà, pleurs, insomnies, envies niées, jalousies repassées, colères muées en soins. La haine tranche. Le scalpel déplie les chairs, les vertèbres s'ouvrent sous sa précision, les os cèdent : j'incise. Je me découpe d'elle, me retranche de la mère qui noie… » (PS 267).

[104] « Se débarrasser de la mère devient la condition *sine qua non* pour accéder au symbole » (Kristeva, *Mélanie Klein* 219).

[105] Truman Capote captive cette dialectique d'une manière inoubliable : « When God hands you a gift, he also hands you a whip; and the whip is intended solely for self-flagellation... » (*Music for Chameleons* XI).

fils de Gloria est handicapé. Sa surdité subjugue entièrement Gloria : « L'enfant avait fini par posséder Gloria. Sexe, ambition, séduction, réussite professionnelle, charme féminin, gym, équitation, coiffeur, sorties, dîners, invitations, cocktails –le monde, autant dire, s'était volatilisé ? Disparu. Plus rien. Mais c'était à peine si Gloria s'en apercevait, elle ne regrettait rien, vivait à fond » (PS 73).

Sans s'en apercevoir, Gloria devient la mère toute-puissante qui ressemble à la mère archaïque capable de donner des soins mais aussi de dévorer l'enfant : « Gloria, elle, faisait tout, toujours. C'était peut-être même pour cela qu'on ne l'aimait pas, qu'on en avait marre, qu'on n'avait pas hésité à s'en débarrasser (Rilsky laissait entendre que plusieurs personnes avaient mis la main au meurtre), qu'on avait voulu lui donner une leçon, définitive. Une femme seule qui se prenait au sérieux » (PS 211-12).

Ceci produit chez Jerry un désir subconscient de matricide qui trouve son expression dans les imitations qu'il fait, ses faux Picasso, particulièrement le tableau de Picasso datant de 1938 avec une tête de femme qui semble décapitée par sa collerette. Gloria interprète bien ce geste pulsionnel de son fils et place le tableau face à son bureau pour pouvoir l'observer lorsqu'elle travaille en essayant de transcender par la traduction le matricide linguistique – en passant d'une langue à l'autre, en « affrontant le vide où s'amorce l'incertaine équivalence des mots lorsqu'ils glissent d'une langue à l'autre » (PS 88) : « Sans commune mesure avec Picasso, naturellement : le message œdipien du fils se mettant à l'ombre du génial Espagnol n'échappe à aucun œil averti, vous êtes d'accord ? Et Gloria l'avait bien compris, puisque c'est cette *Femme à la collerette* qu'elle avait choisie, parmi tous les autres faux Picasso de son fils, pour l'accrocher face à sa table de travail » (PS 136).

Pour Gloria en fait, le moyen de se sortir des douleurs maternelles qui la dépassent est son travail, plus précisément avec la langue, qui inclut la dimension de l'autre langue comme un horizon connu et inconnu à la fois. Les mots de Spivak s'appliquent parfaitement à Gloria : « I translate as an act of transgression, because I cannot not do it… » (« Translating » 39, nous soulignons). Gloria traduit comme si elle se révoltait contre un monde qui est trop laid. Parfois, la traduction est perçue par le prisme d'une bataille presque don-quichottienne contre la barbarie quotidienne dont la voix de la narratrice parle : « Mais Gloria ? Une femme. 'Pauvre femme' non, puisqu'il y a eu sa fortune, ou plutôt celle de sa famille. Mais simple femme tout de même, traductrice à Santa-Barbara. II faut le faire, car pourquoi traduire quand personne n'écrit plus aujourd'hui (sinon les ordinateurs) ni ne lit (sauf les femmes seules à la plage, ce qui ne fait pas vraiment un gros public ? » (PS 17)

De plus, lorsque l'éditeur pour qui Gloria traduit essaie de promouvoir le barbarisme littéraire, elle s'obstine à traduire et à cultiver le goût des lecteurs pour une littérature non-marchandise. Son attitude la rend étrange et étrangère dans la société du spectacle :

> « Aujourd'hui on ne vend plus de livres, ma chère enfant ! (Il [l'éditeur] lui tapotait l'épaule comme pour en épousseter quelques miettes.) Pas de romans, pas de poèmes ! On vend des secrets, on vend du sexe, on vend de la vie ! » Gloria repoussait d'un sourire docile ces revers de main supposés lui témoigner de la sollicitude, et retournait à sa traduction des *Sonnets* dont des générations d'historiens n'avaient cessé précisément de dévoiler les fondements biographiques aussi piquants qu'incertains, mais dont elle s'amusait à saisir seulement la magie verbale pour l'injecter dans des équivalents santa-barbarois. C'est dire que le fossé ne cessait de se creuser entre la traductrice et la société locale, sans même que l'intéressée s'en aperçût. (PS 168)

Être traductrice procure également le moyen à Gloria de se battre contre une nature qui est trop sévère pour priver son fils du don de l'ouïe. Pour remplir ce vide, Gloria se met à traduire. Cet acte vise métaphoriquement l'expérience du parentage, où la traduction signifie l'amour, empathie profonde pour l'autre : « Je te questionne, tu me questionnes, notre jeu t'apprend la question que ta mélodie porte mais que ta parole tait. Je joue, tu joues, je traduis, tu apprends, nous jouons, tu parles, c'est arrivé, cela ne cesse d'arriver, cela n'arrivera jamais mais ça vient, de mieux en mieux, tu me fais plaisir, cela te fait plaisir, on va continuer, on ne se quittera jamais, je te traduirai jusqu'à la fin » (PS 66).

L'approche la plus radicale vers l'autre langue est celle de Pauline. Elle se 'greffe' une nouvelle langue comme une chirurgienne qu'elle aurait pu devenir si elle n'avait pas été stoppée par la mort de son frère et la dépression totale qui s'ensuivit. Lorsque Odile Allart, la copine d'enfance de Pauline, raconte à Stéphanie dans le *Lutecia Bar*, à Paris, la jeunesse de Pauline, marquée par la mort de son frère, Stéphanie comprend les raisons irrationnelles de cette âme troublée et toujours en deuil qui la poussèrent à commettre le crime de décapitation envers Gloria, la mère toute-puissante de Jerry. Elle comprend aussi la décision de Pauline de se soumettre à l'épreuve de l'initiation dans une autre langue, de se soumettre à la 'greffe' :

> Certains deuils laissent un choix aux individus qu''ils abattent : se pétrifier ou muer. Devenir folle ou changer de langue. La mort cadavérisée ou la mort qui vit d'une vie greffée. Pauline possédait une intelligence et une maîtrise de soi aussi exceptionnelles que sa passion pour Aimeric. <u>Elle avait eu la force de choisir la greffe : langue étrangère, plus exil. Méchante chirurgie qui vous sectionne les racines, opérant une fécondation artificielle.</u> Dans vingt pour cent des cas, il en résulte une grossesse heureuse : la manipulation linguistique – comme la génétique – produisant son embryon, la suicidaire Pauline revécut une vie de soignante. Qui ne se séparait jamais ni de sa trousse de chirurgien, ni de ses gants. (PS 237, nous soulignons)

Dans *Etrangers à nous-mêmes,* Kristeva analyse les figures des étrangères de la tragédie grecque en utilisant comme archétype *Les suppliantes* d'Eschyle qui, selon elle, se sert de la légende des Danaïdes, nées en Egypte et arrivant à Argos. Kristeva met en relief la double étrangeté du statut des Danaïdes : « Aussi les Danaïdes sont-elles doublement étrangères : venant d'Egypte et rétives au mariage, extérieures à la communauté des citoyens d'Argos, elles refusent également la communauté de base qu'est la famille » (65).

Dans cette optique, Pauline est une Danaïde[106] qui se procure clandestinement une famille en adoptant Jerry d'une façon très archaïque, le matricide.

'Pauline Gadeau' est un nom plein de contradictions qui reflète les contradictions du personnage qui le porte. 'Gadeau' se compose comme un mot-valise du « gad » et de l'« eau » – la première syllabe désigne en bulgare une personne qui fait mal aux autres pour plaire à sa nature cruelle ; la deuxième renvoie à l'eau, l'élément qui a tué Aimeric, le frère bien-aimé de Pauline. Le nom 'Aimeric' évoque pour sa part une personne riche de l'amour que l'autre lui donne en l'aimant. Mais revenons au nom de Pauline Gadeau. Par une homophonie partielle, 'Gadeau' rappelle également le pessimisme existentiel d'*En attendant Godot* de Beckett dont la référence à 'Dieu' ('God') dans le titre est bien connue. Dès lors, le nom de famille 'Gadeau' du personnage de *Possessions* témoigne de sa tragédie et de son côté sombre, capable de faire mal.

'Pauline', le prénom du personnage, porte clairement son côté angélique, en évoquant l'apôtre Paul, figure majeure du christianisme. La critique a déjà remarqué l'aspect répétitif du discours paulinien et l'a comparé à la parole d'un bègue, qu'on peut assimiler, avec un peu d'imagination, à un discours d'orthophoniste, car répétitif[107]. Le message de saint Paul est surtout un message d'amour qui transcende les langues, donc les ethnies, qui nous divisent ; un amour qui transcende même nos dons, dont l'exemple le plus connu est sa *Première épître aux Corinthiens*[108]. Toutes proportions

---

[106] Comme le note le personnage Odile pour Pauline devant Stéphanie : « Car, côté sexe, elle est restée complètement bloquée, notre Pauline, ça saute aux yeux, non ? Seulement voilà, elle a eu un coup de génie. Elle s'est mise au santa-barbarois et à l'orthophonie : sa façon à elle de renaître, de retrouver le contact avec l'enfance. Il paraît que l'idée lui est venue en psychothérapie » (PS 236).

[107] Voir Jean Birnbaum, « *Paul ou les ambiguïtés* de Jean-Michel Rey : Paul, la révolution en bégayan », *Le monde*, 4 décembre 2008.

[108] « Quand je parlerais les langues des hommes et des anges, si je n'ai pas l'amour, je suis un airain qui résonne, ou une cymbale qui retentit. Et quand j'aurais le don de prophétie, la science de tous les mystères et toute la connaissance, quand j'aurais même toute la foi jusqu'à transporter des montagnes, si je n'ai pas l'amour, je ne suis rien. Et quand je distribuerais tous mes biens pour la nourriture des

gardées, nous dirons que Pauline est aussi possédée à sa manière par l'obsession de l'amour. Lorsque dans *Etrangers à nous-mêmes*, Kristeva commente saint Paul, elle voit dans le paradigme de l'amour qu'il propose un « *nous* possible » :

> Il n'y aura un *nous* possible que grâce au passage par ce clivage que tous les errants sont appelés à retrouver en eux-mêmes et chez les autres, en commençant par se reconnaître dans le Christ. Paul n'est pas seulement un politique. Il est un psychologue, et si l'institution qu'il fonde est aussi politique, son efficacité repose sur l'intuition psychologique du fondateur. Logique du désir où l'on est appelé à s'identifier avec le clivage qui désormais n'est plus douloureusement figé (telle la détresse mélancolique de l'étranger), mais qui est, grâce au Christ, vécu comme une transition vers une délivrance spirituelle à partir et à l'intérieur du corps concret. Le clivage devenu trait d'union s'appelle Résurrection ou Eucharistie. La parole qui les met en scène devient une thérapie de l'exil et de la désolation. A ce degré de triomphe sur la psychose, la communauté retrouvée n'est pas l'assemblage arithmétique d'unités toujours plus ou moins incompatibles (Juif, Grec, Barbare, esclave, libre, etc.), c'est une nouvelle communauté consécutive à la logique de la subjectivité qui se défait et se refait en permanence… (120-21, nous soulignons)

Dans ce sens, Kristeva exprime par la figure de Pauline et son nom cet élan spirituel qui consiste à chercher « la thérapie de l'exil et de la désolation » par la parole en renaissant dans une « vie de soignante » (PS 237).

Néanmoins, le paragraphe sur la greffe que Pauline se fait s'achève par la phrase suivante : « … la suicidaire Pauline revécut une vie de soignante. Qui ne se séparait jamais ni de sa trousse de chirurgien, ni de ses gants » (PS 237). La dernière phrase met en évidence la menace que le côté démoniaque (celui du 'gad') l'emporte et persiste (« ne se séparait jamais »). Donc, les contradictions de Pauline Gadeau sont gravées dans les strates de son nom qui fournit, à lui seul, des pistes différentes d'interprétation de ce personnage si important pour le roman. Pauline est en effet importante parce

---

pauvres, quand je livrerais même mon corps pour être brûlé, si je n'ai pas l'amour, cela ne me sert de rien » (1 Co 13, 1-3).

qu'elle est clairement un être divisé entre plusieurs aspects existentiels et pulsions psychiques : ceux de la langue, ceux de la maternité, ceux d'Eros et de Thanatos.

En s'installant dans la vie de Gloria et de Jerry comme une suppliante/étrangère/soignante orthophoniste/meilleur substitut de mère, Pauline commence à se percevoir de plus en plus dans l'optique d'un triangle relationnel : celui qui représente Jerry-Gloria-Pauline et où la mère biologique devient très vite un intrus. Les démons de la maternité et de l'étrangeté : échecs, fiascos, pertes se reflètent dans les tensions de ce triangle. La remarque de Kristeva dans le contexte de la psychanalyse de l'enfant autiste est pertinente quand l'on tente de comprendre les liens symboliques dans ce triangle : « Lorsque l'enfant autiste se liquéfie devant une flaque d'eau, il ne fait pas une métaphore : il agit une métamorphose dans le chiasme sensoriel entre un non-moi et le non-monde. Il est en échec de signes, en carence de la 'tiercité symbolique'. Il est dans la chair présubjective que Merleau-Ponty appelle la 'chair du monde' » (Kristeva « Parler en psychanalyse »). En fait, dans le triangle du roman, deux personnes sont en carence de tiercité symbolique : Jerry et Pauline. Cette dernière est prête à se la procurer à tout prix à travers Jerry et à la lui procurer en même temps. Pauline veut donc usurper la place de Gloria dans la « tiercité symbolique ». C'est d'ici que provient l'acte physique de décollation dont la portée symbolique est forte. En fin de compte, l'acte de décapitation se joue au plan symbolique comme déglorification, ce qui est rendu visible aux lecteurs par le discours intérieur de Pauline, fixé sur le manque de gloire chez Gloria après qu'elle lui coupe la tête et la jette dans une poubelle : « elle manquera bêtement, cruellement, de vigie et de gloire, pauvre chère Gloria son ultime ornement partira... aux ordures… » (PS 268).

Après le « Kyrie », le « Gloria » est la deuxième partie de la messe catholique. C'est un chant qui loue Dieu et son Fils. Considérons le cas de Pauline dans ce contexte ésotérique qui est en effet suggéré par le nom 'Gloria'. La dé-glorification de la mère biologique, fausse selon la perception de Pauline, c'est-à-dire de la fausse Gloria, se fait dans le but de restaurer la gloire primordiale de Dieu pour accéder au Fils. L'acte de Pauline, transposé dans ce contexte, devient également une sorte de prière de l'enlèvement du péché, ce qui est une logique paradoxale à part entière que les mots mêmes du « Gloria » catholique confirment :

> Seigneur Dieu, Agneau de Dieu, le Fils du Père.
> Toi qui enlèves le péché du monde, prends pitié de nous
> Toi qui enlèves le péché du monde, reçois notre prière ;
> Toi qui es assis à la droite du Père, prends pitié de nous.
> Car toi seul es saint,
> Toi seul es Seigneur...

Pourtant le texte n'oublie pas les aspects 'scientifiques' du personnage de Pauline, et en particulier ceux de chirurgien sont souvent mis en relief. La greffe de l'autre langue (PS 237) implique la manipulation de tissus vivants dans un pénible processus chirurgical. La décapitation est aussi interprétée dans le champ sémantique de la chirurgie par des instruments chirurgicaux dont Pauline « ne se sépare jamais ». Selon la logique paradoxale du psychodrame, Pauline se greffe la maternité comme elle se greffe la langue. Ainsi, la notion de greffe lie les thèmes complexes de la langue et de la maternité au niveau de la problématique de l'altérité absolue « puisque la vraie Pauline est morte noyée avec Aimeric, même si Jerry a greffé un nouveau germe sur le tronc mort » (PS 271).

Dans le contexte kristevien, la notion de greffe mène également vers la problématique d'étrangeté que Kristeva explore à maintes reprises dans son œuvre. Par exemple, dans son interview (datée de 1992 et publiée en anglais en 1996) avec Bernard Sichère, Kristeva qui au moment de l'interview est depuis à peu près 30 ans en France et dans l'autre langue analyse sa propre situation en termes de 'greffe' :

> What I am suggesting here may appear quite ambitious, coming from someone who is a foreigner, a migrant. But it seems to me that in the face of a deep crisis in language, there are two possibilities. The first consists in turning back toward tradition in a

loving, proud, reactive, nostalgic fashion. The other, which I uphold in this novel [*Le Vieil Homme et les loups*], is the grafting of what comes from another culture, another mentality, onto the language I adopt and that I assume welcomes me. In this case, it means grafting onto the body of the French language and syntax an experience of sorrow and hurt that originates elsewhere and is perhaps liable to awaken other effects. (Sichère 169, nous soulignons)

Dans le *Greek-English Lexicon* d'Henry George Liddell et Robert Scott, la signification du nom Stéphane/Stéphanie, dérivé du nom greck Στέφανος (Stephanos), est expliquée ainsi : « meaning 'crown, garland', in turn from the Greek word 'στέφανος', meaning 'wreath, crown, honour, reward', literally 'that which surrounds or encompasses' »[109]. Le nom 'Stéphanie' reflète la nature de la narratrice-personnage qui est un 'champ dialogique d'imagination' (un terme que nous avons déjà expliqué) qui englobe, entoure, dès lors un espace polyphonique des idées et des voix qui viennent de deux autres personnages principaux, Gloria et Pauline. Stéphanie est aussi la détective qui mène l'enquête à son 'couronnement' en résolvant une intrigue complexe parce qu'elle est la seule capable de comprendre la vérité psychique des autres avec savoir et empathie, en se donnant entièrement à la souffrance humaine. 'Delacour', 'de la cour', renvoie à une origine noble et par une transition sonore s'associe à 'Delacroix' qui est la version française du nom de famille 'Kristeva'[110]. Ceci démontre que de tous les *alter ego* dans ce roman, Stéphanie Delacour est le plus proche de Kristeva. C'est l'autre qui devient 'je' dans le jeu de reflets interminables dont le titre est « je est un autre » (Rimbaud)[111].

---

[109] En ligne: <www.perseus.tufts.edu> (consulté le 15 janvier 2011).

[110] Kristeva commente son nom de famille dans le contexte du nomadisme de cette façon : « Ce roman [*Meurtre à Byzance*] s'est écrit plus de huit ans durant. Cela a commencé par une rêverie sur mon nomadisme. L'étrange plaisir que j'éprouvais à me sentir 'chez moi' dans les avions m'avait rappelé les plaisanteries de mon père affirmant que notre nom de famille, Kristev, qui veut dire Delacroix, signifie que nous descendions des Croisés, gens bizarres, sacrés voyageurs mais guère recommandables… » (*La Haine* 634).

[111] Arthur Rimbaud (1854-1891) utilise cette formule dans une lettre à Paul Demeny du 15 mai 1871.

Le rôle de narratrice en tant que champ de vision dialogique dans ce roman polyphonique fait de Stéphanie un intermédiaire qui s'identifie avec les douleurs à la fois de Pauline et de Gloria. C'est par le truchement de Stéphanie en tant que narratrice que Kristeva contrôle à la fois le tempo de la narration et la maîtrise du suspense pour que l'intrigue nous émeuve en témoignant de la folie humaine, des souffrances et des démons de l'amour et de la maternité. Kristeva utilise la figure de Stéphanie en tant que journaliste dans la veine de l'invective, mais aussi dans une tonalité psychanalytique forte pour cibler le crime disséminé partout dans la société selon le célèbre diagnostic du docteur viennois[112].

Comme dans le tableau surréaliste de Salvador Dali où les tiroirs dans le corps de la Vénus de Milo suggèrent que les secrets de notre corps et de notre vie psychique ne pourraient être ouverts que par la psychanalyse, dans le roman policier de la psychanalyste Kristeva, la personne qui résout l'intrigue n'est pas le commissaire professionnel Rilsky, mais la journaliste Delacourt qui se sert d'une méthode proche de la psychanalyse[113].

---

[112] « Un autre genre de narration s'est imposé alors, que j'appelle 'le polar métaphysique'. Inconsciemment, il s'appuie sur l'idée de Freud selon laquelle toute société est fondée sur un crime commis en commun. Je vous rappelle que dans *Totem et Tabou,* l'inventeur de la psychanalyse développe l'hypothèse selon laquelle les frères de la horde primitive tuent le père, puis fondent un pacte pour partager les femmes et finissent par créer l'exogamie. Il en résulte une culpabilité collective inconsciente phylogénétique. Mais de nos jours où chercher ce crime ? Il est tellement disséminé qu'on ne peut pas trouver le(s) coupable(s). Le polar métaphysique raconte des histoires politiques et des passions humaines, pour exhiber cette criminalité intrinsèque et toujours sous-jacente au lien social. Le polar métaphysique me permet donc de raconter une aventure et une expérience intérieure, douloureuse ou extatique, situées en contexte historique, sans me priver de distiller un certain nombre de réflexions sur le monde actuel » (Ivantcheva-Merjanska et Vialet, « Entretien avec Julia Kristeva » 169).

[113] « *Possessions* prolonge, mais sur le mode fictionnel, le projet kristevien de théoriser le maternel. Aussi le journalisme d'investigation tel quel le conçoit Julia Kristeva s'avérera plus proche de la psychanalyse et de la philosophie que de l'enquête policière conventionnelle » (168), écrit Ieme van der Poel. Lynda Stone affirme presque la même conviction critique en remarquant que: « This novel is 'autobiographical' not only because elements connect to her own life [Stone parle de Kristeva], but also because the form facilitates the therapeutic relationship » (119, nous soulignons).

Dans *La poétique de l'espace,* Gaston Bachelard définit les images des secrets de notre vie psychique par la métaphore du tiroir : « L'armoire et ses rayons, le secrétaire et ses tiroirs, le coffre et son double fond sont de véritables organes de la vie psychologique secrète. Sans ces 'objets' et quelques autres aussi valorisés, notre vie intime manquerait de modèle d'intimité. Ce sont des objets mixtes, des objets-sujets. Ils ont, comme nous, par nous, pour nous, une intimité » (83).

Le corps décapité de Gloria dans la scène qui ouvre *Possessions* cache en effet des secrets comme dans ce tableau de Dali, d'autant plus que la décapitation de la figure impeccable de la traductrice santa-barbaroise est décrite dans le contexte de l'histoire de l'art et donc des sculptures décapitées, notamment celles d'Aphrodite de Phidias et de la Victoire de Samothrace (PS 13).

Stéphanie, en tant que détective et psychanalyste, ramasse les morceaux du puzzle du triple meurtre et de la mutilation que Gloria a subis : la strangulation par son amant-gigolo, le coup de poignard par le serial killer qui représente la société et finalement la décollation.

> Michael Fish a étranglé sa gourmande maîtresse et fichu le camp de bon matin avec la fausse *Femme à la collerette,* sans oublier quelques vrais Stanislas Novak. A l'heure qu'il est, Hester Bellini, affolée, promène ses cuillères en argent, ses boucles défaites et sa robe noire de service dans les hautes montagnes autour de son village. Brian Wat prend enfin un plaisir à sa portée avec la série Eisenstein. Et le *serial killer* est reparti avec son couteau depuis plusieurs heures déjà, déçu d'être tombé sur une beauté inanimée. Aucun témoin, silence de mort. Pauline reprend le volant. (PS 271)

L'orthophoniste Pauline quitte sa maison de vacances et se dirige vers la maison de Gloria dans sa voiture pour prendre le *game gear* que Jerry a oublié chez sa mère. Lorsqu'elle se confronte au corps de Gloria déjà meurtri, Pauline commence presque automatiquement à agir dans la logique d'une pulsion orestique qui exige le matricide (selon la théorie de Mélanie Klein dont Kristeva est un interprétateur incontournable). L'état de dépression profonde, qui est le moteur principal dans l'acte de décollation de Gloria par Pauline, est représenté par un discours presque psychanalytique qui comprend les points de vue de l'esprit perturbé tout en se réincarnant dans la pensée du malade, en l'occurrence de Pauline Gadeau : « Personne n'est cruel. Personne ne jubile. Ce qui vous paraît un carnage est tout simplement un acte chirurgical, neutre. La dépression agie neutralise la cruauté. La dépression agie est une sorte de pensée, un substitut de la pensée, tout aussi froide et efficace… » (PS 272) Ce discours, produit par la voix de la narratrice, Stéphanie Delacour, est encore une preuve que son type de journalisme et son travail de détective touchent les frontières de la psychanalyse, sans quoi sa déduction (dans le sens du détective quintessentiel Sherlock Holmes créé par le classique des polars anglais Conan Doyle) aurait été impossible.

Un an et demi s'est écoulé depuis le meurtre de Gloria et depuis que Stéphanie a compris le rôle de Pauline dans la décapitation de la traductrice-mère, sans révéler cette vérité trop troublante au commissaire Rilsky pour que Jerry ait au moins une mère adoptive. Alors, après ce laps de temps, Stéphanie est revenue de Paris à Santa-Barbara pour s'occuper d'un reportage sur la mafia de l'atome, mais elle le fait exprès pour voir comment Jerry vit la mort de sa mère. En l'observant, Stéphanie réfléchit dans la veine de Mélanie Klein ; elle confirme de nouveau le matricide/la disparition de la mère comme une condition nécessaire à la constitution du sujet : « Gloria avait fait un suprême cadeau à son enfant en le débarrassant du fardeau de la femme-mère » (PS 253). Dans le cas de Jerry, la perte de Gloria est vite récupérée par la présence de Pauline « la disparition de sa mère entraînant juste quelques changements d'habitudes, mais pas tant que ça, puisque Pauline était là pour prendre le relais » (PS 253).

Pendant cette visite chez Pauline et Jerry, Stéphanie ressent que Pauline se rend compte que la journaliste connaît son secret. De plus, Pauline se sent à l'abri parce qu'elle est irremplaçable pour Jerry. Par son sens aigu de l'ironie, Stéphanie nous offre l'une de ses formules aphoristiques, cette fois sur l'utile qui fait partie de l'ethos négatif ou médiocre du quotidien : « Eclate l'inévitable pression de l'utile. Pauline est irremplaçable. Elle le sait. Je comprends qu'elle le sait » (PS 274).

D'autre part, le sens de l'amour et de la douleur, bien développé chez Stéphanie, lui fait comprendre l'autre revers de cette situation si ambiguë : « Depuis vingt ans, la femme [Pauline] est morte. Une image de synthèse vit à sa place dans une autre langue, un autre pays. Mais, à force d'amour, la synthèse s'incarne. L'amour de Jerry fait de Pauline une mère. A l'ombre de Gloria » (PS 259). De plus, l'empathie de Stéphanie envers Pauline et Jerry la mène à s'identifier avec ce dernier et à se percevoir comme un héros tragique du répertoire du drame antique :

> La méchanceté des gènes qui s'était abattue sur lui déferlait désormais sur moi ; je me sentais menacée de surdité, de débilité, d'incurable idiotie. Simplement menacée, parce qu'il s'en sort à merveille, le logiciel Jerry. Vous ne l'avez pas encore remarqué ? Mais si, l'handicapée, c'est moi, il suffit de bien me regarder, vous me verrez telle qu'en moi-même Jerry me révèle. Comme lui, je pourrais être, je suis en proie à la vengeance d'on ne sait quels dieux antiques. Mais silence ! Ce n'est pas une raison pour le laisser tomber. (PS 257, nous soulignons)

Stéphanie réagit non seulement en détective, journaliste et observateur empathique, mais elle fait aussi l'enquête de 'l'être linguistique', de la situation d'exil dans l'autre langue, elle nous offre ses commentaires et minirécits sur le multilinguisme et l'étrangeté qui fait partie intégrante d'elle. C'est elle qui définit Pauline dans le paradigme antique de la suppliante : « Une étrangère est une suppliante, à Santa-Barbara. Pauline Gadeau saura s'effacer, supplier, suppléer. Pourvu qu'on ne touche pas à son amour pour Jerry, pourvu que Gloria ne lui enlève pas la grâce de faire naître Jerry une seconde fois, que dis-je ? Mille et une fois, à chaque nouvelle parole acquise. L'amour contrarié est l'onde porteuse de la haine » (PS 260, nous soulignons). Grâce à sa vision du champ dialogique, Stéphanie comprend bien que les trois femmes sont des étrangères aux yeux des autochtones : Gloria parce qu'elle est fondamentalement « incapable de haïr » (PS 277) ; Pauline en tant que suppliante ; Stéphanie comme voyageuse, c'est-à-dire une étrangère professionnelle, un fait qui est souligné par la « screen allegory » du lit gigogne dont nous reparlerons.

En pensant à Gloria, Stéphanie la voit dans le *vacuum* social qui entoure la figure du polyglotte, elle n'est jamais entièrement acceptée par aucune communauté :

> Pourtant, ma polyglotte semblait tombée de la lune. Son adhésion farouche à Jerry ou à Michael lui donnait un air tellement suffisant, presque heureux qu'elle la retranchait du monde : « Elle n'est pas des nôtres, elle n'en est pas », se disaient les gens pour finir. Pour les Santa Barbarois qui se définissaient, comme tout un chacun, par le besoin d'« en être », <u>cette duplicité qu'ils croyaient débusquer chez Gloria devait être insupportable</u>. Dérangeante, sans protection aucune, la traductrice représentait un mirage excitant mais de pouvoir nul –la proie toute désignée. Un destin normal pour <u>l'étrangère</u> ? D'accord, mais cela ne suffit pas. Elle a <u>dû commettre une erreur</u>, des erreurs, lesquelles ? Qui pourrait le dire ? Une traductrice qui, par définition, s'entraîne à aimer, avait dû être plutôt <u>incapable de haïr</u>. C'était là son défaut, j'imagine, j'en suis sûre : une tare irrémédiable, rare, <u>un démon en négatif que cette absence de haine qui vous livre sans protection à tous les autres</u>. (PS 277, nous soulignons)

Pour sa part, Stéphanie, comme nous l'avons déjà noté, s'autocaractérise comme hors de n'importe quelle tribu à cause de « ce que j'étais, un chasseur solitaire, une voyageuse, une journaliste » (PS 21). Son étrangeté est mise en relief par les minirécits de ses états marginaux entre deux langues. Stéphanie, dont la mère est d'origine russe et dont le père a été autrefois ambassadeur à Santa-Barbara, se souvient du santa-barbarois comme de la langue de son enfance : « Pourtant, j'ai parlé cette langue. Du moins, je l'ai beaucoup entendue et passivement possédée. Autrefois. Quand ? Dans le ventre de ma mère ? » (PS 33). En tant que journaliste parisienne de *L'Evènement,* Stéphanie retourne de temps en temps à Santa-Barbara pour ces missions d'envoyée spéciale. Ce sont ces moments qui lui procurent l'expérience du passage qui touche l'incompréhension suivie d'un travestisme linguistique qui se joue dans la dialectique de possession et dépossession par la langue :

> Je suis au bord du sommeil ou du coma. Car si l'incompréhension ne vous achève pas, cette langue perdue que vous croyez avoir sue, mais qui vous a abandonné, retrouve peu à peu sa propriété, qui est d'incarner du sens. Et il arrive qu'un beau matin vous vous réveilliez en elle, avec une autre gorge, d'autres lèvres, un ventre diffèrent, et même un sexe pas tout à fait comme celui qui est le vôtre dans la langue habituelle qui vous possédait tout entière voici seulement quelques jours. Pour l'heure, je suis en plein passage, en plein travestisme... En glissant à une autre langue, je pratique une forme de transsexualisme... À chacun son sadomasochisme. Je perçois la douleur, sinon je l'invente. Une traumatisée. Tout m'est trauma, choc, bouleversement. A commencer par la langue. Le santa-barbarois ou le français ? Langue rouge ou langue blanche ? (PS 33-34, nous soulignons)

Le symbolisme des couleurs traduit ici le rouge de la passion pour le santa-barbarois et le blanc qui est la couleur de la raison, de la lumière pour le français, un symbolisme qui communique aussi le côté démoniaque et possessif de la langue qui est capable de nous traumatiser et de nous tourmenter par le choc culturel, y compris les sensations qui ne sont déterminées que par la langue et sa culture[114].

Ce passage de *Possessions* fait écho à la pensée de Merleau-Ponty qui décrit en profondeur que n'importe quelle langue peut être apprise, si on se glisse dans sa manière

[114] Par rapport à la mémoire culturelle de Stéphanie, on pourrait faire un lien avec ce que Kristeva développe sur le côté sensoriel, « métamorphique » du langage en général : « Le linguiste découvre alors que la langue elle-même peut fonctionner comme une articulation prédicative de *quasi-signes* et de *microrécits* qui ne se contentent pas d'être des métaphores, mais déclenchent une expérience sensorielle « plus-que-métaphorique », je dirais *métamorphique*. Le « signifiable » sera un mélange de sensations, affects et mémoire culturelle : par exemple, « au ras des pâquerettes », « qui dort dîne » ou « avoir les yeux plus gros que le ventre ». De quoi créer le charme, la magie de ce lien identitaire qu'est la langue dite maternelle ou nationale ; mais aussi son pouvoir de subjugation, doublure de fascination et d'horreur. » (Julia Kristeva, « Parler en psychanalyse » n. pag.). Wildlöcher fait également référence au lien langue-expérience sensorielle lorsqu'il parle du « narratif de la sensation ; question que J. Kristeva a amplement traitée » et aussi de « ce moment où la sensation se transforme en langage » (1503).

d'exister et si on comprend que cette manière inclut la dyade corps-esprit :

> Et comme, en pays étranger, je commence à comprendre le sens des mots par leur place dans un contexte d'action et en participant à la vie commune – de même un texte philosophique encore mal compris me révèle au moins un certain « style », – soit un style spinoziste, criticiste ou phénoménologique – qui est la première esquisse de son sens, je commence à comprendre une philosophie en me glissant dans la manière d'exister de cette pensée. En reproduisant le ton, l'accent du philosophe. Tout langage en somme s'enseigne lui-même et importe son sens dans l'esprit de l'auditeur. (209)

Dans *Possessions*, il y a une autre réflexion importante sur la langue qui est placée immédiatement après que Stéphanie apprend d'Odile la greffe que Pauline subit après la mort de son frère. Dans cette réflexion, la voix narratrice analyse le point de vue de Stéphanie sur l'autre langue, une expérience qui se traduit par une renaissance personnelle parce que changeant à la fois le corps et l'esprit : « Renaître dans une autre langue, Stéphanie était prête à l'admettre. Personnellement, elle n'avait ni la même voix ni les mêmes pensées dans ses deux langues, mais il lui semblait que jusqu'à ses seins, son dos, son ventre, ses cuisses, ses mains changeaient eux aussi lorsqu'elle passait du français au santa-barbarois » (PS 235-36). Ici, la sensorialité/la corporéité de la langue est avancée dans la veine de la philosophie de la langue de Merleau-Ponty. Celui-ci a profondément influencé la pensée de Kristeva, un fait qu'elle souligne souvent ; par exemple, elle écrit dans « L'Amour de l'autre langue » de *L'avenir d'une révolte* : « Cette perturbation, cette plongée, ce 'je suis un autre' me livrent certes des continents noirs de mon inconscient, mais aussi des régions de sens avant la signification, qui devraient intéresser la théorie analytique mais qui ne l'intéressent pas prioritairement (si ce n'est dans quelques textes de Julia Kristeva quand elle lit Merleau-Ponty) : la sensation, la perception » (80).

La réflexion existentielle de Stéphanie sur l'autre langue se prolonge dans une métaphore fondée sur la renaissance. Pour elle, c'est une résurrection qui suit « une sorte de mort », c'est-à-dire une vie dans le tangage de la duplicité de l'expérience 'mourir-revivre' à chaque frontière que le protagoniste passe, une expérience dans laquelle s'implante le « nouveau code », qui comprend la langue et sa culture corollaire :

> Une sorte de mort suivie d'une résurrection qu'elle s'entraînait à expérimenter lors de chaque passage de frontière, oubliant une Stéphanie trépassée d'un côté, en faisant revivre une toute neuve de l'autre. Au début, la migrante menait l'existence somnambulique d'une sorte de Frankenstein étourdi : elle faisait tout mais rien ne la touchait, et passait pour plus douée que les autres. Fausse impression, mais qui marchait : elle s'intégrait, comme on dit, se faisait accepter dans le nouveau code, y retrouvait un élément qui devenait *son* élément ; au point que le masque s'incarnait et qu'une personne vivante le relayait, qui regardait la première Stéphanie de loin, de haut, comme une dépouille – vieille mue de serpent abandonnée. (PS 236)

Pour parler dans notre entretien de sa propre expérience de ce type de passage qui favorise la mort et la résurrection, Kristeva utilise la même métaphore : se voir paradoxalement morte et vivante à la fois à travers le changement des langues :

> Je me souviens aussi de mes deux premiers articles, « Bakhtine, le mot, le dialogue et le roman » et « Pour une sémiologie des paragrammes ». J'étais enrhumée, comme aujourd'hui, c'était l'hiver, je voyais ma main écrire et j'ai eu l'impression que j'écrivais une langue morte et que quelqu'un en moi aussi était mort. En fait, quelque chose d'autre mourait en moi : c'était le bulgare. Aussitôt, une certitude m'envahit : « mais je me réincarne en français ». Ce sentiment de passage d'une langue à l'autre a été très douloureux. Maintenant quand j'écris des romans, moins lorsque je rédige des textes théoriques, j'éprouve ce même sentiment de renaissance... Tel le serpent qui change de peau, telle la chenille qui sort de sa chrysalide et se mue en papillon, c'est un recommencement, une éclosion. Ce sont des moments de joie. D'où mon désir de continuer à écrire. (Ivantcheva-Merjanska et Vialet, « Entretien avec Julia Kristeva » 169)

Dans cet extrait de notre entretien, Kristeva évoque la joie de la résurrection, mais aussi la souffrance à cause de la perte (elle n'utilise pas le mot crucifix même s'il appartient au champ sémantique de la résurrection). Le crucifix est le terme omis mais suggéré par le syntagme « très douloureux » dans la phrase qui témoigne de cette transition atroce : « Ce sentiment de passage d'une langue à l'autre a été très douloureux » (Ivantcheva-Merjanska et Vialet, « Entretien avec Julia Kristeva » 169).

Dans *L'avenir d'une révolte,* Kristeva affirme son lien avec sa langue maternelle dans une tonalité qui laisse penser qu'elle se défend des reproches de quelques adversaires :

> Je n'ai pas perdu ma langue maternelle. Elle me revient, de plus en plus difficilement, je l'avoue, en rêve; ou quand j'entends parler ma mère et qu'au bout de vingt-quatre heures d'immersion dans cette eau désormais lointaine, je me surprends à nager assez convenablement ; ou encore quand je parle un idiome étranger – le russe ou l'anglais par exemple –, et qu'en perte de mots et de grammaire, je me cramponne à cette vieille bouée de sauvetage soudain offerte à ma disposition par la source originelle qui, après tout, ne dort pas d'un sommeil si profond. Ce n'est donc pas le français qui me vient à l'aide quand je suis en panne dans un code artificiel, pas plus que si, fatiguée, je sèche sur mes additions et multiplications, mais bien le bulgare, pour me signifier que je n'ai pas perdu les commencements. (65, nous soulignons)

Néanmoins, cette affirmation est suivie immédiatement par sa négation partielle qui est le résultat de l'état de la mort partielle produit par l'exil. Kristeva vise la langue maternelle vue dans l'optique du corps cadavérisé, c'est-à-dire dans l'aspect sémiotique qui s'éteint pour donner place à un autre corps d'où résulte un état de l'existence 'bifide'. Ce passage émouvant sur le corps cadavérisé de la langue maternelle traduit la perte des repères qui pourrait être transcendée, mais ne l'est que partiellement :

> Et pourtant, le bulgare est déjà pour moi une langue presque morte. C'est dire qu'une partie de moi s'est lentement éteinte au fur et à mesure que j'apprenais le français chez les dominicaines, puis à l'Alliance française, puis à l'université ; et qu'enfin l'exil a

cadavérisé ce vieux corps, pour lui en substituer un autre – d'abord fragile et artificiel, ensuite de plus en plus indispensable, et maintenant le seul vivant, le français. Je suis presque prête à croire au mythe chrétien de la résurrection quand j'ausculte cet état bifide de mon esprit et de mon corps. (*L'Avenir*, 65-66, nous soulignons)

L'état bifide et donc monstrueux décrit par Kristeva fait écho à l'idiome « mis à disposition » (CV 28) selon la formule de Djebar dans son essai « Être une voix francophone » (CV 25). Le texte de Kristeva met en relief la même logique de l'altérité que l'inscription du berbère et de l'arabe dans le français d'Assia Djebar nous a démontrée. Ici, le parallèle entre la dialectique de la culture maternelle-culture de l'autre chez Djebar et chez Kristeva est très visible :

> À la croisée de deux langues, et de deux durées au moins, je pétris un idiome qui cherche les évidences pour y creuser des allusions pathétiques et, sous l'apparence lisse de ces mots français polis comme la pierre des bénitiers, découvre les dorures noires des icônes orthodoxes. Géant ou nain, le monstre qui s'en extrait jouit de ne jamais être content de soi, en même temps qu'il exaspère les autochtones. Ceux du pays d'origine comme ceux du pays d'accueil. (« Bulgarie, ma souffrance » n. pag.)

La 'pierre des bénitiers' (qui est le symbole de l'église catholique) et 'les dorures noires des icônes orthodoxes' sont liées en une entité où le primordial, le maternel qui est dans la cave de la psyché, est représenté par l'image de la crypte des icônes byzantines. De la rencontre de ces deux éléments (cultures, langues) résulte un idiome qui « exaspère les autochtones. Ceux du pays d'origine comme ceux du pays d'accueil ». Kristeva, comme Stéphanie, se place toujours hors de la tribu, dans la zone de l'extra-location (*vnenakhodimost*) de Bakhtine, dans le nulle part de Djebar. En outre, il est intéressant de prendre en considération cette allusion de Kristeva dans la perspective jungienne des espaces psychiques dont Bachelard nous rappelle la hiérarchie :

> Pour donner une idée de la tâche du psychologue qui étudie l'âme humaine en ses profondeurs, C.-G. Jung [*Essais de psychologie*

analytique] demande à son lecteur de considérer cette comparaison : « Nous avons à découvrir un bâtiment et à l'expliquer : son étage supérieur a été construit au XIXe siècle, le rez-de-chaussée date du XVIe siècle et l'examen plus minutieux de la construction montre qu'elle a été faite sur une tour du IIe siècle. Dans la cave nous découvrons des fondations romaines, et sous la cave se trouve une grotte comblée sur le sol de laquelle on découvre dans la couche supérieure des outils de silex, et dans les couches les plus profondes, des restes de faune glaciaire. Telle serait à peu près la structure de notre âme » (18).

Dans *Possessions*, la réflexion sur l'expérience de Stéphanie, l'*alter ego* de Kristeva, continue en se basant sur la théorie du sémiotique dans la langue qui, avec le symbolique, est l'un des deux éléments importants de la dialectique de la langue, telle que Kristeva l'a développée pour la première fois dans *Révolution du langage poétique* (1974). Dans le passage qui suit, le *top down* correspond au symbolique et le *bottom up* au sémiotique :

> La nouvelle langue pénétrait en Stéphanie par l'intelligence ou par l'âme, en tout cas elle venait par en haut – le professeur Zorine dit qu'elle entre par les couches supérieures du cortex, suit une voie descendante pour exciter à la fin seulement les sens, les organes, le sexe. « Vous confirmez mon hypothèse, mademoiselle Delacour : ce n'est pas la perception qui stimule le langage, mais, à l'inverse, le langage qui provoque la perception. Vous connaissez mon modèle, que j'appelle *top down* : une notion moderne et concise, vous l'admettrez, qui résume parfaitement ce dont il s'agit. Tout nous vient d'en haut : au commencement était le Verbe, comme on disait autrefois ». Elle ne le connaissait pas, ce modèle, mais elle était prête à accepter qu'une nouvelle langue précède un nouveau corps ; à condition d'ajouter au modèle *top down* de Zorine un autre modèle, tout aussi indispensable, appelons-le *bottom up*: lente, paresseuse, sensuelle, la montée commençait par le chatouillement des odeurs, le tremblé des sons, quelques soupçons de couleurs et leur mise en ébullition, puis s'éclaircissait jusqu'à choisir des mots, ce qui revenait à les inventer, ou, plus modestement, à renouveler leurs sens ridés. Tant qu'elle n'avait pas accès à la seconde étape de l'alchimie, Stéphanie restait une somnambule dans l'autre langue – celle du *top down*. Pauline était-elle somnambule elle aussi, ou bien parvenait-elle à se réincarner ? (PS 236-37)

La dernière ligne lie le sort de Pauline et celui de Stéphanie qui sont similaires en tant qu'étrangères parlant des langues adoptives et pose aussi la question des différents modes d'existence dans l'autre langue : en se réincarnant, c'est-à-dire en changeant de corps et d'esprit, ou bien en se tenant dans le domaine du *top down,* et ainsi, en restant somnambule par rapport à la couche sémiotique de la langue. Cette comparaison place l'expérience de l'altérité dans le symbolisme du sommeil et d'une vie qui, à cause de l'autre langue, est plus fictionnelle et artificielle que réelle.

« J'adore les lits gigognes… »

La vaste analogie du caveau, de la crypte qui représente la langue maternelle et la vie psychique d'un étranger ou d'une étrangère est mise en relief dans l'épisode du « lit gigogne » qui dans notre perspective est une allégorie en forme demétaphore filée. Nous avons déjà évoqué la définition du tiroir de Bachelard (83). Ici, nous voulons ajouter, toujours à travers Bachelard, que chez Kristeva la problématique de l'identité multiple s'exprime souvent dans la logique des images cachées, du trésor enterré : « Qui enterre un trésor s'enterre avec lui. Le secret est une tombe et ce n'est pas pour rien que l'homme discret se vante d'être le tombeau des secrets. Toute intimité se cache. Joe Bousquet écrit : « Personne ne me voit changer. Mais qui me voit ? Je suis ma cachette » (Bachelard 91).

Dans l'épisode du « lit gigogne » dans *Possessions*, la métaphore filée surgit du récit et se développe de manière subordonnée à la structure narrative tout en gardant sa signification propre et indépendante. L'objet intime du lit se trouve dans l'appartement luxurieux de Bob, le frère de Gloria. En absence de Bob, Stéphanie habite cet appartement lorsqu'elle séjourne à Santa-Barbara. Cet endroit est l'une de ces zones qui abritent la migrante que la Stéphanie « qui se voyage » est devenue. Le symbolisme de la description de cet objet intime est apparent. Le lit gigogne peut se transformer en lit double sur certains modèles. Très pratique, le lit gigogne permet d'avoir deux lits à la fois. Ceci signifie soit hybridité ou bifidité en tant qu'étrangeté, soit l'aspect psychanalyste. En effet, dans l'appartement de Bob, où séjourne Stéphanie, il y a un grand lit, mais c'est le « divan victorien en acajou » (PS 34) qui attire tout de suite son attention. La référence à la psychanalyse par l'image de ce divan est explicite. Le divan de Freud est le symbole de sa méthode de la *talking cure* (Kristeva désigne souvent en anglais la méthode de Freud) et l'on sait bien que cet appartement viennois de Freud créait une forte ambiance victorienne[115]. Stéphanie en détective découvre peu après que ce divan « étrangement, majestueusement surélevé » est un « lit gigogne » qui se présente comme un tiroir sous le divan.

La notion du caché et de la découverte commence à construire le côté psychanalytique de cette métaphore filée. La poétique du caché[116] s'affirme de plus en plus dans la description et la réflexion de l'héroïne sur cet objet-image/ 'screen allegory'. Pour confirmer sa nature de voyageuse et de détective, Stéphanie se compare à « une taupe » (une image qui renvoie au psy qui travaille dans « notre vie nocturne », c'est-à-dire notre inconscient) et s'exclame : « J'adore les lits gigognes, je ne dors bien que dans les tiroirs. Un lapin dans son terrier, une taupe creusant son gîte au-dessous de la surface où les humains croient pouvoir s'endormir. Splendide négociation entre le sommeil et l'ombilic des rêves, notre vie nocturne ne devrait jamais s'en remettre aux plans exposés » (PS 34). Dans le développement de la métaphore, le lit commence à être décrit en termes de bateau qui coule à pic, ce qui signifie descendre au fond en chute libre : « Ma couche gigogne me transporte en deçà de l'innocence, je coule à pic, défonce la paix des justes ». Il

[115] « Il faut pousser la porte massive du n°19 de la Berggasse, où les Freud ont vécu près de cinquante ans avant de s'exiler à Londres. Longer ces murs surchargés de reliques archéologiques, pénétrer dans le cabinet à l'atmosphère victorienne avec ses photos dans les cadres, ses enfilades de statuettes et ses tapis orientaux » (Huret, « Qui était vraiment Freud », n. pag., nous soulignons).

[116] En grec, 'caché' se dit *cryptos* et se trouve dans le mot 'crypte'.

s'ensuit un déploiement de l'image qui permet d'accéder aux notions de nulle part, de passage et de voyage dans l'espace et dans la psyché : « Dans la tiédeur moite de ma coquille, je me nourris des odeurs rougeâtres du bois, des senteurs diaprées de mon corps, de la certitude d'être nulle part mais abritée » (PS 34).

Le lit se transforme en tiroir, en bateau, ou en coquille, et enfin en cercueil pour évoquer la mort du père dont Kristeva est toujours en deuil et auquel elle a consacré le roman qui précède immédiatement *Possessions – Le Vieil Homme et les loups.* Cette donnée biographique insiste sur le statut du personnage de Stéphanie comme *alter ego* kristevien :

> Je campe, je voyage, le bateau tangue, je suis une migrante. Certains dorment; moi, je transite. Consciente ou rêveuse, je n'ai pas de place repérable. « Avoir son lit » : propriété ultime ! L'intime nocturne se modèle, sans qu'on y veille, sur notre vie. La mienne est lieu de passage. Cercueil aussi, ce tiroir escamotable. Ce n'est pas que le sommeil apprivoise la mort, mais il existe des vies dans lesquelles, comme dans tel tableau de Poussin, la mort a déjà eu lieu. Celle de papa et sans doute bien d'autres, avant. (PS 34-35)

A la fin de ce passage, Kristeva utilise l'un de ses motifs récurrents; celui de la mort-renaissance qui est toujours présente pour elle. Être de passage et passer d'une langue à l'autre et d'un pays à l'autre sont des mouvements bien représentatifs de ce motif : « Par exemple quand j'ai appris à traverser les langues, mourant à chaque passage de frontière pour renaître différente ailleurs » (PS 35). Cette image est persistante dans l'éthopoïétique de Kristeva.

La métaphore filée du « lit gigogne » dans le développement du passage renvoie ouvertement à la notion du caveau (une construction souterraine qui est utilisée comme une sépulture, une crypte). Le trope se transforme aussi en fantasme de la « mère gigogne » derrière laquelle se cache l'image cruelle de la mère archaïque, une vision qui reflète, comme nous l'avons déjà mentionné à plusieurs reprises, la théorie de Mélanie Klein. Le champ sémantique de ce fantasme se construit très subtilement par la petite alternation entre l'« emboîtement de poupées russes » et « la mère gigogne avec les ribambelles d'enfants » (PS 35). Le sofa, ou le divan dans la logique du fantasme, est perçu comme un camouflage qui tient le secret de l'alcôve de la Dame (le 'D' majuscule se réfère au symbolique de la figure qui cache la Mère, la négativité de la mère) et ses « orgies en négatif » (PS 35), une image qui fait un clin d'œil aux aventures d'alcôve de Gloria et de Fish dans *Possessions* :

> En réalité, il me ferait plutôt rire, ce caveau que je dissimule au fond de moi-même, et que je promène, et que je retrouve sous la forme d'un lit gigogne partout dans le monde, emboîtement de poupées russes, immature Stéphanie Delacour qui s'imagine avoir quitté l'utérus ! Mais non, elle a besoin comme tout le monde d'une femme géante pour l'abriter, la rassurer ou définitivement l'avaler. On le tient, le fantasme de l'intrépide fugueuse : c'est la mère gigogne avec les ribambelles d'enfants. Rêve ou cauchemar ? Tout comme. Et si le sofa dérobé était la rudimentaire alcôve où la Dame gigote : le refuge de transes rentrées, la cache d'orgies en négatif, un collage de peurs incurvées, d'envies impossibles, de fureurs moites? Soit ! (PS 35)

L'épisode du « lit gigogne » se termine avec la fin de la nuit et des fantasmes. Pour élaborer jusqu'au bout la métaphore filée du « lit gigogne », Stéphanie décrit le moment où elle repousse le tiroir afin que soit atteint le but ultime de le cacher et de le révéler uniquement à ceux qui sont à sa recherche. C'est pourquoi la description insiste sur l'impénétrabilité du divan dont la matière est l'acajou, une espèce de bois dur, qui étend la notion de l'impénétrabilité, et par extension, de l'inaccessibilité et de l'indéchiffrable. La caractéristique du divan comme « très british » qui apparaît ici en italique est une référence possible à l'exil de Freud à Londres. Dans ce contexte, Kristeva met aussi, à travers la figure de Stéphanie, l'accent sur la vigilance de la femme détective/psy qui ne dort pas, mais observe et dont même le sexe est comme un lit invisible pour les autres qu'elle porte en elle :

> Je me lève. Repousse le tiroir sous le premier étage visible du divan *très british*. Ma nuit est introuvable. Vous croyez qu'elle dort, Stéphanie Delacour ? Jamais de la vie, elle passe, elle circule, elle

observe – un reporter, c'est tout. Inutile de chercher à en savoir plus long. Son lit ? Elle le porte en elle, comme son sexe et ses rêves, ni vu ni connu. Clac ! Net. À ce soir, à cette nuit, rendez-vous dans l'invisible. (PS 35)

Il est crucial de noter que l'épisode du « lit gigogne » intervient dans la narration immédiatement après la question des langues dont nous avons déjà parlé. L'importance de cet épisode consiste également à nous donner la clé psychanalytique de l'interprétation du roman et révèle également son côté carnavalesque macabre à travers le fantasme de la « mère gigogne ». Pourtant, le carnavalesque dans le roman se manifeste plus nettement par la figure de Pauline. C'est surtout elle qui exécute le principe du renversement qui en effet gouverne le carnaval, même macabre. Ceci est effectivement l'aspect bakhtinien de ce roman de Kristeva. Le renversement du haut par le bas se produit par la décapitation de Gloria (un nom à la connotation royale, christique). C'est un acte qui ne mène pas vers le simple remplacement de Gloria par Pauline Gadeau (un nom qui, comme nous l'avons précédemment commenté, pointe une sorte d'indignité et d'infériorité), mais résulte du « couronnement » symbolique de Pauline comme mère. Assurément, cet acte radical de décapitation commis par Pauline relève du geste symbolique puisque Gloria est déjà morte (assassinée deux fois) quand Pauline entre dans la salle et décide d'exécuter son œuvre. Un acte terriblement physique, mais aussi symbolique et carnavalesque en tant qu'il constitue un acte de dé-glorification. Cette dé-glorification consiste premièrement en la privation par incision de la tête, ce que Gloria appelait son 'organe sexuel' (PS 11)[117] et deuxièmement en une dégradation de la victime et de son impeccable code vestimentaire. La robe immaculée avant la décapitation est mouillée de sang. Le symbolisme du

[117] « 'Mon organe sexuel', plaisantait-elle par allusion au plaisir cérébral que lui procuraient ses activités de traductrice et au déplaisir non moins violent que lui causaient ses migraines. 'Mon outil de travail', corrigeait-elle parfois. Et voilà qu'elle en était séparée, de son organe ou de son outil, ce qui la rendait presque anonyme » (PS 11).

sang dans cette scène est au moins double. Le rouge, la couleur du sang désigne la couleur royale byzantine. D'autre part, le sang en tant que liquide est le substitut de l'eau, ce qui se lie en souvenir de la mort ; un souvenir pénible pour Pauline qui se venge de Gloria, mais aussi de l'eau dans son imagination (à cause de son frère noyé) qu'elle transforme en sang, dans la réalité. La dé-glorification, la décapitation et le renversement des rôles ont une autre conséquence qui se place dans la perspective de notre thème d'analyse de la langue. Le renversement exclut par un acte de violence la mère biologique en la remplaçant par une mère adoptive, parce que la mère biologique n'a pas été capable de faire don de la langue à son enfant Jerry par l'acte de la naissance. En tant que traductrice, Gloria essaye de lui traduire le monde, mais cela ne suffit pas. En effet, c'est bien Pauline qui, par ses efforts laborieux, corrige la faute de naissance et donne une langue artificielle à Jerry, car l'apprentissage de la langue par Jerry ne vient pas de *la chora,* c'est-à-dire du sémiotique, mais passe directement par le symbolique, par le *top down.* Stéphanie apprend la vérité sur Pauline de sa camarade de classe, Odile Allart. C'est l'histoire de la mort et du dépassement du deuil par la greffe d'une nouvelle vie et d'une nouvelle langue. En fin de compte, l'histoire de Pauline est une parabole sur le parcours et le drame linguistique de Kristeva, un drame dont les autres volets sont représentés par les figures de Stéphanie et de la traductrice Gloria.

Pour résumer, les trois personnages féminins de *Possessions,* une traductrice, une orthophoniste et une journaliste qui est aussi détective, ont tous un rapport à la langue. Toutes les trois sont polyglottes pour des raisons différentes. En outre, pour chacune, le fait de parler différentes langues et de les alterner transforme leur identité et la multiplie, et les rend « étrangères à elles-mêmes ».

Mais comment se définit un polyglotte selon Kristeva ? La souffrance et la fierté de l'état existentiel de ce type d'‘être linguistique’, Kristeva l'exprime d'une façon inoubliable dans son essai « Le silence des polyglottes » dans *Etrangers à nous-mêmes* (1988).

« Le silence des polyglottes »

« Le silence des polyglottes » dans *Etrangers à nous-mêmes* construit son titre sur le paradoxe de l'oxymore qui affirme essentiellement que celui qui possède beaucoup de langues produit le silence, ou bien pour aller dans le sens d'Heidegger[118] en le transformant, on peut dire que le silence (pas la langue) habite le polyglotte. Donc, l'entrée dans ce texte par le seuil paratextuel de son titre offre déjà un paradigme philosophico-existentiel prometteur pour sa lecture. Le titre crée également une attente qui porte sur le fait que le texte utilisera dans son développement la métaphore du silence et la force du paradoxe que l'oxymore transmet.

L'essai commence délibérément par une courte phrase qui frappe par son laconisme stoïque, faisant sans doute ressortir une tragédie existentielle : « Ne pas parler sa langue maternelle » (26). S'ensuit une explication qui réunit et convoque des thèmes et des motifs chers à Kristeva et dont nous avons déjà parlé. Parmi eux, le côté sémiotique et le côté symbolique de la langue et la greffe de l'autre langue dans la langue maternelle : « Habiter des sonorités, des logiques coupées de la mémoire nocturne du corps, du sommeil aigre-doux de l'enfance. Porter en soi comme un caveau secret, ou comme un enfant handicapé – chéri et inutile –, ce langage d'autrefois qui se fane sans jamais vous quitter » (26-27). Ce passage utilise aussi les motifs de corporéité de la langue ('la mémoire nocturne du corps') et de la langue maternelle 'caveau secret' qui nous renvoient encore une fois vers Bachelard et vers la façon dont Kristeva traite les 'êtres linguistiques' que sont Stéphanie, Pauline et Gloria dans *Possessions*. Un peu plus loin dans le développement de cet essai, Kristeva suggère les motifs de la résurrection dans la nouvelle langue, y compris un nouveau corps mais c'est pour en montrer l'effet illusoire qui aboutit à l'état amer de la

---

[118] « Aux yeux de Kristeva, excepté la psychanalyse, aucune autre expérience moderne n'offre à l'homme la possibilité de faire l'épreuve de son autonomie et de sa liberté au sens où les conçoit Heidegger, c'est-à-dire comme révélation de soi dans la présence de l'autre à travers la parole donnée » (Bouthors-Paillart 49).

désillusion : « Vous avez le sentiment que la nouvelle langue est votre résurrection : nouvelle peau, nouveau sexe. Mais l'illusion se déchire lorsque vous vous entendez, à l'occasion d'un enregistrement par exemple, et que la mélodie de votre voix vous revient bizarre, de nulle part, plus proche du bredouillis d'antan que du code d'aujourd'hui » (27). Ici, dans cette voix de 'nulle part' dort la monstruosité de l'être bifide, un motif de Kristeva que nous avons déjà discuté auparavant. En tant que psychanalyste, Kristeva est très attachée à la problématique de l'écoute et de son importance cruciale pour la communication et dès lors, pour l'existence authentique de l'individu. En abordant des problèmes qui sont les produits de la rencontre entre l'étranger/le polyglotte et la société d'accueil et ses contraintes et préjugés, y compris la xénophobie[119], « Le silence des polyglottes » s'inscrit dans ce questionnement. Un passage nous prévient que l'hospitalité n'est pas égale à l'intégration, ce qui fait de l'intégration un désir absolu, donc entièrement inaccessible :

> Vos maladresses ont du charme, dit-on, elles sont mêmes érotiques, surenchérissent les séducteurs. Personne ne relève vos fautes, pour ne pas vous blesser, et puis on n'en finirait plus, et à la fin on s'en fout. On ne vous signifie pas moins que c'est agaçant quand même : parfois, une levée de sourcils ou un « Pardon ? » en volute vous font comprendre que « vous n'en serez jamais », que « ce n'est pas la peine », que « là au moins on n'est pas dupe ». Dupe, vous ne l'êtes pas non plus. Tout au plus êtes-vous croyant, prêt à tous les apprentissages, à tous les âges, pour atteindre – dans cette parole des autres imaginée comme parfaitement assimilée *un jour* – Dieu sait quel idéal, par-delà l'aveu implicite d'une déception due à cette origine qui n'a pas tenu sa promesse. (27, nous soulignons)

Après avoir abordé le problème de la déception, Kristeva avance vers la culmination rhétorique de son essai qui déploie

---

[119] Selon la définition complexe de Jérôme Valluy dans *Rejet des exilés – Le grand retournement du droit de l'asile*, la xénophobie est l'« ensemble des discours et des actes tendant à désigner l'étranger comme un problème, un risque ou une menace pour la société d'accueil et à le tenir à l'écart de cette société, que l'étranger soit au loin et susceptible de venir, ou déjà arrivé dans cette société ou encore depuis longtemps installé » (2).

davantage la métaphore du silence comme un élément entre deux langues.

> Ainsi, entre deux langues, votre élément est-il le silence ? A force de se dire de diverses manières tout aussi banales, tout aussi approximatives, ça ne se dit plus. Un savant de renommée internationale ironisait son fameux polyglottisme en disant qu'il parlait le russe en quinze langues. J'avais, quant à moi, le sentiment qu'il était mutique et que ce silence étale le poussait parfois à chanter ou à rythmer des poèmes psalmodiés pour enfin dire quelque chose. (27-28)

Ce n'est pas un hasard si Kristeva choisit comme intertexte explicite dans cet essai la deuxième version de « Mnémosyne » d'Hölderlin, un poème qui manifeste le ravage exercé par « les forces errantes du divin », ravage que Kristeva semble reprendre à son compte quand elle écrit : « Je suis en proie à la vengeance d'on ne sait quels dieux antiques » (PS 257). Kristeva cite quelques vers de la deuxième version de « Mnémosyne » : « Un signe, tel nous sommes, et de sens nul/ Morts à toutes souffrances, et nous avons presque/Perdu notre langage en pays étranger » (28). Elle commente le cas d'Hölderlin en se servant d'un langage dont le champ sémantique a à voir avec la greffe et la chirurgie, le même langage qu'elle utilise dans la représentation de l'être linguistique et du drame existentiel de Pauline Gadeau, l'un des personnages de *Possessions* : « Lorsque Hölderlin s'assimilait au grec (avant de revenir aux sources de l'allemand), il exprimait dramatiquement cette anesthésie de la personne happée par une langue étrangère... » (28).

Tout au long de cet essai, Kristeva continue à rendre visible le sentiment de ne pas appartenir au groupe, d'avoir sauté dehors, sans protection[120] ; un sentiment de mutisme quotidien que l'étranger/le polyglotte éprouve puisqu'il n'y a personne qui l'écoute et qui croit que son parler est réel. C'est alors que le synonyme du silence, le 'mutisme polyforme',

[120] L'étymologie d'*ex (s)ilere* est 'sauter dehors'.

s'installe dans le discours kristevien pour rendre les pièges du drame quotidien palpables : « Coincé dans ce mutisme polyforme, l'étranger peut essayer, au lieu de dire, de faire : de faire le ménage, du tennis, du football, de la voile, de la couture, du cheval, du jogging, des enfants… que sais-je ? Ça reste une dépense, ça dépense et ça propage encore davantage le silence. Qui vous écoute ? On vous tolère tout au plus. D'ailleurs, voulez-vous réellement parler ? » (28, nous soulignons). Plus l'essai avance, plus l'énergie rhétorique se déclenche pour cibler des questions d'ordre existentiel et métaphysique. En utilisant cette stratégie, tout particulièrement lorsqu'elle exprime l'angoisse de l'état de silence imposé, mais aussi celui du silence qui nous habite, parce que « rien n'est dicible », Kristeva recrée une négativité hégélienne qui s'approche du concept de « douleur transcendantale » développé par Heidegger dans le volume 68 intitulé *Hegel*[121] de ses œuvres complètes. Un concept, comme le démontre Catherine Malabou, qui « permet à Heidegger d'affirmer que la négativité hégélienne a une double expression, logique et phénoménologique et n'est donc pas une pure abstraction » (278). Dès lors, Kristeva essaie de donner une représentation de cette « douleur transcendantale » par la description des étapes de l'initiation et de l'appropriation de l'autre langue comme un code artificiel qu'on greffe en espérant une résurrection après l'abandon de la langue maternelle. De plus, cet abandon est souvent perçu par Kristeva dans le paradigme du matricide[122].

> Pourquoi alors avoir coupé la source maternelle des mots ? Qu'imaginez-vous de ces nouveaux interlocuteurs auxquels vous vous adressez avec une langue artificielle, une prothèse ? Etaient-ils

[121] Martin Heidegger, Hegel, Vol. 68 Gesamtausgabe (Frankfurt am Main: Vittorio Klostermann, 1993).
[122] La définition du dictionnaire de 'matricide' est « meurtre d'une mère par son fils ou sa fille ». N'oublions pas que le matricide est également vu par Kristeva dans son aspect symbolique comme « abandon d'une langue maternelle ». Par exemple, elle écrit dans « Bulgarie, ma souffrance » : « Il y a du matricide dans l'abandon d'une langue natale… Destin toujours douloureux, l'exil est la seule voie qui nous reste… » (« Bulgarie, ma souffrance » 42).

> pour vous idéalisés ou méprisés ? Allons donc ! Le silence ne vous est pas seulement imposé, il est en vous : refus de dire, sommeil strié collé à une angoisse qui veut rester muette, propriété privée de votre discrétion orgueilleuse et mortifiée, lumière coupante que ce silence. Rien à dire, néant, personne à l'horizon. Et une complétude impénétrable : diamant froid, trésor secret, soigneusement protégé, hors d'atteinte. Ne rien dire, rien n'est à dire, rien n'est dicible. Au début, ce fut une guerre froide avec ceux du nouvel idiome, désiré et rejetant ; puis la nouvelle langue vous a recouvert comme une marée lente, de mortes eaux. Silence non pas de la colère qui bouscule les mots au bord de l'idée et de la bouche ; mais silence qui vide l'esprit et comble le cerveau d'accablement, tel le regard de femmes tristes lové en quelque inexistante éternité. (28-29, nous soulignons)

Ce type de silence est celui qui « vide l'esprit et comble le cerveau d'accablement » (29). Par cette figure, pleine de sonorités répétitives, Kristeva évoque la fatigue du corps aussi bien que la fatigue de l'esprit tandis que la métaphore du « regard de femmes tristes lové » nous renvoie vers la forme de la spirale qui est une autre image du labyrinthe.

Dans l'essai « … les anciens désaccords avec le corps (Mallarmé) », un essai qui suit « Le silence des polyglottes », la parole de Kristeva atteint l'un des points culminants du recueil *Etrangers à nous-mêmes* lorsqu'elle aborde l'étrangeté par le prisme du déracinement. Ce prisme procure en effet une capacité d'extra-location, d'exotopie (ce qui est l'équivalent de *vnenakhodimost* chez Bakhtine[123]). Ceci est l'un des effets produits par le polyglottisme et son silence puisqu'il n'y a pas de terrain pour que le polyglotte et les autochtones se rencontrent, se parlent et s'écoutent en égaux. On ressent ici aussi un certain sens d'élection chez ceux qui se sont imposé un exil volontaire :

---

123 « In the realm of culture, outsideness (vnenakhodimost) is a most powerful factor in understanding. It is only in the eyes of another culture that foreign culture reveals itself fully and profoundly (but not maximally fully, because there will be cultures that see and understand even more). A meaning only reveals its depths once it has encountered and come into contact with another, foreign meaning; they engage in a kind of dialogue, which surmounts the closedness and one-sidedness of these particular meanings, these cultures » (Bakhtin, *Speech Genres* 7).

> Ceux qui n'ont jamais perdu la moindre racine vous paraissent ne pouvoir entendre aucune parole susceptible de relativiser leur point de vue. Alors, quand on est soi-même déraciné, à quoi bon parler à ceux qui croient avoir leurs propres pieds sur leur propre terre ? L'oreille ne s'ouvre aux désaccords que si le corps perd pied. Il faut un certain déséquilibre, un flottement sur quelque abime, pour entendre un désaccord. (29-30)

Dans ses essais et dans ses textes de fiction, Kristeva traite toujours le choix de l'autre langue dans un contexte qui considère implicitement ou explicitement la grande problématique de l'altérité. La pensée de Kristeva reflète autant les tourments de l'exil que l'état d'élection qu'il procure au sujet-en-procès[124] et qui fait partie du récit kristevien de l'étrangeté, de l'autre langue et de l'exil. Voici le témoignage dans ce sens que livre Kristeva dans notre entretien :

> Dotée d'une magnifique culture, ayant cimenté une identité forte avec les valeurs des Lumières et son message généreux des droits de l'homme, la France reste frileuse face à ce nomadisme moderne ; des archaïsmes, des crispations identitaires dominent encore et menacent. Aussi « l'individu polyphonique », comme je l'appelle, est-il mal accepté ou mal compris, en tout cas il dérange, il inquiète. Pourtant, je suis convaincue que ce déracinement continu est une sorte d'élection, une chance, car il offre la possibilité de renaissance psychique, que le pari sur l'ouverture à l'autre est un avantage culturel. Beaucoup d'efforts, d'angoisse, et parfois de souffrance, accompagnent cette transformation – c'est inévitable – que j'essaie, pour ma part, de traduire en travail, en sublimation, en création. (160)[125]

Par ce type d'éthique et d'esthétique du sujet-en-procès, de « l'individu polyphonique », toujours au carrefour où « en-procès » veut dire « pris dans un processus dynamique », mais renvoie aussi à une situation judiciaire ('trial' en anglais), tout peut être pensé, tout peut être écouté et tout peut être sublimé par la parole et par l'écoute attentive de l'autre. C'est ce

---

[124] Lynda Stone souligne que: « In Kristeva's idiom, the narrator, a detective or philosopher – any of us – are 'spit subjects', are always subjects in process » (124).
[125] Ivantcheva-Merjanska et Vialet, « Entretien avec Julia Kristeva ».

qu'atteste dans son carnet intime la psy Cabarrus[126], un personnage des *Samouraïs*. Par extension, il semble que nous puissions percevoir les romans de Kristeva comme un journal intime, très élargi, même gigantesque (souvenons-nous de Dostoïevski et de ses carnets) d'une femme-psy qui est aussi sémioticienne, linguiste, polyglotte, une femme qui, en tant qu'individu polyphonique, se voyage et s'écrit comme sujet-en-procès. Dans un sens plus global, c'est l'ethos de déplacement, celui de la déterritorialisation et de la reterritorialisation qui s'exprime dans les romans kristeviens par les thèmes et les motifs récurrents du matricide, de l'exil, de l'étrangeté et de la dialectique entre la langue maternelle et l'amour de l'autre langue.

[126] Dans son journal, à la date du 9 novembre 1966, Cabarrus fait preuve d'un esprit carnavalesque qui cherche à rendre la vie vivable par la psychanalyse et l'écriture. La notion de carnaval rend la vie vivable par le renversement qui s'effectue par le rire. « Je puis imaginer tous les points de vue et jouer les rôles correspondants : être insignifiante, mesquine, horrible. En définitive, j'entends mieux ce qu'on ne me dit pas que ce qu'on me dit… Pour quoi faire ? Pour se connaître, peut-être pour se déplacer d'un cran vers une autre horreur, moins tuante, et ainsi de suite, jusqu'à ce que la vie devienne vivable, c'est-à-dire indéfiniment indifférente et parfois drôle. Je suis donc plongée dans l'horreur. Je ne me plains pas, c'est mon métier. Les gens me paient pour être en ma présence bêtes et méchants, abjects à leurs heures, avec en prime l'espoir, non moins abject mais touchant, de renaître, de se faire une vie neuve. 'Madame Joëlle Cabarrus, psychanalyste, au secours !' Pour les uns, c'est la nouvelle religion ; pour les autres, le charlatanisme à la mode. Pour moi, la seule manière d'être vrai » (*Les Samouraïs* 85). Stéphanie Delacour, la journaliste et détective pourrait s'identifier avec ces paroles de Cabarrus puisqu'elle aussi est capable d'imaginer et de comprendre tous les points de vue.

CHAPITRE 4

Le dialogue identitaire et langagier de Julia Kristeva

> Pour commencer donc à entrer en matière, quant à la signification de ce mot *Barbare* : Barbares anciennement étaient nommés ceux qui ineptement parlaient grec. Car, comme les étrangers venant à Athènes s'efforçaient de parler grec, ils tombaient souvent en cette voix absurde *Barbaras*. Depuis, les Grecs transportèrent ce nom aux mœurs brutaux et cruels, appelant toutes nations, hors la Grèce, barbares [...] Ces raisons me semblent suffisantes de faire entendre à tout équitable estimateur des choses, que notre langue (pour avoir été nommée barbare, ou de nos ennemis ou de ceux qui n'avaient loi de nous bailler ce nom) ne doit pourtant être déprisée, même de ceux auxquels elle est propre et naturelle, et qui en rien ne sont moindres que les Grecs et Romains (Chapitre II : « Que la langue française ne doit être nommée barbare »).
>
> Joachim du Bellay, *La défense et illustration de la langue française* (1549)

Dans ce chapitre, le développement de notre investigation sur le dialogue identitaire et langagier dans l'œuvre de Kristeva se penche sur le roman *Meurtre à Byzance* (2004) et sur quelques thèmes dans le livre d'essais théoriques et philosophiques *L'avenir d'une révolte* (1998). Cette investigation continue à refléter notre conviction que chez Kristeva la problématique de la langue se lie à l'identité en procès et passe par des chaînes de thèmes d'Europe, de Byzance et de France mis en rapport avec le village imaginaire planétaire Santa-Barbara qui, dans la vision de l'écrivaine, représente le barbarisme au sens large. Ces quatre groupes forment des *topoi* dont l'écrivaine explore la dynamique historique et imaginaire dans sa trilogie romanesque, et tout particulièrement dans le dernier roman de la trilogie *Meurtre à Byzance.* Il s'agit d'une problématique assez complexe, chère à Kristeva, et qui tente de reconstruire dans son œuvre entière l'espace de la *polis*, où règne le dialogue. L'écrivaine et femme-penseur, Kristeva comprend de plus en plus le dialogue comme un partage au cœur de la polyglossie nomade portée par l'exil. Ici entrent en relation l'autre langue et la langue maternelle, l'exil et l'étrangeté, la révolte et la psychanalyse et enfin la littérature avec son genre le plus dialogique, le roman, ce qui représente aussi pour Kristeva un équivalent du voyage[127] existentiel et psychanalytique. Comme nous l'avons déjà souligné et comme le note aussi Pierre-Louis Fort[128], la réception de l'œuvre romanesque de Kristeva, y compris *Meurtre à Byzance*, fait l'objet de très peu d'études. Excepté quelques comptes-rendus[129] qui décrivent brièvement l'histoire et les personnages du roman, la critique la plus révélatrice se trouve dans des interviews[130] dans lesquelles la romancière réfléchit elle-même à ses romans, en commente le sujet et l'approche littéraire et se livre, au gré des questions, à une forme de critique. Néanmoins, quelques-uns des auteurs de comptes-rendus ont ouvert la voie à des observations importantes. Par exemple, Christine Rousseau (2004) caractérise le dernier roman de la trilogie kristevienne de « roman total »[131] : « À la fois polar, récit historique et

---

[127] « Je me voyage » est la devise que Kristeva cite très souvent dans ses interviews, une devise avec laquelle elle s'identifie et qui appartient à son personnage principal dans sa trilogie, Stéphanie Delacour, journaliste, investigateur, voyageuse. Le roman *Meurtre à Byzance* se termine sur cette phrase que la narratrice emploie comme une pointe.

[128] Pierre-Louis Fort, dans « Du côté de chez Stéphanie Delacour » (71- 87), affirme que les textes de la romancière montrent une des facettes de Julia Kristeva, qui est « certainement la plus méconnue » à la différence de son œuvre théorétique.

[129] Des comptes-rendus courts parmi lesquels ceux d'Alison Jasper, de Mélanie Gleize, de Ralitsa Mihailova-Frison-Roche.

[130] Voir l'interview de Pierre-Louis Fort avec Julia Kristeva « *Meurtre à Byzance*, ou Pourquoi 'je me voyage' en roman », Kristeva, *La haine* 609-655.

[131] « Ce serait une gageure de résumer ce récit ambitieux où tous les genres sont convoqués : thriller métaphysique, autobiographie, satire politique et sociale, amour

autobiographique, *Meurtre à Byzance* embrasse tous les genres, tous les savoirs et les thèmes chers à l'écrivain ». Bernard-Henry Levy parle justement de *Meurtre à Byzance* comme d'« une fable métaphysique », « une méditation sur le Mal » (114).

Dans ce chapitre, nous examinerons d'abord les stratégies rhétoriques qui étayent l'idéologie du roman *Meurtre à Byzance* : l'éloge et l'invective. Puis, nous analyserons certains des choix, des comportements et des traits de caractère de deux personnages principaux du roman, Sebastian[132] Chrest-Jones et Stéphanie Delacour. En tant que doubles de l'auteur, ces deux personnages nous intéressent non seulement dans leur rapport à la langue, plus précisément dans leur rapport à la langue étrangère qu'ils emploient, mais aussi sur le plan narratif. Ils sont en effet, comme Kristeva elle-même, motivés par leurs recherches sur Anne Comnène – intellectuelle, historienne et princesse byzantine du XIe siècle –, mais également à l'affût du crime en suivant l'idée de Freud que toute société est fondée sur un crime[133]. Enfin, en troisième lieu, nous nous intéresserons à *Meurtre à Byzance* en tant que roman, c'est-à-dire un texte conçu comme genre de la culture du dialogue et du questionnement et, dès lors, comme genre représentant par excellence la culture européenne. C'est également le genre de la quête d'où vient d'ailleurs l'appellation sous-générique choisie par Kristeva, celle de *polar*, une appellation qu'elle explique en révèlant ses intentions de faire de ce roman un « polar métaphysique »[134]. On se souvient que, selon Mikhaïl Bakhtine, Dostoïevski aurait réussi dans la littérature

---

courtois... D'autant qu'au-delà du jeu narratif tenu par un style fluide, Julia Kristeva reprend les thèmes qui lui sont chers : l'étrangeté – 'il n'y a pas d'étrangers heureux' –, la maternité, les rapports hommes/femmes... Et, dans un esprit digne de la Renaissance, elle embrasse tous les savoirs pour donner à voir et à comprendre l'envers de ce 'polar généralisé' qui est le nôtre. Au risque du roman total, Julia Kristeva offre un livre stimulant et jubilatoire. En un mot, un grand roman byzantin » (Rousseau 2009).

[132] C'est l'orthographe que Kristeva utilise pour le prénom de ce personnage.

[133] Voir la note 112.

[134] *Ibid.*

classique russe à faire un roman total en investiguant également le crime (*Problèmes de la poétique de Dostoïevski,* éd. russe de 1929)[135].

Dans ce chapitre, nous ferons surtout référence à *Meurtre à Byzance* (2004) et aux essais théoriques et philosophiques de *L'avenir d'une révolte* (1998). Ces essais de Kristeva sont représentatifs de l'étape qui précède la création de *Meurtre à Byzance,* le roman qui clôt sa trilogie de polars consacrée à Santa-Barbara : *Le Vieil homme et les loups* (1991), *Possessions* (1996*)* et *Meurtre à Byzance* (2004). La juxtaposition de certains thèmes de *L'avenir d'une révolte* et de *Meurtre à Byzance* nous permettra d'identifier des échos entre les motifs identitaires et langagiers de *Meurtre à Byzance* et les réflexions théoriques de l'écrivaine. Nous nous concentrerons sur certains passages où s'exprime la philosophie de l'étrangeté qui aboutit à la réflexion sur l'interaction de deux langues : la langue maternelle (le bulgare) et la langue d'accueil (le français). En examinant la représentation de cette philosophie, nous démontrerons qu'il s'agit en fait d'efforts d'effacement de la frontière entre ce qui est « le mien » et ce qui est « à l'autre » dans la pensée et l'éthos créatifs de Kristeva. Cet effort d'effacement pousse le récit de sa fiction, ainsi que la langue dans laquelle il se forme, à sonder profondément ces langues jusqu'aux couches de la *chora* sémiotique[136]. Le résultat de ce travail est la création d'un entre-deux, d'une alternance permanente, représentée, repensée et revécue comme fortement dialogique et créative, un processus qui guide la renaissance personnelle de Kristeva, comme un « sujet-en-procès »[137] dans une autre langue, le français.

---

[135] *Problemy tvortchestva Dostoïevskogo* (Leningrad, 1929).

[136] La notion de la *chora* apparaît dans les ouvrages théoriques de Julia Kristeva, *La Révolution du langage poétique* (1974) et « Le sujet en procès » *Polylogue* (1977).

[137] « Dans son ouvrage *Polylogue* (1977), Julia Kristeva analyse diverses pratiques signifiantes telles que le langage, le discours, la littérature, la peinture, et leurs approches par des disciplines qui ont marqué l'histoire de la symbolicité (linguistique, sémiotique, épistémologie, psychanalyse), afin de mettre au jour le dynamisme inhérent à tout processus signifiant. Dans le chapitre intitulé « Le sujet

Meurtre à Byzance est aussi une construction intratextuelle[138] où Kristeva, en tant que romancière, réunit des thèmes par lesquels elle a été émue et qui l'ont poussée à réfléchir dans toute son œuvre. De même, *L'avenir d'une révolte* présente un index presque complet des idées et des concepts clés de Kristeva tels que la révolte, l'étrangeté, l'autre langue et le monstrueux[139]. Les essais qui sont inclus dans ce volume établissent des liens avec les concepts théoriques fondamentaux de Kristeva comme le symbolique, le sémiotique et la *chora*, tout en se référant aux ouvrages plus philosophiques et politiques de Kristeva que sont : *Etrangers à nous-mêmes* (1988), *Les nouvelles maladies de l'âme* (1993) et son essai fondamental pour la compréhension de l'européanité : « L'Europe divisée : politique, éthique, religion » (2005). Dans ces textes, nous examinons la représentation de la figure de l'écrivain et du psychanalyste comme l'un des lieux possibles de la *polis* dans le sens d'Hannah Arendt[140]. Le lieu de la *polis* (la cité) depuis l'Antiquité grecque est l'endroit où l'on partage l'interrogation et le dialogue sur l'avenir de la communauté. La pensée politique de Kristeva utilise la rhétorique de *Meurtre à Byzance* pour poser notamment la question qu'elle articule avec le plus grand sérieux dans son essai « Europe divisée » et qui est la suivante : Quelle direction notre civilisation suivra-t-elle ? Celle de Santa-Barbara, de ce qui

---

en procès », Kristeva revisite principalement la théorie psychanalytique lacanienne afin de mettre en rapport devenir du sujet et devenir du langage. Effectuant une invasion de la neutralité théorique positiviste, Kristeva met en lumière la 'mouvance' caractérisant la constitution du sujet et brise par le fait même le totalitarisme d'un système qui lui est intrinsèquement lié : le langage. Il s'agit d'une tentative de dégager l'expérience même du sujet qui, par sa capacité à se mettre en mouvement, franchit l'enclos de son unité et énonce dans le langage cette logique signifiante dynamique » (Prud'homme et Légaré n. pag.).

[138] Ce qui est compris par Gérard Genette dans *Palimpsestes* (1982) comme intertextualité dans l'œuvre d'un écrivain.

[139] Voir Gleize 8.

[140] « Pour Arendt, si la vie politique est indissociable de son récit qui fait apparaître à chacun *(dokei moi)* ses conflits, c'est uniquement dans la mesure où cette vie politique résiste à sa propre esthétisation, se conçoit comme une 'activité' (*praxis*) irréductible à son 'produit' (*poiesis*), et se laisse partager par la pluralité irréductible des vivants » (Kristeva, *Hannah Arendt* 159).

est immédiatement applicable, provenant de « la liberté de produire » ou bien celle « de la liberté de penser et de vivre » (Kristeva, « Europe divisée » 57) ? La dernière direction est celle de l'Europe héritière de la civilisation gréco-romaine dans laquelle la foi orthodoxe byzantine apporte la dimension de « la liberté de retrait dans l'intime jusqu'à la perception irreprésentable » (Kristeva, « Europe divisée » 85). Entièrement à l'opposé de Santa-Barbara, c'est une civilisation qui est paradoxale et liée au questionnement, aux phrases longues proustiennes, au goût, au raffinement, et qui est entendue non comme la culture du spectacle, mais comme la culture du questionnement dont les synonymes dans la pensée de Kristeva sont Byzance et la civilisation française.

La notion de dialogue est importante pour notre recherche parce qu'elle est centrale dans l'œuvre de Kristeva et caractérise sa pensée. Elle emprunte ce concept à Bakhtine et le développe dans son étude du polylogue et de l'intertextualité. Le dialogue est la base de la dialectique qui détermine chez Kristeva les rapports entre les langues (maternelle et adoptive), le choix du genre, le roman, les questionnements qui aboutissent à l'étrangeté et son effet positif comme une culture de la révolte contre la culture de consommation et de spectacle. Le dialogue se réalise dans cet espace de l'étrangeté qui crée une extra-location, appelé par Bakhtine *vnenahodimost*[141]. C'est un dialogue qui est à la fois le produit et le moteur de la dynamique de l'intériorisation de l'autre langue et de l'interaction entre celle-ci et la langue de naissance; respectivement entre la culture d'accueil et la culture de départ. La notion de dialogue prédispose aussi au choix du genre – le roman – pour que le dialogisme se manifeste à l'intérieur de celui-ci

[141] Comme nous avons déjà souligné, c'est un terme qui apparaît dans *Estetika slovesnogo tvorchestva* (М. М. Бахтин, *Эстетика словесного творчества* (Москва : Наука, 1992, 7-19). Ce titre dans la traduction anglaise de ce livre de Bakhtine est transformé en *Speech genres and Other Late Essays.* (Trans. Vern W. McGee; Ed. by Caryl Emerson and Michael Holquist. Austin : University of Texas P, 1986).

en pleine rigueur. Nous essaierons de montrer à la fin du chapitre que le choix du genre du roman a une valeur non seulement esthétique, mais aussi idéologique et politique dans le sens de ce qu'Hannah Arendt appelle la *polis*; un concept et une pratique qui constituent le paradigme de l'européanité. Ayant en vue l'Europe unie à l'image de Byzance, Kristeva a répondu ainsi à la question : « Est-ce qu'il est possible de lire *Meurtreà Byzance* comme un acte de réunification imaginaire entre vous et la Bulgarie qui faisait partie de l'Empire byzantin? » :

> C'était une manière aussi de payer une dette, de dire que je n'ai pas oublié, de manifester que c'est présent en moi. Mais je voudrais pouvoir agir sur un plan plus général, et non pas en nationaliste, car il n'y a pas plus de cause bulgare que de cause française : en fait, il y a une cause européenne. Dans ce roman, Byzance est la métaphore de l'Europe aujourd'hui, un monde composite qui est en train de se créer, et qui s'étend de la mer Noire à l'océan Atlantique, de l'île de Ré à la Sibérie si l'on compte les partenaires privilégiés de l'Europe que sont et seraient la Russie et la Turquie. Et si ce monde arrive à se construire, il pourra jouer peut-être un rôle de contrepoids entre, d'une part, les puissances émergentes (Chine, Inde, Brésil), qui seront de plus en plus en difficulté, et par conséquent de plus en plus agressivement nationalistes, et, d'autre part, la grande puissance des Etats-Unis, extrêmement attrayants mais dont les contradictions ne cesseront de les fragiliser, et auxquels je dois beaucoup. Que ce soit l'unilatéralisme dur avec Mr. Bush, ou *soft* avec Mr. Obama, cela reste de l'unilatéralisme, n'est-ce pas, tandis que le monde ne sera monde que s'il arrive à être multipolaire. L'Europe, au contraire, a la chance d'être un lieu kaléidoscopique. Elle a survécu à beaucoup de guerres et de conflits. Elle s'est rendue coupable de beaucoup de crimes dont elle n'a pas fini de faire l'anamnèse, nous le savons, et pourrait se positionner en arbitre pour apaiser les tensions qui ne manqueront pas de survenir dans l'avenir. (Ivantcheva-Merjanska et Vialet, « Entretien avec Julia Kristeva » 174-75)

La rhétorique de *Meurtre à Byzance*

Passons aux éloges et à l'invective qui structurent *Meurtre à Byzance* et qui selon Aristote appartiennent au discours démonstratif[142]. Ce discours, d'après le rhétoricien grec, loue ou blâme « le beau et le laid moral »[143] et se sert souvent de l'amplification[144]. Kristeva, dans le cadre de ce roman, a recours à ce type de discours démonstratif, comme à un pur exercice rhétorique, pour nous transmettre le message moral de son roman, son idéologie, au sens où Aristote atteste : « La rhétorique se compose d'une partie de la science analytique et de la partie morale de la politique. Elle ressemble, par certains côtés, à la dialectique, et par d'autres, à l'art des sophistes. »[145] Perçus comme groupe dans *Meurtre à Byzance*, les éloges sont au nombre de trois, tous trois idéologiquement orientés, et prennent implicitement ou explicitement position contre « la laideur » que Santa-Barbara désigne. Il s'agit de celui de Byzance (Europe), celui de la France (Europe) et celui des détectives. Le dernier pose une question cruciale pour le message du roman et pour la trilogie entière des polars de Kristeva ; notamment, qui est capable d'être détective et de chercher la vérité absolue. En fait, les éloges de Byzance et de la France sont accouplés, s'alternent et s'entremêlent. Byzance, comme le souligne Maria Margaroni, est représentée par Kristeva comme « le futur antérieur de l'Europe » (223). L'invective, la satire contre Santa-Barbara, un lieu imaginaire de soap opéra et du « village planétaire » (MB 113)[146], plein de violence, de

---

142 « Quant au démonstratif, il comprend l'éloge ou le blâme » (Aristote, *Rhétorique,* livre I, chapitre III).

143 *Ibid.*

144 « Figure suivie qui consiste à reprendre, dans une sorte de gradation spirituelle plus encore que formelle, les éléments de la description, soit en approfondissant la pensée, soit en l'enrichissant, en l'agrandissant, en l'ennoblissant » (Morier 1000).

145 Aristote, *Rhétorique,* livre I, chapitre IV.

146 « Encore coincée dans cette phase de transition économique et politique qui gangrenait la planète, Santa-Barbara était devenue de surcroît le paradis des mafias et des sectes, les unes se confondant avec les autres et réciproquement. Ce paradis-là n'est pas le privilège de la seule Santa-Barbara, il est partout, m'objecterez-

mafia et manquant tragiquement de goût et de sophistication, fonctionne pour montrer que les barbares sont partout à l'époque d'Internet, que le *limes* n'existe presque que dans l'imaginaire produit par la notion de Byzance. Ce qu'il faut faire pour dépasser le barbarisme, c'est rependre Byzance et la France (synonymes de l'Europe classiquement comprise comme humaniste), en ne dressant néanmoins pas un mur d'Hadrien imaginaire contre ceux que le roman perçoit comme barbares, mais plutôt en continuant à persévérer et à comprendre l'étrangeté de chacun de nous, nos *nouvelles maladies de l'âme,* en cultivant un humanisme actif. Cet humanisme actif comprend l'exercice de la psychanalyse, très sensible à l'altérité et aux expériences de l'autre. Les nouveaux barbares, ceux qui n'ont plus d'âme, les barbares de la postmodernité[147], se figent et se contentent de la société de consommation et du spectacle – un terme que Kristeva utilise dans le sens que Guy Debord (1967) a forgé en visant ce stade du capitalisme qui fait tourner la vie de la société autour de la marchandise et sa propagande. La veine de l'éloge dans le roman *Meurtre à Byzance* est très forte. Commençons par Byzance, qui est la clé de voûte dans l'architecture de pensée de Kristeva dans ce roman. Le mode d'emploi de 'Byzance' est ici multiple parce que ce toponyme est employé comme procédé d'amplification rhétorique, comme concept et comme message central, presque messianique. 'Byzance' peut être aussi interprétée dans une dimension mythique, dans le sens barthien du mythe que Kristeva explique dans « Barthes : la saveur du désenchantement » : « Le mythe n'est ni objet ni substance, encore moins idée ou concept, c'est un 'mode de signification, c'est une forme' – 'puisque le mythe est une parole, tout peut être mythe, qui est justifiable d'un discours' » (142). C'est-à-dire que 'Byzance' est un signifiant flottant dans le roman *Meurtre à Byzance*, un

---

vous. Précisément. Et bonne chance si vous arrivez à localiser la Santa-Barbara dont je vous parle ici-même! » (MB 15).

[147] Une thèse que Kristeva, en comprenant l'âme surtout dans le sens laïque, propage dans *Les Nouvelles maladies de l'âme* (1993).

signifiant qui prend les dimensions d'un endroit utopique où s'altèrent les pulsions de Kristeva vers la culture de l'autre, devenue la sienne, et vers la culture qui est hors cadre, mais toujours présente – celle de la région très riche de la culture et du passé à laquelle elle appartient originellement : la Bulgarie qui faisait partie de l'Empire byzantin (ou L'Empire romain d'Orient) de 1018 à 1186. Les lieux cultes bulgares que le roman nous décrit avec une nostalgie proustienne, notamment Plovdiv (Philippopolis), Nessebar, Sozopol et l'église de Boyana, attestent ce fait. Notons aussi que le 5e chapitre de la première partie du roman porte un titre emblématique « Byzance est là où je suis, ou *Anne Comnème, roman* » ; il s'agit en fait d'un programme qui lie le « je » parlant à la fois avec Byzance, le roman et Anne Comnème, la première intellectuelle européenne selon Kristeva. Dans ce sens, le roman pourrait être perçu comme une longue lettre d'explication d'amour à la fois à son pays adoptif (la France) et à son pays de naissance (la Bulgarie) – une lettre qui se permet de critiquer parfois les imperfections de ses objets aimés, désirés, et qui ont enduré de nombreuses souffrances. C'est un éloge qui est structurellement juxtaposé à une invective, à une satire féroce contre Santa-Barbara. Ce type de rhétorique reflète l'inquiétude de Kristeva pour l'avenir de la culture dite classique au sens large. Le temps historique byzantin marque le début du cadre chronologique de *Meurtre à Byzance*, un roman dont les références historiques vont du XIe au XXIe siècles, c'est-à-dire de la première croisade à la croisade actuelle, entreprise par le président Bush comme réponse à l'attentat du 11 septembre 2001 au World Trade Center : « La première guerre de religion sur le Vieux Continent, ces légendaires Croisades qui inspirent dorénavant le président Bush… » (MB 113). Dans cette perspective s'impose le parallèle entre Anne Comnène, témoin de la première croisade, et Julia Kristeva, témoin de la dernière riposte à l'attentat du 11 septembre 2001. La sagesse byzantine, selon Kristeva, est d'éviter l'intégrisme et le dualisme, en contestant les oppositions binaires et simplistes. Selon elle, à

Byzance, l'on pense à beaucoup de choses à la fois. La révolte de Kristeva contre la vulgarisation et la simplification progressive du monde contemporain se concrétise dans l'éloge qui insiste que « Byzance c'est l'Europe dans ce qu'elle a de plus précieux, raffiné et douloureux, que les autres lui envient… » (MB 113).

Byzance est ce lieu spécial et à un certain degré l'utopie personnelle de Kristeva où règnent le questionnement, la contestation, le goût, un ethos de vivre qui pourrait être périlleux pour ceux qui le pratiquent face au fondamentalisme et à l'unidimensionnalité mentale : « Byzance était en définitive une question de goût, c'est même cela qui l'a perdue : le goût est une inexorable faiblesse face aux croisés... aux musulmans, aux Santa-Barbarois, aux guerriers quels qu'ils soient » (MB 273). Ici, il nous revient de mettre en lumière un parallèle implicite entre l'importance du goût à Byzance et son importance en France. Parmi tant d'autres passages dans le roman qui démontrent ce rapprochement par une juxtaposition implicite, le passage suivant en est le plus démonstratif : « À Saint-Germain-des-Prés, on crut à la théorie, à l'avant-garde, puis à l'extravagance du goût et à la témérité sexuelle de M. ou Mme X., à condition d'y trouver du style. Une spécialité bien française que ce jeu avec le style, aux confins de l'insensé… » (MB 130). Le rapprochement entre Byzance et la France en tant que constructions imaginaires qui s'opposent à Santa-Barbara est évoqué clairement dans la conversation entre Stéphanie et Rilsky, le commissaire santa-barbarois :

> « Ma Byzance est dans ses livres [d'Anne Comnène] – une chronique imaginaire : a-t-elle jamais existé autrement ?
> – Comme la France ? (Nordi ricane, il croit me faire plaisir.) Une construction imaginaire. L'exact contraire de Santa-Barbara, n'est-ce pas ? Tu penses que nous, ici [à Santa-Barbara], nous ne sommes que réels et virtuels, ce qui revient au même, mais que nous manquons totalement d'imagination : on passe dare-dare des jeux vides aux bombardements de Bagdad. Tu crois que c'est <u>cette inaptitude à compliquer les problèmes et les solutions qui nous mène au crime</u> ? Au crime total, indiscernable, parfait ? » (MB 147, nous soulignons)

Le roman nous offre une définition générale de Byzance présentée par le point de vue de Stéphanie Delacour et par celui de Sebastian Chrest-Jones qui sont des personnages doubles[148] et qui paraissent être les porte-parole de Kristeva. La définition de Byzance que développe Stéphanie (MB 112-18) souligne et renforce l'opposition entre la civilisation et le barbarisme (partout dans le monde contemporain selon le bilan idéologique du roman). Citons-en un passage important :

> Etrangère, je sais que je viens de Byzance, qui n'a jamais existé si ce n'est dans mon âme de femme, sans réalité bien crédible. Après la Grèce qui pour la première fois au monde et mieux que personne, célébra le Beau et le Bien[149] en lieu et place des dieux, de Dieu, dans des temples splendides, et avant l'arrivée des Barbares qu'elle ne cessa de repousser, de féconder et de résorber, ma Byzance à moi fut le pays crucifié par excellence, sans doute parce qu'elle se plaisait dans une sophistication jamais atteinte, je crois. C'est bien ça, vous y êtes! Les sempiternels et incongrus débats sur le sexe des anges, c'est Byzance. Les ravages des iconoclastes et les images sanctifiées des iconodules sans lesquels le monde n'aurait jamais connu la télévision, les Guy Debord, *Loft Story* et un Ben Laden plus ou moins virtuel sur Al-Jazira, c'est encore Byzance. La première guerre de religion sur le Vieux Continent, ces légendaires Croisades [...] tentatives ratées (déjà !) d'unification européenne et de globalisation au-delà, oui, « globalisation » puisque les Croisés allèrent au-delà de l'Europe jusqu'au tombeau du Christ envahi par les mécréants [...] – c'est encore et toujours par Byzance que ça passe. De ce point de vue, et pour moi, Byzance c'est l'Europe dans ce qu'elle a de plus précieux, raffiné et douloureux, que les autres lui envient et qu'elle a du mal à assumer, à prolonger, à moins que... qui sait ? Faute de quoi, Santa-Barbara s'étale partout. (MB 112-13, nous soulignons)

---

[148] Dans l'interview sur *Meurtre à Byzance* (Fayard, 2004) accordée à Pierre-Louis Fort très tôt après l'apparition du roman en 2004, Kristeva admet le fait que « des multiples dédoublements composent l'intrigue de *Meurtre à Byzance* » (Kristeva, *La haine* 629) et que ce sont des dédoublements de dimension autobiographique très recherchés : « Les initiales du nom de famille Chrest-Jones consonnent avec les miennes, Kristeva-Joyaux, et Stéphanie Delacour est une fille du père, comme je le suis » (Kristeva, *La haine* 634).

[149] Ici, évidemment, Kristeva se réfère au concept de la philosophie grecque *kalokagathia* – une synthèse du Beau et du Bien.

Dans la même veine de pensée, dans *L'avenir d'une révolte,* Kristeva exprime sa conviction sur la valeur du Vieux Continent : « Je dirais que si l'Europe n'existait pas, il faudrait l'inventer. C'est dans l'intérêt de notre liberté plurielle » (109). C'est l'une des idées majeures qui guident Kristeva dans l'écriture de *Meurtre à Byzance,* le roman qu'elle caractérise comme « une recomposition de mon paysage individuel à travers le paysage politique de l'Europe » (Kristeva, *La haine et le pardon* 636). Toujours dans la même interview avec Pierre-Louis Fort, Kristeva ajoute plus de détails qui éclairent pour le lecteur l'importance qu'elle accorde au rôle de l'Europe, à la fois dans sa philosophie et dans son attitude intime :

> … je peux partir à la recherche de la mémoire familiale avec la certitude de devoir à mes parents, plus que ma naissance, une extravagante capacité de renaître – prétention exorbitante, je vous l'accorde, que formulait déjà Colette « Renaître n'a jamais été au-dessus de mes forces ». Si un roman des origines en résulte, il n'est pas vraiment une recherche des sources à glorifier, mais une composition-recomposition du sujet. À travers Sébastian et Stéphanie qui me ressemblent tous deux, mais qui me sont en fait complètement étrangers… je parle de moi comme si j'étais une autre : j'ai composé leurs aventures généalogiques avec certains éléments des miennes, mais surtout avec des traits que j'ai empruntés à d'autres, des individus autrement ou plus traumatisés que moi, dans le mal-être desquels je me projette puisque mon inconscient m'y porte, tout en restant très proche de l'histoire des miens. « Les miens » étant pour commencer ma famille, mais aussi le peuple bulgare, la tradition orthodoxe et l'Europe orientale. Cependant, l'Europe qui est aujourd'hui la mienne, c'est avant tout la France et l'Union européenne, ma patrie d'adoption ayant quasiment résorbé l'ancienne : la preuve majeure de cette intégration étant que je ne parle que rarement le bulgare, et que je ne sais plus l'écrire. De sorte que *Meurtre à Byzance* est une recomposition de mon paysage individuel à travers le paysage politique de l'Europe. (Kristeva, *La haine et le pardon* 636)

Les Byzantins – en quête des codes contre la laideur et le mal

Quel est le rôle des détectives, des traducteurs, des journalistes et des écrivains dans le contexte de la pensée intime et de la pensée philosophique de Kristeva ? Pourquoi sont-ils loués par Kristeva ? Sont-ils des Byzantins ? En effet, la fonction métaphysique que leur accorde l'œuvre fictionnelle de l'écrivaine est de chercher et de traduire Byzance et, ce faisant, de maintenir le *limes* en tant qu'une frontière intérieure de l'esprit de Culture dite classique et indispensable contre la 'fast culture' de Santa-Barbara. Il convient ici de rappeler le personnage de traductrice de *Possessions* : Gloria Harisson qui était incapable de haïr et qui apportait des raffinements de la civilisation humaniste à Santa-Barbara par ses traductions de Shakespeare. La fameuse formule cartésienne « Cogito ergo sum » passe par l'élaboration intertextuelle de Kristeva pour devenir dans *Meurtre à Byzance*, « J'enquête donc je suis » (MB 133), liant ainsi le travail du détective non seulement à l'esprit byzantin chercheur et métaphysique, mais aussi à l'esprit cartésien français. Stéphanie Delacour est une journaliste qui retrouve son âme de détective, et qui est constamment en quête (enquête). L'enquête est aussi une sorte de voyage, ce qui est une autre dimension du personnage de Stéphanie dont l'autodéfinition « Je me voyage » constitue l'une des phrases finales du roman et, dès lors, son point culminant[150]. Le

[150] Le roman s'achève sur la conversation téléphonique entre les deux détectives – Stéphanie et Rilsky. La journaliste qui est déjà à Paris et appelle le commissaire Rilsky à Santa-Barbara pour lui dire qu'elle a fait un cauchemar dans lequel il y avait un attentat terroriste dans le Louvre. La pointe du roman repose sur des mots et des phrases clés dans cette conversation téléphonique comme le recommencement, le voyage, Byzance, le Louvre, le questionnement, le polar et l'enquête contre la Croisade : « La Croisade continue ? / Et l'enquête recommence: Tu peux savoir d'où vient le mal? / Le polar est un genre optimiste. / Le Louvre ne s'effondrera jamais puisque nous somme à Byzance /…/ Donc, j'arrive. Ce sera demain pour toi. Même avion, même heure. / J'y serai. / Tout recommence ?/ Un autre voyage. /Je me voyage. / Tu ne peux pas parler comme tout le monde ? Nous voyageons, c'est déjà énorme. / Mais jusqu'à quand ? / Bonne question » (MB 372).

traducteur en tant qu'étranger ultime entre deux cultures a un rapport à la fois avec le voyage réel ou imaginaire et le travail du détective culturel. Comme Kristeva[151], Stéphanie traduit d'une culture à l'autre et vice versa. Il est intéressant d'observer que Kristeva elle-même se perçoit comme traductrice. Dans *L'avenir*, elle offre l'hypothèse suivante : « Supposons que je suis ce traducteur ». Selon sa conviction, le rôle que les détectives jouent ressemble à celui des traducteurs et des journalistes : ils sont en mission contre la société du spectacle dont ils doivent déchiffrer les codes multiples :

> Parfois quelques journalistes [...] qui, à condition qu'ils sachent se mettre hors-jeu, s'efforcent de déchiffrer ce qui se passe, comment va le monde et à quoi tout cela rime. Aux intermittences du cœur succède ainsi l'intermittence du spectacle, et l'on trie le moins pire du pire. C'est-à-dire que les meilleurs des Byzantins comme des Santa-Barbarois se recrutent parmi les détectives, les enfants et les journalistes. (MB 114, nous soulignons)

Le 'hors-jeu' rime bien avec le 'hors du temps' ou 'le temps sensible' du roman, un concept tout particulièrement élaboré par Kristeva pour raisonner sur la séduction profondément littéraire de l'œuvre de Proust (Kristeva, *Proust : Questions d'identité*). Dans cette lignée, si l'on se rappelle qu'elle voit en Proust et en Colette des Français quintessentiels parce qu'ils traduisent le sensible[152],qu'elle

---

[151] Il est assez marquant que Kristeva se caractérise aussi par la devise-néologisme de Stéphanie Delacour « Je me voyage » (MB 372) dans *Meurtre à Byzance* et explique les raisons profondes de ce choix de devise et de conduite, qui aboutit à l'européanité : « ... puisque cette journaliste est une femme cultivée, dire 'Je me voyage' est, en somme, sa façon de résumer un axe fondamental de notre culture européenne : de Saint Augustin, qui ne reconnaissait qu'une seule patrie, celle du voyage, précisément : ' In via, in patria', Freud qui écrivait 'La où c'était je dois advenir.' » (Kristeva, *La haine* 26). De plus, lorsqu'elle souligne sa proximité avec le personnage de Stéphanie, Kristeva la voit dans la transgression des frontières, physiques et spirituelles, comme le font les détectives et les traducteurs : « ... pour l'héroïne qui me ressemble, la traversée des frontières – géographiques, entre les disciplines et les discours constitués – n'est possible que si celui ou celle qui voyage parvient à déplacer ses propres frontières intérieures : 'Je me voyage.' A cette condition seulement, les idées succèdent aux chagrins, et renaître n'est jamais au-dessus de nos forces » (Kristeva, *La haine* 26).

[152] Voir la partie « Proust le traducteur » dans son essai « L'amour de l'autre langue ».

établit un signe d'égalité entre le traducteur, l'écrivain et l'étranger dans *L'avenir d'une révolte* et ailleurs dans son œuvre, que Gloria, la femme décapitée dans *Possessions*, était traductrice, il est évident que pour Kristeva il existe une relation très forte en termes de déchiffrage entre le travail du traducteur, celui de l'écrivain et celui du détective. Les romans de Kristeva sont en fait peuplés de toutes les figures possibles d'investigateurs et de chercheurs : Sebastian Chrest-Jones, historien des migrations, est un chercheur passionné par son rêve de Byzance qui écrit en secret un roman sur Anne Comnène (princesse et historienne byzantine). Stéphanie Delacour, une journaliste d'origine russe et envoyée spéciale d'*Evènement*, journal parisien, joue aussi, comme nous l'avons déjà mentionné, le rôle du détective double du commissaire en charge Northrop Rilsky. Gloria Harrison, l'amie de Delacour, est la traductrice décapitée dans *Possessions* dont le souvenir hante Stéphanie dans *Meurtre à Byzance* aussi. N'oublions pas enfin la figure de psy qui émerge souvent dans les romans kristeviens par des raisonnements mis en œuvre pour analyser et comprendre les maladies de l'âme. Dans le contexte philosophique du jeu de dédoublement, Kristeva, en utilisant comme masque Stéphanie Delacour, se croit elle-même porteuse d'une mission spéciale. Selon l'autodéfinition de Stéphanie, elle est une « envoyée spéciale » à la fois de Dostoïevski et de Lacan (MB 114), toujours en voyage et en train de se poser des questions ou plutôt de « dégager des questions byzantines » (MB 114). La narratrice souligne souvent son activité de quête. En voici un exemple très caractéristique où elle loue « ces humains en transit » et « vulnérables Byzantins » qui peuvent articuler la question qui remettra en cause le renfermement dans l'identité fixe quelle qu'elle soit (MB 114) :

> Car si ce n'est pas moi, ou quelqu'un qui me ressemble, qui pourrait le faire, sans complaisance pour les banlieues « difficiles » et sans les livrer non plus aux skinheads? J'ai même la faiblesse de croire que c'est précisément ces humains en transit que nous sommes, vulnérables Byzantins, éphémères passeurs des Croisades modernes, que sortira non pas l'avenir, mais la question elle-même. Poser les problèmes,

> dégager des questions byzantines : y a-t-il autre chose à faire pendant que les autochtones se replient au ras de leurs pâquerettes corporatistes, égoïstes et machistes, pâquerettes françaises, russes, américaines, tziganes, palestiniennes, féministes, catholiques, musulmanes, juives, coréennes, allez-y, complétez la liste, et que les immigrés en colère, inassimilables, shahidas, explosent d'humiliation en attendant d'éventrer vos buildings, de mettre à sac vos banques, d'écraser vos gueules et de cramer vos résidences secondaires ou non ! Avant que le G8 n'ait réussi à créer la prospérité dans tous les pays émergents, cela va de soi… (MB 114)

Kristeva précise sa position à travers son personnage Stéphanie en se définissant comme appartenant à « une petite internationale de Byzantins comme moi, Stéphanie Delacour, cherchant à comprendre et inventant parfois des solutions » (MB 135). Elle évoque l'intrigue du roman précédent, *Possessions* : « Comment aurais-je pu sans eux [les Byzantins] trouver la tête de Gloria Harrison, débusquer la mafia de l'atome, ses liens avec le cartel de Medellin, et mettre à l'abri Jerry par-dessus le marché ? » (MB 135)

Nous avons déjà mentionné au début du chapitre que le thème de Santa-Barbara se réalise sous la forme d'une invective. Depuis la Grèce classique, la problématique de la langue et de la civilisation a toujours été liée avec la discussion de ce qui est civilisé et de ce qui ne l'est pas, de ceux qui le sont et de ceux qui ne le sont pas, autrement dit de ce qui nous différencie du barbarisme. Dans ce paradigme, les barbares sont toujours déterminés « barbares » du point de vue de la culture à laquelle le locuteur appartient. Ils en sont « l'envers », ils sont en opposition à cette culture qui les caractérise. De la même manière, dans *Meurtre à Byzance*, Kristeva définit l'aire du barbarisme du nom de Santa-Barbara : « Santa-Barbara est l'envers de Byzance » (MB 117). Ce qui rend diabolique et plus abjecte cette aire géopolitique est que l'on ne peut pas la localiser. Kristeva ne cesse d'ailleurs de repenser et de reprendre sous des formes différentes la formule que « Santa-Barbara est en train d'unifier la Terre en la banalisant » (MB 276). Santa-Barbara est « le village planétaire » qui a pour caractéristique son ubiquité :

> Vous voulez situer Santa-Barbara sur la carte ? Mais impossible, voyons : comment localiser le village planétaire ? Santa-Barbara est à Paris, à New York, à Moscou, à Sofia, à Plovdiv, à Santa-Barbara aussi… partout… où des étrangers comme vous et moi essaient de survivre, errants inauthentiques mais à la recherche d'on ne sait quelle vérité, contre les mafias de l'argent et de la vie facile dans ce polar généralisé qu'est le *spectacle* dénommé encore – mais jusqu'à quand ? – « une société ». (MB 113, nous soulignons)

Remarquons que dans « la société du spectacle »[153], un terme qui désigne l'époque post-moderne et ses déviations, le spectacle n'a rien à voir avec le carnaval, un terme chargé de dialogisme dans la pensée critique de Bakhtine. La différence entre le spectacle et le carnaval est une différence civilisationnelle qui représente, selon nous, un paradigme épistémologique à travers lequel l'opposition entre Byzance/la France/l'Europe d'une part, et Santa-Barbara d'autre part, peut être lue et interprétée dans le roman *Meurtre à Byzance.*

Les contours politiques de ce lieu polytope désigné par Kristeva par le toponyme Santa-Barbara ont au moins deux significations : soit la société hyper libérale de l'Europe de l'Ouest et des Etats-Unis, soit les ex-démocraties populaires de l'Europe de l'Est (donc l'aire des dictatures totalitaires). En fait, Santa-Barbara en tant que signifiant flottant, est un prisme à travers lequel l'auteur de *Meurtre à Byzance* exécute la critique, voire même la satire, du monde contemporain. L'avenir très probable de ce « village planétaire », selon Kristeva, est de rester barbare dans sa majeure partie. La scène où Sebastian se trouve à Nessebar, la petite ville bulgare au bord de la mer Noire où il sirote « son Coca à la terrasse de la Pizza Hut qui jouxte Saint-Stéphane », une ancienne église byzantine, fournit une représentation littéraire de ce présage dans *Meurtre à Byzance*. Cette juxtaposition d'une Pizza Hut

[153] L'influence de ce terme de Debord sur Kristeva et le groupe autour de *l'Infini* est soulignée par John Lechte. Ce dernier l'utilise dans la connotation de critique de la civilisation de l'Occident : « Both Kristeva and leading members of the *l'Infini* group (lead by Philippe Sollers) have taken over aspects of Debord's theory, making it the basis of a critique of contemporary, Western society » (Lechte, *Live Theory* 116).

et de l'église byzantine Saint-Stéphane témoigne d'une invasion culturelle et fait admettre à Sebastian que « Santa-Barbara est en train d'unifier la Terre en la banalisant » (MB 276). Cependant, le protagoniste ne cesse de penser comme un « intello fou du passé » (MB 276) au rêve de l'ancien croisé Ebrard qu'il croit être son ancêtre qui était aussi amoureux d'Anne Comnène[154]. Sebastian raisonne en intello lorsqu'il observe par un regard omniscient (que lui procure la terrasse de Pizza Hut) le tableau du monde byzantin qui cède aux vagues des pizzas et des Coca-Cola. Il se rend compte que le monde, même sur les terres historiques byzantines, est devenu au fur et à mesure l'image de Santa-Barbara. C'est déjà un monde duquel Byzance s'éloigne, un monde pour lequel en effet, Sebastian pense que « le style Ebrard est par trop élitiste, d'« en haut », trop européen, byzantin, même, qui ne marchera pas » (MB 276). Sebastian se rappelle que le rêve d'Ebrard a été : « Rangez vos armes et cultivez votre jardin » (MB 276). Dans le raisonnement de Sebastian apparaissent des concepts clés comme 'élitiste', 'byzantin', 'européen', 'cultivation' et 'désarmement' qui forment une partie importante du message du roman. Pourquoi ? – Parce qu'il est barbare d'entasser des armes pour se tuer. Il nous propose quelque chose de diamétralement opposé en nous invitant à suivre le « style d'Ebrard », notamment de cultiver, de voyager, de rêver (MB 276). Le récit souligne davantage la portée européenne de sa réflexion en faisant écrire à Sebastian dans son journal la triste constatation que le byzantinisme est en voie d'extinction : « L'Europe tout entière est aujourd'hui une belle Byzance […] déjà en péril – il n'y a que Santa-Barbara […] mais qui peut raisonnablement chercher le salut à Santa-Barbara ? » (MB 189) Cela pose la question de savoir ce qu'est le salut et de déterminer où il se trouve ? Evidemment, pour chercher le salut (un processus qui peut être déchiffré chez Kristeva comme le motif de la quête du

[154] Dans *Meurtre à Byzance*, Ebrard est un croisé qui tombe amoureux d'Anne Comnène, ce qui s'avère être un amour impossible, puis reste en Bulgarie, se marie avec une femme bulgare et commence, comme dans un conte philosophique de Voltaire, à cultiver la terre.

Saint Graal), il faut revenir vers Byzance et essayer d'y préserver, d'y reconstruire l'esprit byzantin en Europe et surtout chez son remplaçant contemporain – la France avec ses trois dimensions majeures, la langue, la littérature et la culture françaises.

Dans son essai « L'amour de l'autre langue », Kristeva avoue son amour pour la France en contrastant le paysage logique cartésien, qui est gravé dans la culture française, au chaos et à l'absence de goût de Santa-Barbara :

> J'aime retrouver la France. Je l'ai écrit dans *Possessions,* et je le répète : j'aime retrouver la France. Plus d'opacité, plus de drames, plus d'énigmes [...] quand on revient de Santa-Barbara, cette vision s'impose. Pas un millimètre de paysage qui ne réfléchisse, l'être est ici immédiatement logique [...] La violence des hommes a cédé ici devant le goût de rire, tandis qu'une discrète accumulation d'agréments laisse à présent imaginer que le destin est synonyme de décontraction. Le roman policier est par conséquent inexistant en France, à moins qu'il ne s'enlise en momeries. Et j'en oublie la mort qui règne à Santa-Barbara. (*L'avenir* 73-4, nous soulignons)

Ici, Kristeva l'essayiste établit un lien intratextuel entre son roman *Possessions* et sa recherche théorique, mais aussi subjective, personnelle. Ce lien souligne les valeurs de l'auteur Kristeva et fait ressortir ce qu'elle apprécie dans la culture et la langue françaises. Dans cet extrait, la culture française est caractérisée par son « goût de rire ». Cette expression fait un clin d'œil à la fois à Rabelais et à Bakhtine. Bakhtine, comme nous le savons bien, est un interprète passionné du rire, le philosophe de la langue et le spécialiste littéraire de l'œuvre de Rabelais. Il en a montré la nature carnavalesque et humaniste, qui est selon lui l'une des caractéristiques majeures de l'époque de la Renaissance européenne, une période qui, avec l'Antiquité gréco-romaine, a constitué la quintessence de la culture européenne. Par ce petit clin d'œil, Kristeva[155] toujours construit ses propres

[155] N'oublions pas le fait que ce sont Julia Kristeva et Tzvetan Todorov qui, dans les années 1960 et 1970, ont introduit la pensée et l'aventure intellectuelle de Bakhtine en France. A cet égard, Toril Moi affirme: « With her compatriot,

ponts entre les cultures qui nous font ressentir la richesse du vrai multiculturalisme, à l'opposé de l'unidimensionnalité du santa-barbarisme.

Pourtant, les rapports de Kristeva avec le français et la France ne sont pas idylliques. Nous avons déjà mentionné que, dans l'éloge de Byzance et de la France, Kristeva se livre aussi à la critique de ses objets aimés. Par exemple, dans une interview[156] avec John Lechte, elle définit l'universalisme français comme « indéniable », mais elle ne cache pas le paradoxe (et probablement son amertume) que tout en se proclamant universaliste la France ne la reconnaîsse pas comme sienne : Kristeva reste étrangère aux yeux des autochtones qui, dit-elle, se méfient des étrangers et ne les acceptent pas en leur sein : « And I think also that French society, despite its openness and its universalisme, which is undeniable, remains distrustful *vis-à-vis* foreigners. And I am still perceived as a foreigner » (156). La même amertume s'exprime dans un passage célèbre de son essai *Etrangers à nous-mêmes* : « Nulle part on n'est plus étranger qu'en France » (57).

Il n'en reste pas moins qu'aujourd'hui, selon Kristeva, Byzance continue à exister, sous la forme d'une métamorphose, dans la culture française. C'est à travers cette métamorphose que Kristeva fait l'éloge de la culture française comme d'une culture riche et multidimensionnelle.

Le français, le dialogue et le polar

Venons-en à présent à la question du français et du dialogue. Dans *Meurtre à Byzance* se trouve un passage très marquant où Kristeva fait dialoguer Dostoïevski et Lacan – la littérature slave et la pensée française : « Regardez autour de vous : des cannibales se clonent, des kamikazes allument

Tzvetan Todorov, Kristeva was among the first to introduce Baktin's work to a Western audience » (35).

[156] John Lechte, Maria Margaroni, *Julia Kristeva : Live Theory* (London : Continuum Press, 2004).

les infirmières à la bougie [...] une humanité déboussolée qui a perdu jusqu'au sens du crime, 'tout est permis', cher Fiodor Mikhailovich, mais 'rien n'est inter-dit', délicieux Lacan, et c'est moi qui vous le dis, 'votre envoyée spéciale' ! » (MB 114, nous soulignons). Kristeva, comme Stéphanie, se charge de ce rôle d'envoyée spéciale. Elle a conscience d'être en mission : elle doit et peut poser des questions au monde et au statu quo. Cette tâche lui échoit et lui est permise par le lieu d'où elle parle, c'est-à-dire par la langue française qu'elle parle, par le « français de migrante » (Kristeva, *La haine et le pardon*) en tant qu'une « vulnérable Byzantine » (MB 114). Pour Kristeva, le français est un instrument de formation de l'esprit et du goût esthétique (par sa littérature), mais aussi un instrument politique, qui rend possible sa prise de parole, et lui permet ainsi d'être entendue du monde entier, parce que c'est une langue qui partage l'universalisme, autrement dit le pouvoir de l'impérialisme linguistique postcolonial, avec la langue anglaise. Le polar, une appellation sous-générique que Kristeva donne aux romans de sa trilogie santa-barbaroise et derrière laquelle en fait se cache le roman total, lui permet aussi de toucher le plus grand public possible. Ainsi, le roman et le français sont les instruments utiles et importants dans sa politique de diffusion de la culture byzantine du questionnement, de l'analyse complexe, du polylogue dont le digne héritier est la France. D'autre part, Kristeva repense le français comme sa langue d'expression et d'écriture dans le contexte large du matricide en se plaçant dans la lignée d'écrivains tels que Nabokov, Beckett et Naipaul qui exilent leur écriture de la langue maternelle. L'analyse complexe de la situation de l'écrivain qui utilise la langue de l'autre permet à Kristeva de mettre en relief le byzantinisme secret qui se cache dans sa langue-valise – le français :

> Je concède bien que je suis un paradoxe, encore que tout s'explique... et je sais parfaitement qu'il n'y a de langue que maternelle et d'écriture que nationale. Qu'il n'y a pas, ou qu'il n'y avait pas ? Depuis peu, une humanité en transit tente de s'exprimer, embarrassée dans sa *no man's langue,* car plus à l'aise dans les

> sports visuels et les mixages sonores que dans ces plaisirs de bouche qui rehaussaient les idées de nos ancêtres. J'exagère? Bien sûr! Nabokov a bien quitté le russe et séjourné dans le français tout en s'installant confortablement et pour de bon dans un anglais saturé de vibrations slaves. Beckett n'a-t-il pas réalisé son matricide en atterrissant dans la langue de Voltaire, qu'il ne cesse pourtant de vider de sa substance pour se venger des profusions de Joyce et attendre Godot dans la maigreur du doute protestant ou cartésien, au choix ? Naipaul, enfin, transfère le continent indien dans un anglais qui résonne comme un code cosmopolite, bien au-delà du pathétique et musical shakespearien, écoutez le rap paumé de la mondialisation. Et Untel, et Untel... Si j'ai tendance à croire que la vérité est en sous-langue dans l'invisible, serait-ce là une résurgence byzantine, tardive greffe biblique dans le corps musical grec, qui préféra contourner la clarté homérique au risque de creuser des abîmes de complications forcément, tragiquement inutiles? Ma Byzance, vous l'avez compris, n'est pas un pays de Cocagne que l'imagination populaire accole aujourd'hui à ce vocable plutôt grinçant, ma Byzance fait tout bonnement signe vers l'innommable ou ce qu'il vous plaît de ne pas révéler. (MB 118)

Ici, Kristeva pense la « résurgence byzantine » dans son « français de migrante » (Kristeva, *La haine et le pardon* 638), presque comme Djebar décrit le rôle de l'arabe dialectal et du berbère par rapport à son français, « langue mise à disposition » (CV 28), lorsqu'elle y apporte des intonations et des tournures étrangères en y inscrivant les voix qui la poursuivent : « les multiples voix qui m'assiègent... je les entends, pour la plupart en arabe dialectal, ou même en berbère » (CV 29). Djebar tente aussi de « ramener les voix non francophones... les gutturales, les ensauvagées, les insoumises – jusqu'à un texte en français qui devient enfin le mien... » (CV 29). Dans l'espace de notre interprétation intertextuelle, Kristeva ajoute à ceci : « A mon tour je loge dans le français, mais il me cache plutôt qu'il ne me révèle et, à travers son armure chevaleresque, il n'y a que les secrets de Byzance que j'essaie de faire transpirer » (MB 118).

Les personnages – migrants et déracinés

Les deux personnages principaux de *Meurtre à Byzance*, Sebastian Chrest-Jones et Stéphanie Delacour, manifestent un dialogisme inhérent qui est une des conséquences de leur statut d'êtres hybrides et déracinés. Ces êtres complexes dont l'identité est 'en procès' ne sont ni fixes, ni fluides : ils sont 'entre', leur identité s'ouvre vers l'autre car elle est dialogique. Il faut souligner que pour Kristeva, c'est le français qui permet la création, le raisonnement et le dialogue. Elle fait son choix définitif du français comme langue d'écriture, dans un geste d'appropriation francophile[157] volontaire : le français est le lieu à partir duquel elle décide de s'exprimer. « The French language is the place from which she speaks and to which she returns, yet it is not her native language » (2), comme l'écrit bien Anne-Marie Smith dans *Julia Kristeva: Speaking the Unspeakable.*

Le dédoublement est un procédé qui est souvent utilisé par la littérature romantique. Les personnages principaux dans les romans kristeviens, y compris dans *Meurtre à Byzance* sont explicitement et implicitement traités comme des doubles de l'auteur, ce que Kristeva admet dans son interview avec Pierre-Louis Fort lorsqu'elle décrit le type de roman qu'elle invente non pas comme un « roman du Moi », mais comme « roman du Sujet », différence fondamentale car « l'intimité du Sujet se diffracte dans une mosaïque[158] d'aveux » (Kristeva, *La haine et le pardon* 610). Pourquoi est-ce que le roman du Sujet est nécessaire ? Cela a à voir indirectement avec la sérénité de l'éloge et de l'invective lancée contre le crime qui passe aussi

---

[157] Ce qui est la différence principale entre Kristeva et Djebar. Chez Kristeva, c'est l'appropriation francophile tandis que chez Djebar, c'est le geste de rester avec le français à la marge de sa francophonie, comme elle l'exprime dans *Ces voix qui m'assiègent.*

[158] L'art de mosaïque dont le concept refuse l'unidimensionnalité est purement byzantin. Alors, en choisissant le roman du Sujet, Kristeva reste dans son choix byzantin. L'intertextualité dont la créatrice théorique est Kristeva a beaucoup à voir avec l'art du texte comme mosaïque. Le dialogisme bakhtinien, qui est le concept fondateur de l'intertextualité, est aussi un produit de la pensée byzantine contemporaine, celle de Bakhtine et de son cercle.

par la 'transverbération'[159] de la 'perte de soi dans le crime' : « L'intimité du Sujet est en transverbération avec celle des autres (dédoublement des personnages, gémellité, doubles en série, projections, pertes de soi dans le crime, mais aussi dans la sérénité, *Meurtre à Byzance* en est tissé) » (Kristeva, *La haine et le pardon* 610). Dans la même interview avec Fort, Kristeva met le procédé de dédoublement et le roman du Sujet dans le contexte du brassage des cultures et du métissage des identités et des langues :

> Oblique, cubiste, plurielle, une intimité de brassage, à la croisée de mes rencontres, des langues que je parle et que j'écris, des temps divergents qui les habitent et m'habitent, de mes identités inconciliables. Si je me sens d'emblée plus à l'aise dans le roman du Sujet que dans le roman du Moi, est-ce à cause de la psychanalyse, est-ce à cause de l'histoire qui m'a faite migrante, d'origine bulgare, de nationalité française, citoyenne européenne et d'adoption américaine? (Kristeva, *La haine et le pardon* 610).

Notons que cette application du dédoublement par Kristeva est semblable à la technique selon laquelle Kafka traite ses personnages, une technique, décrite dans l'analyse de Gilles Deleuze en termes psychanalytiques : « la grande série se subdivise en sous-séries… une sorte de prolifération schizophrénique illimitée » (97). Rappelons aussi que dans *L'avenir d'une révolte,* Kristeva affirme à propos de son héroïne, Gloria Harrison, dans *Possessions* : « La femme décapitée, c'est moi » (PS 16). Tout en faisant écho à Flaubert, l'auteure exprime non seulement l'empathie qu'elle éprouve pour son personnage principal, mais aussi la présence discursive d'un *alter ego*. Kristeva continue à se dédoubler, à se multiplier en affirmant que sa présence s'étend plus profondément encore dans *Possessions* puisqu'elle est aussi active dans le personnage de Stéphanie Delacour : « Je suis également l'enquêtrice qui mène l'investigation policière, au

---

[159] La transverbération est un terme qui désigne le transpercement spirituel du cœur par un trait enflammé dans la doctrine du mysticisme catholique. Celle-ci est représentée dans la sculpture de la *Transverbération de sainte Thérèse* par Bernin, une sculpture qui se trouve dans la Chapelle Cornaro de Santa Maria Della Vittoria à Rome.

côté du commissaire principal Northrop Rilsky : une autre femme, Stéphanie Delacour, une journaliste parisienne » (*L'avenir* 16, nous soulignons).

Le procédé de prolifération et de dédoublement est amplement utilisé par Kristeva dans toute la trilogie sur Santa-Barbara qui devient par cet aspect une série de « romans autobiographiques » dans le sens de Philippe Lejeune[160]. Dans *Possessions*, par exemple, on trouve au moins deux hypostases de la personne Kristeva : une journaliste parisienne (Stéphanie Delacour) et une traductrice américaine et mère passionnée (Gloria Harrison) qui représentent respectivement l'expérience parisienne et l'expérience américaine de Kristeva. Les figures du traducteur et du journaliste sont mises dans un contexte plus large. Le contexte est celui de la quête de l'identité introuvable, d'une vérité difficile, par un retour en arrière vers ce qui s'est passé ou a été dit ou écrit et qui attend d'être traduit, rapporté, renié pour que la base de la révolte et du questionnement existe. Dès lors, les deux figures de femmes appartiennent à la culture du questionnement, celle de Byzance/la France, dont Kristeva parle souvent et particulièrement dans son essai « Quelle révolte aujourd'hui ? », dans *L'avenir d'une révolte.* La révolte, qui par sa nature cherche la vérité individuelle[161], peut être mise à l'œuvre pour répondre aux crises du monde postmoderne. La révolte est en effet au cœur de la philosophie qui émerge de l'œuvre de Kristeva, de ses romans, de ses écrits psychanalytiques et sémiotiques, et de ses réflexions

---

[160] « Ces textes entreraient donc dans la catégorie du 'roman autobiographique' : j'appellerai ainsi tous les textes de fiction dans lesquels le lecteur peut avoir des raisons de soupçonner, à partir des ressemblances qu'il croit deviner, qu'il y a identité de l'auteur et du *personnage*, alors que l'auteur, lui, a choisi de nier cette identité, ou du moins de ne pas l'affirmer. Ainsi défini, le roman autobiographique englobe aussi bien des récits personnels (identité du narrateur et du personnage) que des récits 'impersonnels' (personnages désignés à la troisième personne); il se définit au niveau de son contenu. A la différence de l'autobiographie, il comporte des *degrés*... L'autobiographie, elle, ne comporte pas de degrés : c'est tout ou rien » (Lejeune 25).

[161] « Nous entendons aujourd'hui par révolte une contestation des normes, des valeurs, des pouvoirs déjà établis » (Kristeva, *L'avenir* 15).

philosophiques. Par la perspective de la révolte, Kristeva commente également son utilisation du genre de la satire, de l'invective ou du blâme, un genre qui cible la société du spectacle qui affaiblit l'intensité même de la révolte de la manière suivante :

> Je schématise et durcis le tableau de notre actualité pour mieux mettre en évidence ce que nous ressentons tous : non seulement la révolte politique s'enlise dans les compromis… mais une composante essentielle de la culture européenne – une culture du doute et des critiques – perd sa portée morale et esthétique. Lorsqu'elle existe, elle est marginalisée au titre décoratif d'alibi toléré de la société du spectacle ; quand elle n'est pas tout simplement submergée et rendue impossible par la culture – divertissement. (*L'avenir* 16)

Poursuivons notre quête en examinant la caractérisation des personnages dans l'œuvre romanesque de Kristeva. Pourquoi sont-ils enquêteurs et étrangers au sens précis et au sens large? Dans *Meurtre à Byzance*, Sebastian et Stéphanie sont tous les deux des étrangers[162], des exilés, des détectives (enquêteurs) au sens large, des migrants et des *inter-essi* de plusieurs cultures. En somme, les deux personnages incarnent le message central du roman qui favorise la culture du questionnement. D'autre part, dans ces essais, Kristeva cesse de se cacher et de se métamorphoser dans ses personnages et commence à parler au lecteur avec sa propre voix. Ce raccourci a une fonction politique, celle de l'appel à l'action, qui est destiné à nous faire réagir dans l'ethos non pas de la révolte, mais d'une révolte, c'est-à-dire d'une révolte individuelle. Tout ce qui lui rappelle le totalitarisme dont elle s'est échappée en s'exilant en France, en se créant une Byzance provisoire, fait peur à Kristeva. Elle valorise toujours

---

[162] Il est pertinent de mentionner l'observation de Ralitsa Mihailova-Frison-Roche: « Dès le début du roman, une caractéristique commune aux personnages retient l'attention du lecteur. Ils sont tous d'origine étrangère, ce qui laisse présager qu'ils seront tous concernés par la traversée identitaire du temps. La plupart portent d'ailleurs des patronymes slaves. Russes? Ou plutôt bulgares? Popov, Rylski, Tomov, mais aussi Stéphanie Delacour, ont tous un lien avec les pays de l'Europe orientale » (n. pag.).

l'*ecceitas* dont elle parle dans l'entretien que nous avons réalisé à Berlin[163].

C'est assez remarquable que Sebastian écrive un journal[164] sans dates, hors temps, parce que dans la métaphysique de ce roman[165] Byzance représente le Hors-Temps. Dans ce hors-temps, Sebastian et Stéphanie sont en quête d'un personnage, celui d'Anne Comnène[166], princesse et historienne byzantine qui se passionne au XIe siècle pour <u>sa</u> Byzance à elle en écrivant l'éloge de son père, l'empereur Alexis Comnène, intitulé *L'Alexiade*[167]. Anne Comnène, peut-être le troisième double de Kristeva dans le roman, est une figure du génie féminin[168], une femme que Kristeva considère comme la première intellectuelle d'Europe. En 1991, l'écrivaine bulgare Vera Moutaftchieva (1929-2009) écrit à la fin de son roman *Moi, Anne Comnène :* « Твърде точно историята сочи кога съм се родила – по изгрев слънце на втори декември

---

[163] « On ne peut pas considérer l'histoire du christianisme sans se rendre compte qu'il a généré l'idée de sujet, de sujet singulier. Et cela, dès Saint Paul. Plus explicitement encore, c'est Duns Scott qui a développé le concept d'*ecceitas* : c'est cet homme-ci, cette femme-là; chacun est une singularité. En anglais, on dit '*thisness'*… La 'vérité', ce n'est ni l'idée générale, ni la matière, mais le 'ceci' et le 'cela'. Il fallait oser le penser! Les catholiques ont compris qu'il n'y a de liberté qu'individuelle, que l'homme abstrait n'existe pas, et que les communautés sont toujours de redoutables adhérences qui entraînent l'écrasement de toute individualité » (Ivantcheva-Merjanska et Vialet, « Entretien avec Julia Kristeva » 180).

[164] Le chapitre « Le Journal du disparu » (89-106) dans *Meurtre à Byzance.*

[165] Nous avons déjà souligné que Kristeva caractérise les romans de sa trilogie de « polars métaphasiques ».

[166] « Fille aînée de l'empereur Alexis I (qui régna de 1081 à 1118), Anne Comnène, née en 1083, épousa le césar Nicéphore Bryennios et brigua en vain la couronne impériale. L'échec de ses ambitions politiques lui valut une retraite forcée qu'elle mit à profit pour reprendre un projet laissé inabouti par la mort de son époux. À la demande de sa belle-mère, ce dernier avait commencé à écrire l'histoire du règne d'Alexis I. Le résultat fut un ouvrage monumental en quinze livres, *L'Alexiade*, écrit sous le règne de Manuel Ier (1143-1180) ». En ligne : www.universalis.fr/encyclopedie (consulté le 12 janvier 2011) ; voir aussi : Anne Comnène, *L'Alexiade* (Paris : Les Belles Lettres, 2006).

[167] Le genre de l'éloge et du *trenos* d'un père n'est pas étranger à Kristeva. C'est en fait le deuil qui suit la mort de son père qui l'a poussée à commencer à écrire la trilogie sur Santa-Barbara dont le premier roman *Le Vieil Homme et les loups* est consacré à son père, comme Kristeva l'atteste aussi dans notre entretien (Ivantcheva-Merjanska et Vialet, « Entretien avec Julia Kristeva » 161-62).

[168] Un concept cher à Kristeva qui a réalisé la trilogie *Le génie féminin* dont les trois volumes sont consacrés à Hannah Arendt, Mélanie Klein et Colette.

хиляда осемдесет и трета, – но не ѝ е известна годината от смъртта ми. Тя си остава моя лична работа. Прочее, който поиска, нека си мисли, че съм още сред вас » [« L'histoire montre très précisément quand je suis née – au lever du soleil, le deux décembre, mille quatre-vingt-trois, mais elle ne connaît pas l'année de ma mort. Ça reste mon problème intime. Ainsi, que celui qui le veut puisse penser que je continue à être parmi vous »] (Moutaftchieva 286, nous traduisons).

Kristeva et ses doubles, Sebastian et Stéphanie, dans *Meurtre à Byzance* sont parmi ceux qui continuent à penser à Anne Comnène en essayant de se figurer la vie de la princesse et historienne byzantine qui a été marquée par la souffrance de la mort du père et de la destruction lente de Byzance. Dans les portraits fictionnels de Sebastian et de Stéphanie surgissent tous les concepts majeurs de Kristeva, théoricienne et essayiste, et pourtant en narratrice qui maîtrise bien son rôle, elle garde une distance ironique envers eux. En décrivant par exemple, Sebastian, le professeur d'histoire des migrations, la narratrice ajoute : « Le professeur avait tendance à se prendre pour un révélateur de la condition humaine. Peut-être même pour son rédempteur? » (MB 95)

Qui est Sebastian ? Analysons ce personnage auquel le roman accorde une multitude de rôles parmi lesquels celui de prof d'histoire des migrations, mais aussi de meurtrier de sa maîtresse chinoise. Il est également un rêveur, un romantique, passionné du passé et emporté par son rêve de « chasseur d'images paternelles » (MB 328), comportement qui en termes psychiques est lié à la psychose[169]. Sebastian croit dans la « théorie de l'inséparabilité » dont l'auteur est un physicien quantique et selon laquelle « il suffisait que deux objets se fussent une seule fois rencontrés dans certaines

[169] « Logiquement, mathématiquement, le délire de cet hypermnésique chasseur d'images paternelles qu'était Sebastian Chrest-Jones devait le mener, depuis les Croisades, en passant par la Thrace, Philippopolis, Byzance, à un crochet poétique par Nessebar et Sozopol, puis à un implacable retour, enfin, au paradis des origines, tout droit au point de départ languedocien de ses présumés ancêtres. Peut-être Clermont ? Vézelay ? À coup sûr, Le Puy » (MB 328). C'est effectivement l'itinéraire et le parcours que Sebastian, le chasseur du passé, fait dans le roman *Meurtre à Byzance*.

circonstances pour qu'ils restent ensuite inséparables pour l'éternité » (MB 39). Cette théorie soutient en effet très bien sa propre croyance que le passé est toujours vivant dans le présent et dès lors, la princesse érudite byzantine Anne Comnène est également inséparable de Sebastian par le fait qu'il se transsubstantie par son roman dans « le temps absolu de la survie, donc de la vie » (MB 39). De suite : « Avec son roman sur Byzance, Sebastian en détenait pourtant la preuve : Anne Comnène était *non séparable* de Sebastian Chrest-Jones, et réciproquement, grâce à un ancêtre qui avait croisé la première et engendré le second... Il était absurde de prétendre vivre dans un autre espace que celui de non-séparabilité » (MB 39). Après le meurtre de sa petite amie chinoise, dont personne ne le soupçonne, le prof disparaît et le commissaire Rilsky est chargé de l'enquête. La femme de Sebastian, Hermine, dresse son portrait devant le commissaire et souligne l'obsession chez Sebastian de remonter à ses origines familiales « dans la région de Plovdiv, en Bulgarie, l'ancienne Philippoplis, d'où la famille Chrest était originaire » (MB 86). Après la consultation d'un document, ce professeur d'histoire des migrations est en train de reconstruire l'histoire de ses racines qui se lie avec un passé assez ancien et riche de ce carrefour, qu'était la Bulgarie au Moyen Age, au temps des Croisades. Comme le récit de sa femme Hermite l'atteste, Sebastian a découvert le nom de son « arrière-arrière-arrière-grand-mère » – « une femme [qui] s'appelait Miltsa Christi ou Militsa Chrest, peu importe, les sons bougent, vous comprenez, du latin à ce magma de langues slaves, puis en santa-barbarois, n'est-ce pas? » (MB 86)

Sebastian est aussi indirectement caractérisé en tant qu'oncle de Rylski, le commissaire. Ce dernier est d'origine santa-barbaroise, mais il porte aussi en lui un raffinement byzantin. Rylski « était né à Santa-Barbara, toutes ses racines étaient santa-barbaroises, à l'exception de Sylvester Chrest... Rylski pense de Sebastian comme de « son double négatif » qui « cherchait... les gènes de son destin dans les chroniques des Croisés... en plein Santa-Barbara où personne n'avait jamais entendu parler de Godefroi de Bouillon, de Pierre l'Ermite ni d'Anne Comnène » (MB 89-90). Le commissaire « se laisse prendre lui-même au jeu » (MB 90).

Sebastian décide de se focaliser sur la Première croisade à cause de la rencontre entre Ebrard et Anne Comnène, une rencontre secrète mais qui porte une beauté exeptionelle, un élan vers l'amour absolu : tout ce qui est nécessaire pour se refaire un idéal. D'autre part, Sebastian se caractérise : « Je suis un apatride » (MB 94). Selon sa classification des émigrés, il n'appartient à aucun groupe : « Moi, je n'ai ni fui ni choisi. Pourtant, chez moi, je ne suis pas chez moi. Et quand je vais à l'étranger, je reconnais sur les visages des inconnus cet air familier d'être de nulle part : est-ce leur air à eux, ou seulement l'instant fugace de mon déracinement à moi, à moi seul? Je ne suis d'aucun espace ; peut-être suis-je du temps quand il se contracte en hors-temps… » (MB 95, nous soulignons).

Dans son journal, Sebastian examine le phénomène de la langue comme signe d'appartenance à l'ethnie et se demande si apprendre le code intérieur d'une autre langue n'est pas une tâche impossible lorsque l'on vient du dehors et porte en soi son étrangeté qui s'inscrit dans la langue d'adoption : « Parler toutes les langues et n'en parler aucune, c'est parler une langue de silence. Je ne suis pas des leurs, je parle comme j'imagine qu'ils veulent que je parle, ce qui n'est pas nécessairement une fausse langue, mais c'est déjà un rôle. D'un rôle à l'autre, je me surprends à bavarder. L'enfant écorché qui se taisait est devenu un homme bavard qui parle une langue de silence » (MB 93). Ceci fait écho aux pages de *Etrangers à nous-mêmes* où, dans l'essai intitulé « Le silence des polyglottes » (26-29), Kristeva utilise la figure de l'oxymore pour donner son interprétation illuminant de ce phénomène existentiel : parler plus que sa langue maternelle et en même temps se sentir muette, vivre en silence : « Ainsi, entre deux langues, votre élément est-il le silence? » (27-28).

Par la création du personnage de Sebastian, Kristeva révèle pour la première fois son origine et se réapproprie son pays natal tout au long de ce roman : « le voyage bulgare » est en effet un itinéraire de tous les lieux de culte de Bulgarie : « le svelte portrait de Dessislava » dans l'église de Boyana du XIIe siècle qui annonce le style de Giotto, la tour de Baudouin à Tirnovo « où étaient enfermés des croisés des troupes de Baudouin de Flandre auxquelles aurait appartenu le premier des Chrest, selon une des fantaisies de Sebastian » (MB 102). Lorsqu'il partage quelques souvenirs de ce voyage avec son épouse, elle atteste devant le commissaire que le professeur d'histoire des migrations « parlait avec cette voix d'amoureux » (MB 102). Si l'on y ajoute la description faite par la narratrice du journal de Sebastian comme « deux cahiers de cent pages couvertes d'une de ces grandes écritures romantiques qu'on ne retrouve plus que dans les lettres d'amour des vieilles dames » (MB 91), on comprend qu'en effet, Kristeva, par le truchement de Sebastian, exprime sa nostalgie toujours sous-jacente de son pays d'origine. Selon l'éthique et l'esthétique de migration de Sebastian, « la seule création humaine qui vaille », ce sont « les oeuvres, les monuments, les jardins, les livres, les tableaux, la musique, les archives... Sebastian ira plus loin encore : il suffit de chercher, de voyager, de migrer pour se soûlerde beauté, de vestiges. Aujourd'hui, la beauté n'est plus que papillons et vestiges » (MB 254-55, nous soulignons). Dans ce contexte, il faut admettre que la façon dont le thème de la migration est exécuté dans le roman est tout à fait exceptionnelle par ses élans poétiques qui font l'éloge des « papillons et vestiges » en tant qu'éthique de vie qui nie toute appartenance.

Il est nécessaire de réitérer l'affirmation selon laquelle toute la problématique de la langue, y compris de l'autre langue, dans *Meurtre à Byzance* passe à travers les deux personnages dédoublés que sont Sebastian Chrest-Jones et Stéphanie Delacour. La façon dont Kristeva pense les rapports entre l'autre langue et la langue maternelle dans *Meurtre à Byzance* se rapproche de l'analyse qu'elle en donne dans certains des essais de *L'avenir de la révolte*, surtout celui intitulé « L'amour de l'autre langue ». Chez Sebastian, la problématique de la langue se lie avec l'étrangeté et avec l'inter-langue : c'est lui qui étonne avec sa « byzantine étrangeté de l'érudition » (MB 91), un homme polyglotte qui rédige « ses notes en grec, en latin, en français, en allemand, et avait même utilisé l'alphabet cyrillique. Pour transcrire quelle langue[170]? Du bulgare, du serbe, du macédonien? Ou tout cela pêle-mêle? » (MB 92). L'auteur évoque le « talent linguistique de Sebastian » (MB 92) qui, éblouissant par ses notes en langues différentes, fait de son journal un endroit qui abrite l'utopie personnelle du héros qui croit en l'art de la polyglossie et du dialogue entre les langues. De son côté, Stéphanie Delacour décrit par ses propres mots ses états d'étrangeté d'une *inter-esse*[171] et de passage entre deux langues :

> Je ne me retire au fond de moi, puisque ce fond se dérobe, mais je passe dans un entre-deux, ni fond ni surface, et loge dans ce vide que j'appelle étrangeté[172]. On me prête plusieurs langues, je n'en ai aucune. Je ne m'exprime ni en mots ni en phrases, comme font les autres dans leur langue maternelle, bien que j'aime à tracer des rythmes et des visions plus aisément en français, car c'est la langue de mon fils, une langue désormais infantile pour moi aussi, et cependant méditée, précautionneuse comme l'est celle des enfants demeurés longuement mutiques – des huîtres qu'on a prises pour des pierres. Plus et moins que les mots et les phrases, c'est le dessous de la langue[173] que je sens couler dans ma bouche, s'échapper de mes doigts quand j'écris mes reportages de Santa-Barbara ou d'ailleurs. Certains de nos lecteurs, locuteurs natifs, ressentent mon expression comme empruntée, froide ou lointaine – « Vous allez trop loin, ma chère Stéphanie », ponctue mon chef de service, heureux limité ! Et moi-même je ne m'oublie pas vraiment dans le jus de cette coquille de mots, comme font les autochtones dans leurs babils maternels. Mais, toujours retenue par les voyelles,

[170] Cela rappelle au lecteur intertextuel le traitement de l'alphabet libyque chez Djebar.

[171] Rappelons que dans l'*inter-esse,* il y a chez Arendt la connotation de *polis.* Kristeva dans *Hannah Arendt* précise : « Cette *polis* n'est pas une localisation physique, comme sera la Cité romaine, mais une « organisation du peuple qui vient de ce que l'on agit et parle ensemble »... Lieu donc de *l'inter-esse*, de l'entre-deux, un tel modèle politique n'est fondé sur rien d'autre que sur l'action et la parole, mais jamais l'une sans l'autre » (122).

[172] Les parallèles avec *Etrangers à nous-mêmes* s'imposent ainsi.

[173] Dans ce passage, les expressions comme « le dessous de la langue » et « le feu sous l'écorce des signes » démontrent effectivement que Kristeva continue toujours le mouvement vers la *chora,* donc le côté sémiotique du langage dans sa théorie, devenu la base de son livre *La Révolution du langage poétique* (1974).

consonnes et syllabes, je vais à la rencontre d'un insaisissable feu sous l'écorce des signes, humeur et sens, bonté méchante et naïve, fluide, fleuve fuyant sans cesse changeant, où le fameux vieux sage ne saurait jamais se baigner deux fois dans le même… Je ne suis, s'il m'était possible de fixer le verbe au présent, qu'une Byzantine. Qui est-ce? Etrangère, je sais que je viens de Byzance, qui n'a jamais existé si ce n'est dans mon âme de femme, sans réalité bien crédible. (MB, 112-13 – nous soulignons)

L'amour de l'autre langue

En se basant à la fois sur les rapports des personnages du *Meurtre à Byzance* avec le français et le texte de « L'amour de l'autre langue » de *L'avenir d'une révolte,* l'interprétation de Kristeva change la perspective de *Défense et illustration du français.* À la différence de Du Bellay, elle traite le français comme une autre langue. D'autre part, Kristeva attribue au français ce que Du Bellay a remarqué pour le latin. Un exemple significatif de ce problème est fourni par 'l'illustration de la langue française' de Kristeva dans « L'amour de l'autre langue » :

> La clarté logique du français, l'impeccable précision du vocabulaire, la netteté de la grammaire – non sans mal – une droiture à ma complicité avec la mer Noire des passions. Je regrette d'abandonner l'ambiguïté lexicale et les sens pluriels, souvent indécidable, de l'idiome bulgare […] en résonance avec la prière du Cœur et la nuit du sensible. Mais j'aime la frappe latine du concept, l'obligation de choisir pour tracer la chute classique de l'argument, et cette impossibilité de tergiverser, plus politique en définitive que morale. (*L'avenir* 71, nous soulignons)

Au français, Kristeva donne le rang de l'équivalent contemporain du latin et par conséquent toutes les connotations qui dérivent de ce statut, comme celles de l'universalisme et de l'humanisme. Par ailleurs, ce qui est intéressant dans ce passage est que Kristeva adopte une attitude émotionnelle et morale par rapport aux langues, ce qui est une approche de la critique impressionniste. Dans *Meurtre à Byzance,* le rôle du français est explicitement ou implicitement celui de la langue classique contemporaine, équivalent du grec et du latin du passé, un substitut du byzantinisme à notre époque. Le byzantinisme de Kristeva peut être perçu aussi comme une identité construite, qui est l'expression sophistiquée d'une valeur profondément émotionnelle chez elle, autant qu'une invective indirecte qui se dresse contre le barbarisme contemporain.

L'un des arguments principaux de Kristeva de choisir le français comme l'autre langue est le suivant : il s'agit de la langue de Proust dont l'œuvre et la vie sont l'épitomé du raffinement et l'opposé extrême du barbarisme. En effet, les textes de Proust représentent pour elle un lieu qui lui permet de réconcilier dans son imagination esthétique le goût et le raffinement français avec ceux de Byzance. Kristeva avoue même qu'elle a choisi de s'exprimer en français à cause de Proust[174]. Pour l'érudite littéraire, Proust représente en effet sa Byzance française. Elle le caractérise comme le plus grand écrivain du XXe siècle parce que « traducteur du sensible » (*L'avenir* 75). Passionnée également par Colette pour des raisons semblables, Kristeva l'appelle « 'notre' Colette » (les guillemets autour de l'adjectif possessif 'notre' sont de

[174] « Si je devais résumer, je dirais qu'en définitive et malgré tout je m'accroche au français 'autre langue' parce qu'un des plus grands écrivains français, peut-être le plus grand du XXe siècle était un traducteur. Je pense naturellement à Proust » (*L'avenir* 75). Le choix d'une langue à cause de la littérature écrite en elle est surtout une raison esthétique et profondément philosophique. Ce type de choix arrive surtout aux écrivains, par exemple à Joseph Brodsky. Daniela Hurezanu dans son article « La langue maternelle et les sources de la création » nous donne une explication très pertinente à l'égard de Brodsky : « Joseph Brodsky, qui avait quitté l'Union soviétique pour émigrer aux Etats-Unis en 1972, nous donne sa raison à lui : 'pour plaître à une ombre' ('to please a shadow'). L'ombre est celle de Wystan Hugh Auden, l'être que Brodsky considère comme 'l'esprit le plus grand du XXe siècle'. C'est pour avoir accès au même 'code de conscience' que le poète qu'il admire tant, et pour être à même de continuer son travail spirituel dans la même veine, que Brodsky écrit en anglais » (n. pag.). Kristeva partage cette typologie du choix avec Brodsky car la même raison, l'adoration d'un grand écrivain, agit : dans le cas de Kristeva, c'est Proust qu'elle caractérise comme le « traducteur du sensible » et comme « le plus grand du XXe siècle » (*L'avenir* 75). Evidemment, il y a un dédoublement psychique qui guide sa lecture de Proust, une lecture qui fait des emprunts profonds à l'esprit de Kristeva lectrice attentive et aussi sensible à la mélancolie du temps et des espaces perdus, et à l'écoulement de la vie, tout ce qui fait la partie la plus sensible de notre expérience d'êtres mortels.

Kristeva et sont une expression subtile de son sens de l'*inter-esse* qui ne peut pas dire 'notre' dans son sens habituel, non ambigu, celui des autochtones). Ainsi, dans « L'amour de l'autre langue », Kristeva se rend compte que sa relation avec la langue française est très forte dans son aspect littéraire : la littérature française pour elle a non seulement une très haute valeur objective, mais aussi une très haute valeur subjective, car la formation de son goût et sa compréhension du français et de la francité, autrement dit sa mentalité, sa sensibilité, son raisonnement et son style, y ont trouvé leur lieu.

Toutefois, dans le même essai « L'amour de l'autre langue », Kristeva nous rappelle que le français n'est pas la langue de son enfance, c'est la langue de son fils. En effet, grâce au babillage de son fils, elle apprend cette couche de la langue, la *chora* du français. Le don de cet aspect de la langue se fait par son fils. Dans la foi catholique, le Saint Esprit procède du Père et du Fils, *Filioque.* Si nous reprenions l'une des problématiques chères à Kristeva[175], nous dirions que le Saint Esprit (la langue dans notre métaphore) procède du Père par le Fils, *Per Filium.* Ainsi, même dans cet aspect, par une coïncidence pure, Kristeva reste orthodoxe. Jusqu'au moment précis de la naissance de son fils, Kristeva n'avait accès qu'au symbolique du français acquis par le truchement des études, de la littérature et des conversations, une langue qui est devenue sienne après-coup. Malgré sa sensation d'acquisition et de maîtrise parfaite, l'inquiétude d'être inadéquate persistait, un sentiment sous-jacent qu'il n'est pas possible de rendre l'autre langue complètement sienne, de sorte que « les autochtones » reconnaissent en celle qui la parle non pas une étrangère qui parle et écrit merveilleusement bien dans leur langue, mais un membre de leur communauté linguistique :

[175] Dans son discours « Europe divisée » (Kristeva, *La haine* 47-86), l'essayiste développe cette problématique par les thèmes de l'apport culturel du monde slave de tradition orthodoxe (61) ; de *Per Filium* (68-74) où elle affirme : « Dieu est triple en orthodoxie, mais autrement que dans le catholicisme ; le Saint-Esprit procède du Père et *par* le Fils pour les orthodoxes (*Per Filium*) ; le Saint-Esprit procède du Père *et* du Fils pour les catholiques (*Filioque*) » (68) ; de l'hésychasme (74-80) et de l'icône (80-82).

Tragédie, parce que l'être humain étant un être parlant, il parle naturellement la langue des siens : langue maternelle, langue de son groupe, langue nationale. Changer de langue équivaut à perdre cette nature, à la trahir, ou du moins à la traduire[176]. L'étranger est essentiellement un traducteur. Il peut parvenir à se fondre parfaitement dans sa langue d'accueil, sans oublier la langue source, ou en l'oubliant partiellement. Le plus souvent, cependant, il est perçu comme étranger précisément parce que sa traduction, quelque parfaite qu'elle soit, trahit une mélodie ou une mentalité qui ne s'ajuste pas tout à fait avec l'identité de l'accueillant » (*L'avenir* 61)

Ici, Kristeva nous présente un raisonnement, à l'œuvre dans la tête d'un autochtone fictionnel, qui résume la problématique de la xénophobie provoquée par l'inquiétante étrangeté : « Curieuse, amusante, excitante, cette trace allogène irrite les autochtones : 'En voilà une autre langue', se disent-ils, c'est bien un autre (un traducteur) qui s'exprime là, il n'est pas des nôtres[177], il n'en est pas, que veut-il ou veut-elle dire, on n'en veut pas… » (*L'avenir* 62). C'est pourquoi le « je » reste scindé dans l'espace de l'entre-deux, parce qu'il est impossible de ne pas sentir et de ne pas se servir de sa langue maternelle, surtout au niveau très profond, celle de la langue matrix qui en effet nous permet l'acquisition d'autres langues :

> Je n'ai pas perdu ma langue maternelle. Elle me revient, de plus en plus difficilement, je l'avoue, en rêve ; ou quand j'entends parler ma mère et qu'au bout de vingt-quatre heures d'immersion dans cette eau désormais lointaine, je me surprends à nager assez convenablement; ou encore quand je parle un idiome étranger – le russe ou l'anglais par exemple –, et qu'en perte de mots et de grammaire, je me cramponne à cette vieille bouée de sauvetage soudain offerte à ma disposition par la source originelle qui, après tout, ne dort pas d'un sommeil si profond. Ce n'est donc pas le français qui me vient à l'aide quand je suis en panne dans un code artificiel, pas plus que si, fatiguée, je sèche sur mes additions et multiplications, mais bien le bulgare, pour me signifier que je n'ai pas perdu les commencements. Et pourtant, le bulgare est déjà pour moi une langue presque morte. (*L'avenir* 65)

---

[176] Kristeva évoque évidemment l'aphorisme italien *Traduttore traditore.*

[177] Selon Slavoj Žižek, la langue est l'un des atouts qui constitue ainsi ladite *cosa nostra* de la tribu, de la nation (594-606).

Pourquoi « presque morte »? Parce que comme elle l'explique plus tard : « Il y a du matricide dans l'abandon d'une langue natale » (*L'avenir* 68). Un matricide[178] dont le produit est ce « je » scindé qui engendre la problématique de l'inquiétante étrangeté, mais aussi du dialogue et de la psychanalyse parce que c'est un 'je' schizophrénique et définitivement créatif. L'un des 'je'(s) de Kristeva veut s'inscrire dans la littérature française parce que c'est la patrie spirituelle de la langue française, ce qui signifie que par le symbolique de la littérature (française dans ce cas), l'on peut oser avoir accès non seulement au symbolique, mais aussi au sémiotique, à la *chora* d'une autre langue. Pour illustrer l'étendue de ce problème, il suffit de reprendre « L'amour de l'autre langue » où Kristeva insiste sur le fait que l'étranger-traducteur comme l'écrivain appartiennent à la famille des créateurs de la langue : « Il arrive, dès lors, que notre étranger-traducteur ne puisse se choisir d'autre patrie que celle des constructeurs de langues : des écrivains… Et l'écrivain, depuis la nuit des temps, n'est-il pas pour cela même le pendant du législateur, un « logothète » face au « nomothète » qui modifie la langue comme le juriste la loi? » (*L'avenir* 63). Ici surgit la notion de modification de la langue comme un trait constitutif de tout acte créatif d'écriture pour lequel il faut être étranger au sens large. En bref, dans la philosophie créative de Kristeva, il est nécessaire d'être étranger, c'est-à-dire traducteur puisqu'il faut être capable d'interpréter le sensible pour écrire.

Tout compte fait, Kristeva prône le métissage parce qu'il s'agit de complexité et de polyphonie. D'autre part, dans *Etrangers à nous-mêmes* se trouvent deux parties intitulées « Toccata et fugue pour l'étranger » (9-60) et « De quel droit êtes-vous étranger? » (139-152) où l'essayiste démontre que le métissage aboutit à un exil réussi aussi bien qu'à un exil raté avec des conséquences sociales, psychologiques, et même

[178] Sur cette problématique, voir tout particulièrement l'étude de Miglena Nikolchina, *Matricide in Language : Writing Theory in Kristeva and Woolf* (2004).

métaphysiques. Dans le cas de Kristeva, c'est un exil réussi qui résulte de son histoire d'amour avec la langue française, une histoire d'amour qu'elle nous communique théoriquement et fictionnellement de manière sensible par son raisonnement, son cœur, son esprit, à travers toute son œuvre. Quand bien même, cet exil réussi pose question : l'intégration totale dans un processus d'acculturation est-elle possible ? Il me semble que la réponse que Kristeva nous donne est non, car même l'intégration la plus favorable n'est que partielle, graduelle. Néanmoins, cet état des choses est loin d'être tragique parce qu'un tel résultat ouvre la voie vers le dialogue dont le lieu principal est le 'je'-scindé, *l'inter-esse* qui, à travers l'écriture, qu'elle soit celle de l'essai ou celle de la fiction, ce qui dans le cas de Kristeva signifie la création de ses romans, construit cette *polis* utopique où Byzance et la France sont toujours coprésentes à travers le goût et le raffinement au sens plus large. Dans ce contexte, le rôle du traducteur[179], de l'étranger, du psy, de l'investigateur, du journaliste, de toutes ces figures qui essaient sans cesse de mettre à jour la vérité de notre inquiétante étrangeté est essentiel. Plus particulièrement, le rôle du psy est de servir comme un lieu de *polis* imaginaire qui permet d'être en relation constructive avec autrui. Cette notion 'd'être ensemble' est celle qui fait référence à la *polis* et celle qui est soulignée dans les *Nouvelles maladies de l'âme* : « Votre vie psychique est un discours en acte, nuisible ou salvateur, dont vous êtes le sujet. Nous sommes *ensemble* pour l'analyser : pour dissoudre et repartir à neuf [...] avec Freud, la psychanalyse vit une vie nouvelle; enrichie par la pluralité judaïque des interprétations, l'âme sort *multipliée, polyphonique* pour mieux servir la « transsubstantiation » du corps » (13-14, c'est nous qui soulignons). Pour Kristeva l'essayiste, nous, les êtres humains, dans notre aspect santa-barbarois, n'avons plus d'âmes parce que : « On n'a ni temps, ni espace nécessaire pour faire une âme (*Nouvelles maladies* 16). C'est pourquoi on peut se reconstruire, se refaire dans un lieu comme Byzance qui est hors temps. Le symbolisme de

[179] « L'étranger est essentiellement un traducteur » (*L'avenir* 61).

cet endroit imaginaire est la destination de voyage alternative contre les images du spectacle qui nous « remplacent » : « Vous êtes saturés d'images, elles vous portent, elles vous remplacent, vous rêvez. Ravissement de l'hallucination : plus de frontières entre le plaisir et la réalité, entre le vrai et le faux. Le spectacle est une vie de rêve, nous en voulons tous. Ce « vous », ce « nous » existent-ils? » (*Nouvelles maladies* 17).

La lutte qui en résulte chez Kristeva consiste à revendiquer le sujet, pour lui réattribuer une âme à travers le dialogue et son aspect carnavalesque. Opposés au spectacle, le dialogue et son aspect carnavalesque donnent un nouvel angle d'interprétation de cette problématique dans le texte kristevien. Il ne faut pas oublier que dans le contexte de Kristeva, ces deux voies portent un aspect politique dans le sens de *polis*. Ajoutons ici que cette lutte de revendication du sujet, en fait, déplace Kristeva hors de la ligne de pensée poststructuraliste. En effet, Kristeva tient compte de l'expérience, parfois celle de la souffrance et de l'intériorisation du français, qu'elle décrit toujours dans son essai magistral « L'amour de l'autre langue ». Dans cet essai, on peut voir une personnalité qui maintient en soi au moins deux perspectives envers le monde. Sa construction permanente est dans le débat, dans le questionnement, dans la révolte. C'est le travail même demandé au sujet-en-procès. C'est une dialectique, un dialogue qui contribue à la renaissance identitaire :

> Quand j'écris [les romans] je suis en voyage, en traversée… Cette perturbation, cette plongée, ce « je est un autre » me livrent certes des continents noirs de mon inconscient, mais aussi des régions de sens avant la signification, qui devraient intéresser la théorie analytique mais qui ne l'intéressent pas prioritairement, si ce n'est dans quelques textes de Julia Kristeva[180] quand elle lit Merleau-Ponty : la sensation, la perception. S'ajoutent des rythmes, des mélodies, des scansions – autant d'approches présyntaxiques, « sémiotiques », de ce qu'est devenu pour moi le langage : musiques donc qui, pour moi <u>conjoignent des vocalises françaises</u>

---

[180] C'est une méta-remarque, évidemment, qui fait partie de différentes mises en abyme et du dédoublement dans le roman *Meurtre à Byzance*.

et slaves, et génèrent une sonorité étrange, que certains ne trouvent pas de très bon goût, pathétiques, en définitive pas françaises. En tout cas, il s'agit d'une sonorité et donc d'une intimité monstrueuse, plus monstrueuse peut-être que celle des géants de la fin du Temps retrouvé. Car, non contente de convertir le temps en espace sonore, sémantique, linguistique, mon intimité à moi (mon expérience à moi) ajoute au temps de la langue française un autre temps d'une autre langue. (*L'avenir* 61, nous soulignons)

La question centrale que ce « texte réfléchissant » (Bensmaïa1986) de Kristeva pose est : pourquoi effectivement l'autre langue est-elle nécessaire ? Il est fortement question de ce que Bakhtine appelle 'dialogisme' et du rôle qu'y joue *vnenahodimost*, l'extra-location, *l'extra-muros*. Selon Bakhtine, l'autre culture se rend entièrement aux yeux de l'autre, de ce qui est étranger par rapport à cette culture. Grâce à cette extra-location, on est capable de poser à une culture étrangère de nouvelles questions, celles qu'on ne pourrait pas produire à cause du manque du *vnenahodimost*. Ce phénomène se lie au procédé fondamental pour la littérature et décrit par Shklovski : la défamiliarisation (*ostranenie),* souvent considérée comme l'essence de la littérarité. Prolongeons ce raisonnement en disant que l'exil travaille comme un procédé de défamiliarisation[181], donc c'est l'exil qui devient l'essence vraie de la littérature. On voit par ce qui précède que l'autre langue est nécessaire pour dialoguer, pour participer au dialogue. Dans l'espace dialogique, notre identité se transforme, se multiplie, se transpose, se métamorphose, et se laisse traduire elle-même. La prise de la langue dans sa dimension dialogique de l'extra-location rend possibles des passages comme ceux-ci où parmi des messages multiples, Kristeva insiste comme Djebar sur le fait que le français, son « français de migrante » est sa « seule langue d'écriture » qui est devenue le moyen d'écrire « le bonheur et le malheur des déracinés » :

---

[181] Le terme « défamiliarisation » est forgé en 1917 par Victor Chklovski dans son essai « L'art comme technique » (Voir en anglais : Shklovsky, « Art as Technique »).

> … l'histoire et la culture de l'Hexagone protègent les Français de ces êtres nomades dont je suis et que sont mes personnages. Faudrait-il écrire en anglais, en hébreu? En effet, mes romans sont davantage appréciés à l'étranger, et pourtant le français est désormais ma seule langue d'écriture. Il m'arrive de partager mes craintes avec mon éditeur : à quoi bon essayer de faire entendre le désert d'un Chrest-Jones, d'un Wuxian ou d'une Stéphanie Delacour à des gens sûrs d'eux-mêmes et bien enracinés? … En réalité, je ne peux pas faire autrement que me dévouer aux causes impossibles. Des exemples? Eh bien, les étrangers, le handicap, l'Europe. Qui ont en commun ceci : ces causes n'intéressent pas grand monde. Non, non, on ne remue pas les Français avec ça, j'en suis témoin. Alors, pourquoi est-ce que je m'obstine à dire cette expérience migrante… en français? Parce que le pari de *Meurtre à Byzance* c'est bien ça aussi : écrire dans mon français de migrante le bonheur et le malheur des déracinés. Oh, bien sûr, j'ai de bonnes raisons : la France m'a adoptée bien mieux que d'autres nomades; je suis même une « personnalité en vue », comme on dit, bien qu'« atypique »; les Lumières du XVIIIe et les marges des avant-gardes récentes m'ont donné mon ossature morale, et j'aime ces gens tout compte fait plutôt simples, pleins de bon sens et de bon goût, fiers de leur passé, de leurs avantages sociaux et de leurs maisons de campagne, qui essaient de donner le ton à ce continent européen si problématique… (Kristeva, *La haine et le pardon* 637-38)

Par sa volonté de transgresser les barrières entre les genres et d'établir la polyglossie, l'œuvre de Kristeva tout entière nous apparaît comme une sorte de journal immense. Un journal d'écrivain, une version étrange et étrangère à la manière de Dostoïevski. Par l'effet de la polyglossie dans son ouvrage théorique, dans le dialogue que Kristeva entame avec ses prédécesseurs, Lacan est bakhtinisé et Bakhtine lacanisé. Dans ce contexte théorique, retenons que c'est la *chora* qui travaille en transformant le symbolique. La langue maternelle qui travaille la langue adoptive par les erreurs venant *de profundis* montre clairement la déchirure du sujet parlant marqué par l'écart des cultures, mais prêt à lutter par tout ce qu'il possède pour le droit de dialoguer avec l'autre. Nous avons déjà vu comment la langue participe à une dialectique complexe qui lie les notions, les concepts et les *topoi* comme Byzance, l'Europe, l'étrangeté, le français (l'autre langue), la littérature, la psychanalyse. Chez Kristeva, c'est par la *polis*, cet endroit imaginaire mais vitalement nécessaire de partage de nos récits, que la lutte presque romantique de préserver le sujet passe pour une lutte qui, à travers les efforts de la littérature et de la psychanalyse pour la protection et le développement de l'aspect humaniste de l'humanité contemporaine, revendique l'âme humaine. Pour avoir une idée de cette complexité vers laquelle Kristeva nous emmène, il faut aborder le problème du choix du genre, le problème du roman et de son origine européenne.

Le roman et la psychanalyse : cheminements vers l'identité européenne

L'art du roman procède par des mouvements de nouements et de dénouements d'hypothèses. L'investigation faite par un « polar métaphysique » peut être perçue comme un mode de dialogue entre les genres romanesques établis. En transformant la formule célèbre d'Alexeï Tolstoï selon laquelle le récit est une « virgule plus mais »[182], nous proposerons une définition qui place le roman au carrefour de voix différentes. Ces voix, par le truchement des virgules (c'est-à-dire des méandres des récits, des histoires), des 'si' (hypothèses) et des 'mais' (qui détournent le récit en le dirigeant vers le mode de la recherche de la vérité) posent des questions au lecteur et l'invitent à la quête. Dans ce sens, le « polar métaphysique » est un sous-genre qui est en fait le précis de tout ce qu'on peut trouver dans un roman, l'épitomé des traits constitutifs du roman.

Développons ainsi la thèse selon laquelle dans la poétique et dans l'idéologie de l'écrivaine, la notion de liberté se lie avec la polyphonie, ce qui permet de faire surgir une figure presque messianique, celle du psychanalyste. Dans la philosophie de Kristeva, la psychanalyse est vue comme un des lieux potentiels de la liberté. De plus, dans son œuvre, la figure du ou de la psy s'établit comme un *topos* à travers

[182] Nous avons déjà parlé de cette formule d'Alexeï Tolstoï dans le chapitre 1.

lequel passent et se croisent les récits et les idéologies des aspects fondamentaux de l'européanité. Notons que dans l'œuvre de Kristeva, le psy est aussi un réceptacle des langages subjectifs, donc un réceptacle de polyglossie. Or, la polyglossie peut être mise en évidence par le roman qui est le genre qui permet précisément cette expression, car elle lui est adéquate. Par conséquent, choisir comme genre littéraire le roman polyphonique, genre dont le roman de Kristeva relève sans aucun doute, s'approche de la motivation idéologique qui sous-tend les travaux de Mikhaïl Bakhtine sur la carnavalisation et la polyphonie. C'est aussi s'approcher des textes de Hannah Arendt sur le récit et de ceux de Milan Kundera qui voit dans le roman le genre le plus européen. En choisissant d'écrire dans le genre du roman polyphonique, Kristeva donne également suite à son travail érudit sur l'œuvre critique et la contribution théorique de Bakhtine.

Le roman et la psychanalyse, selon nous, sont les traits constitutifs de l'européanité telle qu'elle est comprise par Kristeva dans son essai intitulé « Europe divisée : politique, éthique, religion », que nous considérons comme un discours magistral où se distille l'essence de ses recherches intellectuelles et artistiques. Il nous semble avoir, devant nous, un programme d'engagement basé sur des aspects politiques et spirituels de l'individuation. Ce plan d'action est de construire dans un élan presque utopique une Europe désirable qui malheureusement, maintenant, s'éloigne de nous à cause de notre inaction, parce que nous n'accordons pas suffisamment d'estime à la liberté de l'individu. C'est que Kristeva, en tant que philosophe et psychanalyste, donne à la notion kantienne de liberté une valeur tout à fait européenne :

> Affirmer que l'Europe est un enjeu de civilisation nous conduira à envisager les différentes conceptions de la personne humaine et de la subjectivité qui s'affirment et s'affrontent dans cet espace européen dont l'homogénéité est aussi réelle que lourde de divergences. Dans cette optique, l'histoire de la philosophie et de la religion guidera mes <u>réflexions d'inspiration psychanalytique</u>, et une valeur centrale, la *liberté*, éclairera mon exposé. (*L'Europe divisée* 49, nous soulignons)

Dans un autre passage du même discours, Kristeva avance le diagnostic du problème de notre civilisation et cherche une solution éthico-politique (qui est aussi tout à fait polyphonique) pour résoudre la division européenne.

> … je tenterai de montrer que ce que je nomme les "nouvelles maladies de l'âme" (1993) menacent le sujet libre tel que l'Europe l'a construit avec brio – car cette liberté a ses revers, ses échecs, ses difficultés. Face à cette menace, l'expérience orthodoxe de la subjectivité et de la liberté, avec ses limites et ses avancées, pourrait peut-être compléter, stimuler et enrichir l'expérience occidentale. Et, réciproquement, la conception orthodoxe bénéficier des acquis de l'Occident. (*L'Europe divisée* 50-51)

Nous avons déjà souligné que la question qui préoccupe Kristeva est : comment effectivement créer un lieu politique, un substitut de *polis* dans la perspective d'Hannah Arendt. Ainsi, son rôle de psy-philosophe est de nous inviter, au sens large, à entrer dans un espace de dialogue propre à la civilisation européenne. Ce que Kristeva propose donc est un dialogisme qui mette en relation l'expérience orthodoxe et l'expérience occidentale cartésienne. Soulignons encore une fois que dans l'œuvre de Kristeva, le psy est aussi un réceptacle des langages subjectifs, donc un réceptacle de la polyglossie que le roman polyphonique met en évidence. Comme théoricienne littéraire, Kristeva soutient aussi dans *Semeiotikè* la thèse que « Toute narration... contient cette dyade dialogique que le narrateur forme avec l'autre... » (158).

Dans *Les nouvelles maladies de l'âme*, Kristeva définit le problème de la civilisation européenne contemporaine comme « un psychodrame » :

> Cependant, c'est là que le drame éclate. Cette vie intérieure, bâtie en Occident depuis Plotin, lequel au début de l'ère chrétienne, avait transformé la double face de Narcisse dans la jonction des mains en prière, consolidée par l'itinéraire spirituel aussi bien que par le carnaval du Moyen Age, explicitée dans le moi fragile de Montaigne, les passions de Diderot, les méditations de Hegel ou Kant, s'achève dans le drame psychique, dans le psychodrame. (50)

Nous trouvons qu'ici l'usage du mot « psychodrame » pourrait être substitué à celui de roman, qui peut englober le psychodrame en soi, mais est aussi son produit. Remarquons qu'en même temps qu'elle nous offre cette formule, Kristeva dresse sa propre vision de l'Europe, une Europe de la pensée et de la liberté d'esprit.

Les aspects qui permettent d'établir un espace de liberté dans l'œuvre de Kristeva sont l'emploi du chant et ses implications polyphoniques. Le chant représente ici la légèreté, l'infini des signes, donc l'apesanteur qui est une valeur très précieuse pour Kristeva. Le chant est aussi un genre à travers lequel on est libre de narrer, donc de s'ouvrir aux autres en partageant son histoire. Il est nécessaire ici de stipuler que les chansons dans le folklore bulgare et dans les Balkans sont surtout en forme de *trenos*, c'est-à-dire de lamentations, le sens du mot grec. Ces lamentations expriment la douleur de ne pas être libre et de chercher en vain la liberté sociale et absolue. Cette tradition est encore forte de nos jours et son usage culturel et politique est toujours présent. Dans le roman *Le Vieil Homme et les loups* (1991) par exemple, se trouve un chant pour lequel le vieux professeur Septicius Clarus (« *alias* Scholasticus, *alias* le Professeur, *alias* le Vieil Homme », VH 14) et « son ami, son double » (VH 236), l'ambassadeur à Santa-Barbara et le père de la narratrice Stéphanie Delacour, se passionnent. Dans ce chant, il s'agit d'un jeune preux qui demande à porter une chemise blanche avant d'être décapité, « pour accueillir l'Éternel dans la blancheur et le vent » (VH 218). C'est une scène tout à fait classique du folklore bulgare, une scène qui est l'incarnation de l'idée de liberté absolue. Dans le même roman, l'on trouve également le chant grégorien, le chant orthodoxe par lequel Septicius Clarus et le père de Stéphanie chantent « la gloire de Dieu à la gueule des loups » (VH 248). C'est une métaphore utilisée par Kristeva pour représenter l'horreur quotidienne et existentielle de la vie dans la société totalitaire de la deuxième moitié du XXe siècle; une société où garder sa religion signifiait la résistance contre le régime totalitaire athéiste.

Nous avons déjà montré par la citation ci-dessus que Kristeva envisage le métissage de la culture cartésienne occidentale avec des éléments de la religion et de la culture orthodoxe comme l'une des voies qui permettraient de constituer une meilleure union européenne sur le plan culturel.

Dans les romans et les essais de Kristeva, en plus de l'art du chant, le *topos* du vol est souvent présent. Il en va de même des trois figures humaines que sont l'écrivain, le traducteur, et le psy. Posons donc ici la question suivante : peut-on interpréter ces figures comme des variantes de l'envol, car elles pourraient être omniscientes comme des oiseaux en vol? D'autres interprétations possibles qui viennent à l'esprit déchiffreraient ces figures comme des sublimations des nouvelles maladies de l'âme. Cette interprétation pourrait aussi nous amener à penser à ces figures comme à un état d'entre-deux, d'*in between* de la maladie et de la sublimation, ce qui mène encore vers la notion de *l'inter-esse,* une possibilité qui est tout à fait valable, car l'écrivain, le traducteur et le psy sont des exilés métaphysiques, des étrangers à eux-mêmes et aux autres. Par conséquent, on observe souvent chez Kristeva une certaine esthétisation et surtout une éthisation de l'exil. Les motifs du chant, de la polyphonie, de l'écriture qui vole et est volée, à notre avis, sont des voies différentes vers la même notion : la condition de *l'inter-esse*. En effet, ces instruments, ces figures d'investigation et ces motifs littéraires (le chant, l'écriture, la psychanalyse) aident à surmonter l'inquiétude primordiale, appelée par Kristeva, à la suite de Freud, « l'inquiétante étrangeté ».

Une variation et une problématisation de ce thème apparaîssent de façon remarquable dans plusieurs pages d'*Etrangers à nous-mêmes* (1988) consacrées au bonheur : « Le bonheur étrange de l'étranger est de maintenir cette éternité en fuite ou ce transitoire perpétuel » (13). Kristeva y explique ce qu'elle entend par bonheur spécifique de l'étranger :

> Ne pas chercher à fixer, à chosifier l'étrangeté de l'étranger. Juste la toucher, l'effleurer, sans lui donner de structure définitive. Simplement en esquisser le mouvement perpétuel à travers

> quelques-uns des visages disparates déployés sous nos yeux [...] les fuir non par le nivellement et l'oubli, mais par la reprise harmonieuse des différences qu'elle suppose et propage. *Toccatas et Fugues* : les pièces de Bach évoquent à mes oreilles le sens moderne que je voudrais de l'étrangeté reconnue et poignante, parce que soulevée, soulagée, disséminée, inscrite dans un jeu, neuf en formation, sans but, sans borne, sans fin. Etrangeté à peine effleurée et qui, déjà, s'éloigne. (*Etrangers* 11)

Il est aussi important de revisiter la dimension politique de *l'inter-esse,* celle de la *polis* où le psychodrame devient partageable à travers la narration. Il faut ici rappeler la lecture attentive que donne Kristeva d'Hannah Arendt et du respect intellectuel qu'elle accorde à sa pensée, une pensée orientée vers la fusion de l'éthique et du politique. Dans l'extrait du texte kristevien qui suit, on peut entendre l'écho sous-jacent de la philosophe Arendt à propos de l'importance du récit qui est au centre des valeurs de la *polis* :

> Par son attention au récit et au roman, [H. Arendt] démontre comment la narration peut participer d'une autre politique, celle de la mémoire ouverte, renouvelée et partagée, qu'elle appelle une *vie* de *« qui »*. Que le narrateur puisse se tromper ou voir juste est un autre problème qui laisse intacte la potentialité structurelle de la narration comme action politique déhiscente et infinie, offerte à la perspicacité jugeante de *l'inter-esse.* (*Hannah Arendt* 159)

Alors la narration, « offerte à la perspicacité jugeante de *l'inter-esse* », crée un monde polyphonique qui permet à l'auteur de jouer sur le clavier sans limites du roman polyphonique. Elle peut y mêler le rêve et le « réel », se disperser parmi ses personnages avec un lyrisme bouleversant en se distanciant ironiquement ou en tombant amoureuse d'eux, narcissiquement, fusionner le temps de l'histoire et le temps du récit. Pour résumer, tous ces traits présentés dans le roman kristevien constituent le triomphe du carnaval, de la polyphonie, de la liberté.

La liberté d'écrivain chez Kristeva s'exerce aussi contre la tradition littéraire qui la précède. En fait, elle crée un polytope, c'est-à-dire un lieu multidimensionnel du passé de la littérature, des arts et des idées. Ses personnages et ses narratrices se permettent, par exemple, de bombarder la madeleine de Proust, de jouer avec Goya et Ovide, de citer sans guillemets. Tout cela aboutit à un texte qui ressemble par certains aspects à une machine de citations soit explicites, soit implicites à différents degrés, mais c'est toujours elle, Kristeva, en sa fonction institutionnelle d'auteur, de pilote, qui dirige le vol de tous ces signifiants envolés de la bibliothèque mondiale pour qu'ils se retrouvent sur les pages de ses romans. L'instance de l'auteur, l'institution que Kristeva représente, est très complexe. En simplifiant, nous trouvons que cette institution d'auteur chez Kristeva se fonde sur les trois domaines d'expertise qu'elle exerce dans sa vie. Dans son œuvre, ces trois domaines sont représentés par trois figures, celle de la femme écrivain et philosophe, qui soutient personnellement l'idée que le génie féminin existe, celle d'une « psychanalyste engagée dans le siècle et la culture » (Aisenstein 63) qui s'occupe des maladies de l'âme, et enfin celle de la sémioticienne fascinée par la complexité des cultures, et surtout de deux cultures, la culture française et la culture byzantine.

Byzance est vue par Kristeva comme un « signe vers l'innommable » (MB 118) qui permet de poser des questions hors de ce qu'on juge pratique et immédiatement applicable. Une telle description fait de Byzance un lieu spécial que Kristeva, comme nous l'avons déjà évoqué, oppose fortement dans ses romans à Santa-Barbara. Ce dernier lieu est un lieu fictionnel qui représente le phénomène du monde moderne qui a perdu la force intellectuelle et spirituelle de penser paradoxalement. De plus, comme le démontre son discours dans « Europe divisée », Kristeva est en faveur de la réinvention de l'esprit byzantin (donc orthodoxe) pour rendre à la pensée sa complexité et sa richesse, voire même sa surabondance baroque. En même temps, Kristeva soutient la thèse que dans le monde contemporain, c'est la culture française qui, sans être capable de le faire entièrement, a remplacé par sa complexité l'esprit byzantin.

Pour Kristeva, un choix idéologiquement, esthétiquement et politiquement nécessaire est de restaurer Byzance en la réinventant. Umberto Eco parle dans *La recherche de la langue parfaite dans la culture européenne* (1997) de la difficulté de définir les frontières de la culture européenne. Selon Kristeva, c'est par Byzance qu'on devient européen. Aujourd'hui, pour elle, Byzance reste une vieille culture, mais elle se transforme, comme nous l'avons déjà noté, dans la culture française, une vision qui nous permet de comprendre l'éloge kristevien de la culture française et de sa complexité caractéristique : une culture complexe ou, selon sa métaphore savante, une culture byzantine. La pensée féconde de Kristeva nous mène vers l'idée que pour construire notre identité européenne, il faut cesser de chercher nos racines d'une façon qui relève du nationalisme, une approche qui a caractérisé les théories ethnoculturelles du XIXe siècle. Kristeva essaie de sensibiliser le public à l'importance de préserver la polyphonie du patrimoine européen, occidental et orthodoxe, pour en profiter intellectuellement et spirituellement. Dans la mesure où il est possible de penser et de parler d'une identité européenne ou cosmopolite, il est nécessaire de comprendre que c'est tout d'abord notre capacité (que nous devons développer) de mettre en cause les dogmes, de poser des questions sur notre propre identité, de se changer en devenant un sujet-en-procès. L'identité européenne, toutes proportions gardées, s'est formée d'une surabondance d'éléments qui comprennent aussi bien des éléments religieux et mythologiques des civilisations fondatrices grecque et romaine, que des apports de la raison critique de l'Occident fondée sur l'union de la science et de la philosophie.

Dans ce cadre vaste de l'identité européenne, une place particulière est réservée à la littérature et notamment au roman. Milan Kundera dans son livre *L'art du roman* considère que le roman, c'est l'Europe et vice versa. Il a en vue cet esprit de distanciation du critique envers le discours scientifique et social au sens large, une approche de l'art de juger qui est propre au genre du roman. C'est le genre à travers lequel se manifeste la pensée critique contre le dogmatisme quelles qu'en soient ses formes, puisque c'est le genre qui met tout en cause, qui interroge tout. Rappelons-nous que Barthes insistait sur cette opposition entre la langue qui est le pouvoir et la littérature qui est ce qui met en question la langue, donc le pouvoir. À la voix de Barthes se joint la voix de Bakhtine qui y ajoute sa terminologie, celle du carnaval et de la polyphonie.

La compréhension de la polyphonie qu'offre Kristeva puise ses racines chez Bakhtine bien sûr. Ce qui est le plus intéressant cependant est que Bakhtine soit le prédécesseur qui mette en évidence l'européanité comme trait caractéristique du roman. Dans son essai « Epic and Novel » (11), Bakhtine démontre trois caractéristiques fondamentales du roman qui le distinguent d'autres genres. Ce sont la stylistique multidimensionnelle (résultat de la polyglossie dans le roman); le changement radical du système du temps de l'image littéraire (en comparaison avec le système du temps de la tradition epique) et enfin, la « nouvelle zone », ouverte vers la réalité contemporaine qui crée toujours un sens nouveau. Puis, Bakhtine lie définitivement ces trois caractéristiques avec l'histoire de la civilisation européenne :

> These tree characteristics of the novel are [...] all been powerfully affected by a very specific rupture in the history of European civilization: its emergence from a socially isolated and culturally deaf semipatriarchal society, and its entrance into international and interlingual contacts and relationships. A multitude of different languages, cultures and times became available to Europe, and this became a decisive factor in its life and thought. (« Epic and Novel » 11)

Dans ce contexte large s'explique, par exemple, la solidarité que Kristeva éprouve pour la philosophie de l'identité performante et polyphonique de Proust, lorsqu'elle souligne ainsi la démarche discursive de l'auteur de *À la recherche du temps perdu* : « Proust se plaît à *désidentifier* la nation après avoir *transsexualisé* le sexe. Lui-même s'avoue personnellement attaché, notons la nuance, non pas au « corps-France », mais à « l'acteur France » (*Proust : Questions* 1-2). Immédiatement après ces lignes, où elle réfléchit à la dialectique corps-acteur, Kristeva souligne

« l'identité polyphonique » de Proust et se demande d'une façon rhétorique : « Comment pouvait-il en être autrement, si l'on admet que le « kaléidoscope social » d'*À la recherche* est la première vision de la « société du spectacle », écrite par quelqu'un dont l'identité polyphonique a pu être décrite par un admirateur, Jacques Rivière, comme une « débandade d'atomes »? (*Proust : Questions* 2) En nous appuyant sur notre analyse de l'œuvre de Kristeva, nous posons que l'identité de Kristeva est aussi une identité polyphonique qui s'est élaborée dans le dialogue entre la culture byzantine et la culture française.

L'œuvre de Kristeva promeut le roman, l'identité européenne qui s'ouvre au cosmopolitisme, aux styles et aux pensées de Proust, de Barthes, de Lacan, de Bakhtine et de tant d'autres écrivains et penseurs. Ce que Kristeva nous offre est une relecture et une réécriture de tout ce corpus de pensées. A travers les romans de Kristeva chante la polyphonie de ses lectures, de ses pensées, de ses rêves et de ses abjections, en somme, de sa vie, une vie construite par la quête de la connaissance de l'étrangeté de chacun; une vie qu'elle ne cesse de se raconter et de nous raconter pour créer cet espace politique de la *polis* où l'on peut dialoguer, faire de l'art, de la théorie, de la politique et se sentir libre par les effets d'une polyphonie dont le prix se paie par une souffrance sublimée. Mais ce qui est aussi important touche au fait que Kristeva est en train d'établir une image de l'Europe qui est une référence incontournable. Le genre le plus européen, celui du roman, lui permet en tant qu'écrivain de transmettre en français l'autre langue, cette image de la complexité féconde de la culture européenne.

Conclusion
'Unes' femmes et leur langue d'écriture[183]

> The well-traveled polyglot is as likely to be among the worst off as among the best off – as likely to be found in a shantytown as at the Sorbonne. So cosmopolitanism shouldn't be seen as some exalted attainment: it begins with the simple idea that in the human community, as in national communities, we need to develop habits of coexistence: conversation in its older meaning, of living together, association (XVIII–XIX).
>
> Kwame Anthony Appiah, *Cosmopolitanism. Ethics in a World of Strangers* (2006)

À la fin des années 1960, l'activiste féministe Carol Hanisch a écrit la formule suivante : « le personnel est aussi politique » (204). Ce constat s'applique tout particulièrement à Assia Djebar et à Julia Kristeva, car leurs biographies intellectuelles et personnelles présentent des politiques à la fois différentes et similaires s'agissant de leur usage du français en tant que langue d'écriture. C'est là ce que nous avons essayé de démontrer dans cette étude en analysant l'esthétique bilingue (Sommer), voire même plurilingue qui fait partie de leur *éthopoïétique* (Foucault, *L'herméneutique*), c'est-à-dire du processus de se constituer comme sujet éthique qui, pour les écrivains, passe surtout par l'écriture et les univers fictionnels. Le fait d'écrire dans une autre langue devient alors un fait éthique, politique et existentiel et impose cette problématique éthico-politico-existentielle à l'écriture qui s'effectue dans une autre langue que la langue maternelle, pour Djebar – l'arabe dialectal et le berbère parlé autour d'elle, pour Kristeva – le bulgare.

[183] 'Unes femmes' est un néologisme que Kristeva emploie souvent pour souligner la dialectique de singularité et de pluralité de la notion de féminité.

Comme nous l'avons déjà observé dans l'introduction, Kristeva et Djebar ont des biographies intellectuelles et personnelles comparables à beaucoup d'égards. En tant qu''êtres linguistiques' (Merleau-Ponty), Djebar et Kristeva partagent la même condition, elles sont allophones et bilingues, mais comme écrivaines elles sont unilingues car elles ne possèdent qu'une langue d'écriture, le français. Les définir en tant qu'unilingues par rapport à leur écriture est possible si l'on utilise ce terme qui appartient à la linguistique neutre. 'Neutre' puisque le terme linguistique ne rend pas bien compte du fait que l'écriture de Djebar et celle de Kristeva dérangent le côté unilingue en y introduisant d'une manière insurgée ou inconsciente la polyglossie – les voix arabes et berbères gutturales (Djebar), les méandres stylistiques byzantins et les sonorités slaves (Kristeva).

C'est également une écriture en français qui s'exécute sur des modes politiquement différents envers l'autre langue : par la voie de la francophonie chez Djebar et par la voie de la francophilie chez Kristeva. Les deux viennent de cultures qui ont des traditions anciennes : la terre algérienne et la terre bulgare ont connu l'influence de cultures différentes en passant des Romains aux Byzantins, aux Arabes, aux Ottomans, aux Français et aux Russes parmi tant d'autres. Par rapport à l'Algérie et à la Bulgarie, les deux écrivaines appartiennent à la littérature émigrée. Par exemple, dans la littérature bulgare depuis le XIXe siècle, il existe des femmes écrivaines qui écrivent en langues étrangères, mais Kristeva est l'une de celles qui a réussi à s'inscrire notamment dans la littérature et la pensée du pays d'accueil et qui a quitté son pays pour chercher la liberté de penser[184]. Par ailleurs, Assia

---

[184] Nikolaï Aretov fait une chronologie qualificative des différentes vagues de littérature émigrée bulgare après 1944 : « In the Bulgarian context, we can observe several 'waves' of emigrants. The first short wave, which came immediately after 1944, was predominantly political: few writers emigrated in this period, which was chiefly an exodus of journalists. The second, longer wave consisted of constant but not so numerous streams of writers and intellectuals who left Bulgaria in the period from 1950 to 1985. Some left for political reasons; others were motivated by economic opportunities. Some intellectuals sought fulfillment of professional ambition at European and American universities. The third and most numerous

Djebar est célébrée par l'élite intellectuelle francophone maghrébine comme une écrivaine qui revendique les aspirations et les traditions de son peuple dans la langue de l'ancien colonisateur.

Djebar et Kristeva représentent des figures intellectuelles qui appartiennent en effet aux paradigmes successifs de modernité et de postmodernité. Ces paradigmes successifs permettent aux femmes d'entrer dans les élites intellectuelles et artistiques non seulement dans leur propre pays, mais également partout ailleurs. C'est particulièrement vrai pour Djebar que la langue et l'éducation en langue française ont libérée de l'institution du harem, institution comprise comme l'ensemble des règles qui régissent le comportement des femmes musulmanes. En tant que figures de modernité et puis de postmodernité, ces 'unes' femmes, avec leurs théories, réflexions et récits, ont fait avancer les mouvements d'idées qui ont tenté de définir ces deux périodes depuis les années 1960 jusqu'à présent. Pendant la période postmoderne, ces deux dernières sont aussi devenues des « miroirs transatlantiques » (Assayag) de l'européanité (Kristeva) et de la francophonie (Djebar), et ce, notamment grâce à leur réception chaleureuse aux États-Unis.

Un fait intéressant et symbolique à plusieurs égards est que pour les deux écrivaines, ce sont leurs pères qui ont choisi que leurs filles respectives apprennent très tôt dans leur vie, le français. Le choix comme l'apprentissage de la langue française pour les deux s'exécutent dans des contextes socio-historiques qui, bien que sensiblement différents en apparence, présentent des points communs et des structures semblables. En effet, comme nous l'avons suggéré dans l'introduction, entre les deux régions d'où sont originaires

---

wave dates from 1985 onwards. It was facilitated by Mikhail Gorbachev's *Perestroika* and gained momentum after the fall » (66). Après son affirmation que la Bulgarie a une longue tradition dans la littérature émigrée, Aretov met Kristeva dans la seconde vague d'émigration des écrivains et intellectuels bulgares qui quittent le pays depuis 1950 et avant la *Perestroïka* en 1985 pour des raisons politiques, économiques et surtout pour chercher une carrière professionnelle dans des universités européennes ou américaines.

Kristeva et Djebar existe une expérience historique presque similaire. L'Algérie a subi une longue colonisation française (1830-1962) et avant cela avait subi l'islamisation arabe du VIIe au XIIIe siècle, puis la conquête ottomane au XVIe siècle dont la fin coïncide avec le début de la colonisation française. Pour sa part, la Bulgarie a subi une longue domination ottomane du XIVe siècle au XIXe siècle. Cette domination ottomane a été pour la Bulgarie et pour les Balkans en général une « expérience coloniale », comme l'atteste très justement Fernand Braudel dans *La Méditerranée et le monde méditerranéen à l'époque de Philippe II* : « L'Islam turc recouvre, dans les Balkans, l'aire occupée directement ou indirectement par la civilisation byzantine… Etalée largement dans l'espace, appelée à durer un demi-millénaire, peut-on rêver plus ample, plus riche *expérience coloniale* ? » (112) En 1898, la Bulgarie qui, malgré la domination ottomane, reste toujours un pays orthodoxe qui préserve sa langue nationale pendant cinq siècles devient un pays politiquement autonome de la domination ottomane. Néanmoins, le pays retombe sous une autre colonisation après la Deuxième Guerre mondiale, cette fois-ci soviétique, qui a duré jusqu'en 1989. Il s'agit d'une colonisation qui impose le totalitarisme comme le démontre bien en tant que spécialiste des études internationales David Chioni Moore :

> When Russia moves its colonial enterprise to the West, the situation sharply changes, and I speak here principally of the post-World War II Soviet expansion to the independent Baltics and into nations such as Poland, Hungary, Czechoslovakia, Romania, and Bulgaria. By most classic measures – lack of sovereign power, restrictions on travel, military occupation, lack of convertible specie, a domestic economy ruled by the dominating state, and forced education in the colonizer's tongue – Central Europe's nations were indeed under Russo-Soviet control from roughly 1948 to 1989 or 1991. (121)

Donc les deux écrivaines appartiennent à des nations qui ont subi des expériences coloniales longues. Pour Kristeva qui a vécu en Bulgarie de 1941 à 1965, il s'agit du totalitarisme soviétique, tandis que pour Djebar, il s'agit de la colonisation française, qui fait place à l'espace postcolonial. Cet espace postcolonial se définit pour l'Algérie des régimes militaires, des états de guerre civile, par une arabisation agressive et depuis 1989 par la montée de l'intégrisme.

L'exil est l'autre point commun entre ces deux femmes de pensée et d'écriture créatives. Kristeva et Djebar s'exilent en français – l'une fuit l'espace totalitaire, l'autre l'espace colonial et plus tard l'intégrisme depuis la fin des années 1980. L'exil avec l'altérité et les différences culturelles qu'il apporte s'impose à toutes les deux. Pourtant, Djebar et Kristeva approchent le français et sa culture à partir de données différentes. Kristeva l'approche depuis la Bulgarie – pays de l'Europe de l'Est sous domination soviétique, là où la culture d'Europe de l'Ouest a été étudiée et disséminée parfois sous le signe de la dissidence. Par ailleurs, la plupart de ceux qui résistaient au régime communiste totalitaire cherchaient à quitter le pays pour sauver leur vie intellectuelle à l'Ouest, et notamment pour pouvoir créer et penser librement, hors du paradigme idéologique imposé par le parti communiste. Ainsi, pour Kristeva, la France devient de prime abord un lieu politique chargé de la culture désirée. Elle plonge dans ses études de doctorat assoiffée de cette liberté du climat intellectuel parisien et avec un enthousiasme et une ténacité exemplaires. Pourtant, son français est une langue qu'elle caractérise même aujourd'hui de « mon français de migrante ». Plus tard, après sa formation en psychanalyse et la naissance de son fils David avec qui elle ne parle que le français, la langue de Voltaire devient pour Kristeva de plus en plus « une langue de proximité ». Grâce à l'expérience psychanalytique et grâce à sa maternité, l'autre langue devient également pour Kristeva un lieu thérapeutique où elle est soignée et soigne les autres. C'est de là que vient son désir d'harmoniser les différences, et d'en « parler en psychanalyse »[185], mais aussi en écrivaine de fiction dans ses romans et par des réflexions dans ses essais.

---

[185] Une expression que Kristeva utilise comme titre de son discours « Parler en psychanalyse ». En ligne : www.kristeva.fr (consulté le 8 novembre 2011).

Quant à Djebar, elle présente un autre cas d'écrivaine qui se sert du français comme langue d'écriture. Elle est écrivaine francophone. A cause de la colonisation, Djebar est dans un rapport agonal avec le français, un rapport précisément analysé par Albert Memmi dans *Le portrait du colonisé* (1957) en fonction de l'écrivain colonial. Cependant, Djebar se rend progressivement compte du potentiel libérateur de l'usage et de la maîtrise de cette langue jadis dominante. Le potentiel libérateur du français se manifeste dans le parcours biographique et intellectuel de Djebar de manière exemplaire. En raison du français, l'auteure de *Femmes d'Alger dans leur appartement* (1980) échappe en tant que femme musulmane à l'enfermement. De plus, le français lui donne une perspective créative. Pour Djebar, le chemin vers le choix conscient de français comme outil de création littéraire est en effet long et ambigu, un chemin entrecoupé par des périodes de refoulement et de silence (l'une d'elles durera notoirement 10 ans). Djebar décide d'utiliser une tactique d'insurgée et d'inscrire en français les voix des femmes maghrébines pour aborder ce seuil entre son pays et la France, un seuil symbolique de violence et de pouvoir, que le français représente dans l'imaginaire des ex-colonisés algériens. Malgré tout, cette condition d'écrire dans la langue de l'ex-colonisateur reste toujours une plaie ouverte pour Djebar. Elle n'arrive jamais à harmoniser les différences culturelles et les voix arabes et berbères avec la mémoire de la langue française comme Kristeva l'a fait et exprimé dans *Etrangers à nous-mêmes* en tant que « reprise harmonieuse des différences » (10).

Pour résumer, il est inévitable et nécessaire de simplifier les situations de Kristeva et de Djebar comme 'êtres linguistiques' dans l'autre langue. Kristeva se libère physiquement et mentalement du totalitarisme en français et fait un choix conscient du français en tant que francophile qui cherche à travers son œuvre à harmoniser les différences et les tensions qui viennent de son existence entre deux. Djebar quant à elle utilise aussi le potentiel libérateur du français pour fuir le harem et réussir, mais l'utilisation de la langue de l'ex-colonisateur lui inflige un sentiment de culpabilité. Ce sentiment la pousse vers la nécessité de purifier le français par des voix de femmes maghrébines, de le transformer en « franco-graphie » et en « langue à disposition » (*Ces voix qui m'assiègent,* 1999). Alors, pour ces deux femmes écrivains, le français est une langue porteuse autant qu'une langue de transgression. Pourtant, pour Kristeva cette langue représente une renaissance car elle a fait un choix conscient du matricide symbolique qui se manifeste dans l'abandon de la langue maternelle. L'auteure d'*Etrangers à nous-mêmes* (1988) ne ressent pas de culpabilité, celle d'avoir trahi les siens, alors que Djebar souffre d'avoir trahi et se caractérise par une inquiétude que l'on peut qualifier d'éthique. C'est là, la grande différence entre les deux femmes, différence qui ne peut être comprise que par le fait de la colonisation française en Algérie. Ayant été 'colonisée' par l'Union soviétique, la Bulgare voit le français comme la langue porteuse des valeurs des droits humains, celles de la philosophie des Lumières et de la Révolution française.

L'attitude de Djebar envers le français est équivoque, tandis que celle de Kristeva est univoque. C'est pourquoi pour Djebar, la question primordiale est de savoir comment représenter les voix maghrébines en français. Dès lors, la question est de savoir comment parler du sang qui a coulé et coule toujours en Algérie. Djebar crée aussi son utopie personnelle : celle d'accéder au nulle part par « l'écriture polygame », à cet entre-deux qui est accessible lorsque l'on écrit. Pour Kristeva, le plus grand défi est de savoir comment parler des états limites psychiques et langagiers dans l'autre langue, comment exprimer et examiner les états de l'étrangeté dans ses aspects multiples, y compris langagiers. S'il y a une figure qui résume le mieux ces deux grandes femmes écrivaines et penseurs, il s'agit sans hésiter de Frantz Fanon qui, en tant que penseur et écrivain, a cherché comment exprimer les états limites psychiques, les maladies de l'âme et du sang ; le sang qui représente l'agôn absolu de la colonisation, un agôn qui se prolonge dans la guerre d'Indépendance et puis dans le temps postcolonial. Ceci est aussi vrai pour les états limites psychiques qui caractérisent l'espace post-soviétique et post-totalitaire où la folie et le sang coulent à cause des mafias politiques et de leurs guerres quotidiennes contre l'intelligentsia et les gens honnêtes. C'est l'image macabre et grotesque d'un quotidien que Kristeva dépeint dans sa trilogie romanesque sur Santa-Barbara, surtout dans l'un de ses volets *Le Vieil Homme et les loups* (1991). En effet, elle commence à écrire cette trilogie immédiatement après la chute du mur de Berlin en 1989.

L'importance de ces deux grandes figures du génie féminin est qu'elles représentent d'une façon ou d'une autre des traces de différences et de l'hétéroglossie dans le français aussi bien que la déterritorialisation et la reterritorialisation de la langue maternelle dans et par rapport à la langue dite non maternelle. C'est une déterritorialisation où se perd et se retrouve cette source primordiale, la langue maternelle, qui continue à nous guider même si nous l'avons abandonnée.

Les efforts de Kristeva et de Djebar font partie de ceux d'une communauté d'écrivains et d'écrivaines migrants qui pourrait nous mener hors de « cette francophonie totalisante et tyrannique que rejettent aujourd'hui de nombreux écrivains de langue française » (Migraine-George 80). C'est l'avenir du français qui ne coïncide pas, comme le souligne Kristeva, avec la « bonne vieille francophonie », ni avec « le bilinguisme du global English », mais qui vit avec la « diversité linguistique ». Le français contribuera à la réalisation de cette diversité qui est nécessaire pour la création de l'individu polyphonique dont Kristeva rêve dans « Le message culturel de la France et la vocation interculturelle de la francophonie » :

> La diversité linguistique européenne est en train de créer des individus kaléidoscopiques capables de défier et le bilinguisme du global English imposé par la mondialisation, et cette bonne vieille francophonie qui peine à sortir de son rêve versaillais, pour en faire l'onde porteuse de la tradition et de l'innovation dans le métissage. Un sujet polyphonique émerge, citoyen polyglotte d'une Europe plurinationale. Le futur Européen sera un sujet singulier au

> psychisme intrinsèquement pluriel, parce que trilingue, quadrilingue, multilingue. (n. pag.)

Pour Djebar et Kristeva, être en migration est un fait existentiel, scripturaire, langagier et littéraire. La littérature dans la langue de l'autre représente une littérature déterritorialisée qui féconde l'interculturalité polyphonique qui n'exclut pas les apories et l'agôn. Les écritures en français de Kristeva et de Djebar témoignent de ces expériences en apportant un enrichissement dans la littérature migrante en français, l'autre langue. De plus, les sujets polyglottes et la littérature migrante sont des preuves rassurantes que nous pouvons vivre ensemble.

Ouvrages cités

Accad, Evelyne. « L'écriture (comme) éclatement des frontières ». *Postcolonial Women's Writing in French: L'Esprit Créateur* 33.2 (Summer 1993) : 119-28.

Aisenstein, Marilia. « Une psychanalyste engagée dans le siècle et la culture ». *Julia Kristeva : prix Holberg.* Paris : Fayard, 2005. 63-70.

Althusser, Louis. "Ideology and Ideological State Appartuses (Notes towards an Investigation January-April 1969)". *Lenin and Philosophy and Other Essays.* Trans. Ben Brewster. NY: Monthly Review Press, 1971. 127-186.

Anderson, Benedict. *Immagined Communities.* (1st ed. 1983). Revised edition. London: Vesro, 2006.

Anzaldúa, Gloria. *Borderlands/la frontera: The New Mestiza.* San Francisco: Aunt Lute Books, 1987.

_____. *The Gloria Anzaldúa Reader.* Ed. Ana Louise Keating. Durham: Duke University Press, 2009.

Artaud, Antonin. *Le théâtre et son double.* Paris : Gallimard, 1981. Print.

Appiah, Kwame Anthony. *Cosmopolitanism. Ethics in a World of Strangers*. New York: W. W. Norton & Company, 2006.

Aretov, Nikolai. "Bulgarian Émigrés and Their Literature: A Gaze from Home". *Studies in Slavic Literature and Poetics* 55 (2010): 65-83.

Aristote. *Rhétorique*. En ligne : <http://remacle.org> (consulté le 15 décembre 2010).

Assayag, Jackie. « Métamorphoses et anamorphoses des 'miroirs transatlantiques' ». *L'Homme* 3 (2008) : 7-32.

Bachelard, Gaston. *La Poétique de l'espace.* 1957. Paris : Presses Universitaires de France, 1961.

Bakhtine, Michail. *Problèmes de la poétique de Dostoïevski.* Trad. Guy Verret. Lausanne : L'Âge d'homme, 1970.

_____. *Esthétique et théorie du roman.* Trad. Daria Olivier. Paris : Gallimard, 1978.

Bakhtin, M. M. *Problemy poetiki Dostoïevskogo*. Moscou, 1963.

_____. "Epic and Novel". *The Dialogic Imagination.* Trans. Caryl Emerson and Michael Holquist. Austin and London: U of Texas, 1981. 3-40.

_____. *Problems of Dostoevsky's Poetics*. Ed. and trans. Caryl Emerson. Minneapolis: U of Minnesota P, 1984.

_____. *Speech Genres and Other Late Essays*. Trans. Vern W. McGee. Eds. Caryl Emerson and Michael Holquist. Austin: U of Texas Press, 1986.

Barthes, Roland. *Le plaisir du texte.* Paris : Editions du Seuil, 1973. Print.

_____. *Pleasure of the Text*. New York: Hill, 1975.

_____. *S/Z*. Paris : Points, 1976.

_____. « L'Étrangère ». *Le bruissement de la langue.* Paris : Éditions du Seuil, 1984. 197-200.

Bhabha, Homi K. "Signs Taken for Wonders. Questions of Ambivalence and Authority Under a Tree Outside Delhi, May 1817". *The Location of Culture.* 1994. London and New York: Routledge, 2004. 145-174.

_____. "The Postcolonial and the Postmodern". *The Cultural Studies Reader*. Ed. Simon During. London / New York: Routledge, 2001, 189-208.

Bekri, Tahar. *Pour une poétique de la littérature maghrébine de langue française.* Paris : L'Harmattan, 1986.

Belsey, Catherine. "Julia Kristeva". *Post-Structuralism. A Very Short Introduction.* Oxford UP, 2002.

Belogrey, Elisabeth. "On The Samurai". Kristeva, Julia. *Interviews.* Ed. Ross Mitchell Guberman. New York: Columbia UP, 1996. 242-256.

Bensmaïa, Réda. *Experimental Nations, or, The invention of the Maghreb*. Trans. Alyson Waters.Princeton, N.J.: Princeton UP, 2003. Print.

_____. "Introduction to tetraglossia: the situation of Maghrebi writers". *Bilingual Games: some literary investigations*. Ed. Doris Sommer. N.p.: Palgrave/Macmillan, 2003. 87-96.

Blanchot, Maurice. *L'espace littéraire*. Paris : Gallimard, 1955.

Blair, Dorothy S. Introduction. Assia Djebar. *Fantasia: an Algerian Cavalcade*. Trans. Dorothy S. Blair. Portsmouth: Heinemann, 1993. XV-XX.

Bonn, Charles. *La littérature algérienne de langue française et ses lectures. Imaginaire et discours d'idées.* Ottawa : Naaman, 1974.

Borges, Jorge Luis. "Pierre Menard, autor del *Quijote*". *Ficciones.* Editorial Sur, 1956. 20-26. En ligne : <www.textosenlinea.com> (consulté le 9 octobre 2010).

Boucquey, Eliane. "'Unes femmes' : The Woman Effect". Kristeva, Julia. *Interviews*. Ed. Ross Mitchell Guberman. New York: Columbia UP, 1996. 103-112.

Bourboune, Mourad. « Assia Djebar, le stylo camera ». *Jeune Afrique*, No 11, 1984.

Bourdieu, Pierre, Jean-Claude Passeron. *La reproduction. Eléments pour une théorie du système d'enseignement.* Paris : Minuit, 1970.

Bourdieu, Pierre. « Sur le pouvoir symbolique ». *Annales* 3 (mai-juin 1977) : 405-411.

_____. *Langage et le pouvoir symbolique.* Paris : Éditions Fayard, 2001.

_____. *La domination masculine*. Paris : Seuil, 2002.

Boustani, Carmen. « La femme arabe dans l'espace de la langue française, Assia Djebar ». *Effets du feminin. Variations narratives francophones.* Paris : Karthala, 2003. 101-114.

Bouthors-Paillart, Catherine. *Julia Kristeva.* Paris : ADPF, 2006.

Braudel, Fernand. *La Méditerranée et le monde méditerranéen à l'époque de Philippe II.* Paris : Armand Colin, 1985.

Calle-Gruber, Mireille. *Histoire de la littérature française du XXe siècle ou Les repentirs de la littérature.* Paris : Honoré Editions Champion, 2001.

_____. *Assia Djebar, ou la résistance de l'écriture. Regards d'un écrivain d'Algérie.* Paris : Maisonneuve & Larose, 2001.

_____. « L'écrire nomade – ici ailleurs à une passante ». *Assia Djebar, nomade entre les murs : pour une poétique transfrontalière.* Ed. Mireille Calle-Gruber. Paris : Maisonneuve & Larose, 2005. 67-80.

_____. *Assia Djebar*. Paris : Association pour la diffusion de la pensée française (ADPF), 2006.

_____. « Écrire de main morte ou l'art de la césure chez Assia Djebar ». *L'Esprit Créateur* 48. 4 (Winter 2008) : 5-14.

Camus, Albert. *L'homme révolté.* Paris : Gallimard, 1951.

Capote, Truman. *Music for Chameleons*. New York : A Signet Book, 1981.

Césaire, Aimé. *Discours sur le colonialisme*. Paris : Présence Africaine, 1976.

Chevalier, Jean-Claude. « Itinéraires ». *Julia Kristeva : prix Holberg* 55-62.

Cheyfitz, Eric. *The Poetics of Imperialism: Translation and Colonization from the* Tempest *to* Tarzan. New York: Oxford University Press, 1991.

Chikhi, Beïda. *Les romans d'Assia Djebar : histoires et fantaisies*. Paris : Presses Paris Sorbonne, 1989.

_____. *Maghreb en textes*. Paris : Éditions L'Harmattan, 1996.

Chraïbi, Driss. *La mère du Printemps*. Roman. Paris : Éditions du Seuil, 1982.

Clément, Catherine et Julia Kristeva. *Le féminin et le sacré*. Paris : Éditions Stock, 1998.

Comnen, Anna. *Alexiad*. En ligne : <www.fordham.edu> (consulté le 27 décembre 2010).

Comnène, Anne. *L'Alexiade*. Paris : Les Belles Lettres, 2006.

Debord, Guy. *La Société du spectacle*. Paris : Éditions Buchet-Chastel, 1967.

Déjeux, Jean. *La littérature maghrébine de la langue française*. Ottawa: Éditions Naman, 1973.

Deleuze, Gilles et Felix Guattari. *Kafka. Pour une littérature mineure*. Paris : Éditions de Minuit, 1972.

_____. *Mille plateaux*. Paris : Éditions de Minuit, 1980.

Derrida, Jacques. *Le monolinguisme de l'autre, ou la prothèse d'origine*. Paris : Galilée, 1996.

Djebar, Assia. *L'amour, la fantasia*. Paris : Albin Michel, 1995.

_____. *Vaste est la prison*. Paris : Albin Michel, 1995.

_____. *Ces voix qui m'assiègent*. Paris : Albin Michel, 1999.

_____. *Les nuits de Strasbourg*. Un endroit où aller : Actes Sud, 1997.

_____. *La disparition de la langue française*. Paris : Albin Michel, 2003.

_____. « Idiome de l'exil et langue de l'irréductibilité ». Discours d'octobre 2000. En ligne : <www.assiadjebar.net> (consulté le 12 juin 2010).

_____. Réception de Mme Assia Djebar. Discours prononcé en séance publique le jeudi 22 juin 2006. En ligne : <www.academie-francaise.fr> (consulté le 3 avril 2009).

Djebar, Assia et Malek Alloula. « La Zerda ou Maghreb, les années 30 (Continuité) ». Calle-Gruber, Mireille. *Assia Djebar ou la résistance de l'écriture*. Paris : Maisonneuve & Larose, 2001. 269-277.

Donadey, Anne. "Francophone Women Writers and Postcolonial Theory". *Francophone Postcolonial Studies. Critical Introduction*. Eds. Dhales Forsdick, David Murphy. London: Arnold, 2003. 202-10.

_____. "Overlapping and Interlocking Frames for Humanities Literary Studies: Assia Djebar, Tsitsi Dangarembga, Gloria Anzaldúa". *College Literature* 34.4 (Fall 2007): 2-42.

Eco, Umberto. *La recherche de la langue parfaite dans la culture européenne*. Paris : Points, 1997.

Edmundson, Mark. "Headless Body in Lawless Burg". *New York Times Book Review* (1998): 35. En ligne: *Academic Search Complete*. EBSCO (consulté le 16 novembre 2010).

Elia, Nada. "The Forth Language. Subaltren Expression in Djebar's Fantasia". *Intersections. Gender, Nation, and Community in Arab's Women's Novels*. Eds. Lis a Suhair Mjaj, Paula W. Sunderman, and Therese Saliba. Syracuse: Syracuse UP, 2002. 183-199.

Enjolras, Laurence. "Julia Kristeva. *Possessions*". *The French Review*. 71. 4 (1998): 676-677.

Erickson, John. "Women's Space and Enabling Dialogue in Assia Djebar's *L'Amour, la fantasia*". *Postconial Subjects. Francophone Women Writers*. Eds. Mary Jean Green, Karen Gould, Micheline Rice-Maximin, Keith L. Walker, and Jack A. Yeagar. Minneapolis/ London: U of Minnesota P, 1996. 304-20.

Fanon, Frantz. *Peau noire, masques blancs*. Paris : Seuil. 1952.

Faulkner, Rita A. "Psychoanalysis and Anamnesis in the National Allegory of Nawal El Saasawi and Assia Djebar". *L'Esprit Créateur*. 48.4 (Winter. 2008) : 69-80.

Fort, Pierre-Louis. « Du côté de chez Stéphanie Delacour ». *Julia Kristeva : prix Holberg* 71-87.

Foucault, Michel. *Surveiller et punir. Naissance de la prison*. Paris: Gallimard, 1975.

_____. "Of Other Spaces: Utopias and Heterotopias". *Rethinking Architecture: a Reader in Cultural Theory*. Ed. Neil Leach. London and New York: Routledge, 1997. 350-56.

_____. *L'herméneutique du sujet*. Sous la direction de François Ewald et Alessandro Fontana. Paris : Seuil, Gallimard, 2001.

Gafaiti, Hafid. « Assia Djebar ou l'autobiographie plurielle ». *Nouvelles approches des textes littéraires maghrébins ou migrants : travaux récents de jeunes chercheurs à l'Université Paris 13*. Paris : L'Harmattan, 1999. 119-127.

Gaussy, Soheila. "A Stepmother Tongue: 'Feminine Writing' in Assia Djebar *Fantasia: An Algerian Cavalcade*". *World Literature Today* 68.3 (Summer 1994): 457-62.

Gauvin, Lise. « Territoires des langues : Assia Djebar ». *L'écrivain francophone à la croisée des langues. Entretiens*. Paris : Karthala, 1997. 17-34.

Geesey, Patricia. "Collective Autobiography: Algerian Women and History in Assia Djebar's *L'Amour, la fantasia*". *Dalhousie French Studies* 35 (1996) : 153-165.

Genette, Gérard. *Palimpsestes*. Paris: Seuil, 1982.

______. *Seuils*. Paris : Seuil, 1987.

Gleize, Mélanie. « Éloge du monstrueux: *L'Avenir d'une révolte* de Julia Kristeva ». *Spirale* 167 (juillet-août 1999) : 8.

______. « En croisade contre les croisés: *Meurtre à Byzance* de Julia Kristeva ». *Spirale* 201 (2005) : 48-49.

Gobard, Henri. *L'aliénation linguistique. Analyse tetraglossique.* Paris : Flammarion, 1976. Print.

Guinhut, Thierry. « Julia Kristeva : *Possessions* ». *La République des Lettres,* 1 juin 1996 En ligne : <www.republique-des-lettres.fr> (consulté le 10 septembre 2010).

Hanisch, Carol. "The Personal is Political". *Feminist revolution. Redstockings of the Women's Liberation Movement.* Ed. Kathie Sarachild. New York: Random House, 1978. 204-205.

Heidegger, Martin. *Hegel.* Ed. Ingrid Schüßler.Vol. 68 *Gesamtausgabe.* Frankfurt am Main: Vittorio Klostermann, 1993.

Horne, Alistar. *A Savage War of Peace : Algeria 1954-1962.* NY: New York Review Books, 2006.

Huret, Marie. « Qui était vraiment Freud ». En ligne : <www.lexpress.fr> (consulté le 14 mai 2009).

Hurezanu, Daniela. « La langue maternelle et les sources de la création ». *Revue d'art et de littérature, musique.* Numéro 16-17, juillet-août 2006. En ligne : <www.artistasalfaix.com> (consulté le 26 mars 2007).

Ireland, Susan. « Les voix de la résistance au féminin : Assia Djebar, Maissa Bey, et Hafis Zinai-Koudi ». *Études littéraires maghrébines.* No 15. Paris, Budapest, Torino : L'Harmattan, 2001. 51-61.

Irvine, Ann. "Possessions". *Library Journal* 123.2 (1998): 111.

Ivantcheva-Merjanska, Irène et Michèle Vialet. « Entretien avec Julia Kristeva : Penser en nomade et dans l'autre langue le monde, la vie psychique et la littérature ». (Berlin, 31 octobre 2009). In Vialet, Michèle, Irene Ivantcheva-Merjanska, Azucena G. Blanco, and Stefan Hollstein, eds. « Kristeva in Process: The Fertility of Thought – La pensée fertile – Die Fruchtbarkeit des Denkens ». Numéro spécial, *Cincinnati Romance Review* 35, Spring 2013, 158-89.

Jasper, Alison. "Murder in Byzantium". *Literature & Theology* 21.2 (2007) : 234.

Julien, Charles-André. « Coloniaux et colonisation. Introduction ». *Techniciens de la colonisation, dix-neuvième-vingtième siècles*. Eds. Charles-André Julien, R. Delavignette. Paris :

Presses Universitaires de France, 1946.
_____. *Histoire de L'Afrique du Nord.* Paris : Payot, 1968.
Khatibi, Abdelkebir. *La mémoire tatouée.* Paris : Éditions Denoël, 1971.
_____. *Maghreb pluriel.* Paris : Éditions Denoël, 1983.
_____. "Nationalisme et internationalisme littéraire". *Figures de l'étranger dans la littérature française.* Paris: Éditions Denoël, 1987. 203-04.
_____. *L'amour bilingue.* Montpellier : Fata Morgana, 1983.
Kingcaid, Renee. "Possessions". *The Review of Contemporary Fiction* (1998): 252.
Kristeva, Julia. *Semeiotikè. Recherches pour une sémanalyse.* Paris : Éditions du Seuil, 1969.
_____. *Le texte du roman. Approche sémiologique d'une structure discursive transformationnelle.* La Haye : Mouton, 1970.
_____. *La révolution du langage poétique. L'avant-garde à la fin du XIXe siècle, Lautréamont et Mallarmé.* Paris : Éditions du Seuil, 1974.
_____. *Polylogue.* Paris : Éditions du Seuil, 1977.
_____. *Pouvoirs de l'horreur. Essai sur l'abjection.* Paris : Éditions du Seuil, 1980.
_____.« Freud et l'amour : le malaise dans la cure ». *Histoires d'amour.* Paris : Denoël, 1983. 31-76.
_____. *Soleil noir. Dépression et mélancolie.* Paris : Éditions Gallimard, 1987.
_____. *Étrangers à nous-mêmes*. Paris : Éditions Fayard, 1988.
_____. *Les samouraïs*. Paris : Éditions Fayard, 1990.
_____. *Le Vieil Homme et les loups*. Paris : Éditions Fayard, 1991.
_____. *Les nouvelles maladies de l'âme,* Paris : Éditions Fayard, 1993.
_____. *Le Temps sensible. Proust et l'expérience littéraire.* Paris : Éditions Gallimard, 1994.
_____. *Possessions*. Paris : Éditions Fayard, 1996.
_____. *Sens et non-sens de la révolte.* Paris : Éditions Fayard, 1996.
_____. *La Révolte intime.* Paris : Éditions Fayard, 1997.
_____. « Barthes : la saveur du désenchantement ». *La révolte intime. Pouvoirs et limites de la psychanalyse II.* Paris : Éditions Fayard, 1997.
_____. *Le féminin et le sacré*, avec Catherine Clément. Paris : Stock, 1998.
_____. *L'avenir d'une révolte*. Paris : Calmann-Lévy, 1998.
_____. *Proust : Questions d'identité.* London: European Humanity Research Center of U of Oxford, 1998.

_____. *Le génie féminin,* tome 1 : *Hannah Arendt.* Paris : Éditions Fayard, 1999.

_____. *Le génie féminin,* tome 2 : *Mélanie Klein.* Paris : Éditions Fayard, 2000.

_____. *Le génie féminin,* tome 3 : *Colette.* Paris : Éditions Fayard, 2002.

_____. *Lettre ouverte au président de la République sur les citoyens en situation de handicap, à l'usage de ceux qui le sont et ceux qui ne le sont pas.* Paris : Éditions Fayard, 2003.

_____. *Meurtre à Byzance.* Paris : Éditions Fayard, 2004.

_____. *La haine et le pardon.* Paris : Éditions Fayard, 2005.

_____. *Thérèse mon amour.* Paris : Éditions Fayard, 2008.

_____. « Penser la liberté en temps de détresse ». *Julia Kristeva : prix Holberg* 145-158.

_____. « Meurtre à Byzance, ou Pourquoi 'je me voyage' en roman ». Entretien avec Pierre-Louis Fort. Kristeva, Julia. *La haine et le pardon. Pouvoirs et limites de la psychanalyse III.* Texte établit, présenté et annoté par Pierre-Louis Fort. Paris : Éditions Fayard, 2005. 609-655.

_____. « L'Europe divisée : politique, éthique, religion ». *La haine et le pardon* 47-86.

_____. « Bulgarie, ma souffrance ». En ligne: <www.kristeva.fr> (consulté le 24 novembre 2009).

_____. « Parler en psychanalyse ». En ligne : <www.kristeva.fr> (consulté le 8 novembre 2011).

_____. *Le message culturel de la France et la vocation interculturelle de la francophonie.* [Avis par Julia Kristeva présenté en 2009 au Conseil économique, social et environnemental de la République française] En ligne : <www.kristeva.fr> (consulté le 11 janvier 2011).

Kundera, M. *L'art du roman.* Essai. Paris : Gallimard, 1986.

Lamontagne, Marie-Adorée. *Julia Kristeva: sans croix ni bannière.* Dossier de recherche. Contact TV Inc, 2006. En ligne : <www.telequebec.tv/contact> (consulté le 5 février 2010).

Lanasri, Ahmed. *La littérature algérienne de l'entre-deux guerres : genèse et fonctionnement.* Paris : Publisud, 1995.

Larousse. Paris : Librairie Larousse, 1979.

Le Clézio, Marguerite. « Assia Djebar: écrire dans la langue adverse ». *Contemporary French Civilization* 9: 2 (Spring-Summer 1985) : 230-43.

Lejeune, Philippe. *Le pacte autobiographique.* Paris : Éditions du Seuil, 1975. Print.

Lenclud, Gérard. « L'universel et le relatif ». *Terrain* 17 (1991). En ligne : <www.terrain.revues.org> (consulté le 8 juillet 2009).

Lionet, Françoise. "The Politics and Aesthetics of *Métissage*". *Authobiographical Voices. Race, Gender, Self-Partraiture.* Ithaca and London: Cornell UP, 1989. 1-29.

Lechte, John. *Julia Kristeva.* London: Routledge, 1990.

Lechte, John, Maria Margaroni. *Julia Kristeva: Live Theory.* London: Continuum International Publishing Group, 2004.

Lévy, Bernard-Henry. « Block note: La Byzance de Julia Kristeva – Bondy et Reza – Libérez Battisti ». *Le Point*, 19 février 2004 : 114.

Liniger-Goumaz, Max. *La démocrature, dictature camouflée, démocratie truquée.* Paris : Harmattan, 1992.

Malabou, Catherine. « Négativité dialectique et douleur transcendantale ». *Archives de Philosophie* 66.2 (2003) : 265-278. En ligne : <www.cairn.info> (consulté le17 septembre 2010).

Margaroni, Maria. "Byzantium: The Future Anterior of Europe?" *Women* 18.22 (Summer 2007) : 223-225.

Memmi, Albert. *Portrait du colonisé précédé de Portrait du colonisateur et d'une préface de Jean-Paul Sartre.* Paris : Gallimard, 1973.

_____. *Le racisme. Description, définition, traitement.* Paris : Gallimard, 1982.

Mead, Margaret. "One World – but Which Language?" Margaret Mead, Rhoda Metraux. *A Way of Seeing. Perspective on Changing World: Youth, Marriage, Feminism, Power, Politics.* New York: William Morrow & Company, Inc., 1970. 14-18.

Merleau-Ponty, Maurice. *Phénoménologie de la perception.* Paris : Gallimard, 1945.

Meynier, Gilbert. « France – Algérie : un mariage forcé, une séparation sanglante ». *Le Monde.* 31 octobre 2004. En ligne : <www.ldh-toulon.net> (consulté le 24 mars 2010).

Migraine-George, Thérèse. *Mes États-Unis.* Paris : Édilivre, 2009.

Mihailova-Frison-Roche, Ralitsa. « Une lecture du roman de Julia Kristeva *Meurtre à Byzance* ». En ligne : <www. Bulgaria-France.net.> (consulté le 20 novembre 2009).

Mijolla-Mellor, Sophie, Julia Kristeva et autres. *La cruauté au féminin.* Paris : PUF, 2004.

Moore, David Chioni. "Is the Post- in Postcoloniall the Post- in Post-Soviet? Toward a Global Postcolonial Critique". *PMLA* 116.1 (2001) : 111- 128.

Morier, Henri. « Amplification ». *Dictionnaire de poétique et de rhétorique*. Paris : Presses Universitaires de France, 1981.

Mortimer, Mildred. « Entretien avec Assia Djebar, écrivain algérien ». *Research in African Literatures.* 19.2 (Summer 1988): 197-205.

_____. "Language and Space in the Fiction of Assia Djebar and Leila Sebbar". *Research in African Literature* 19.3 (Fall 1988): 301-11.

_____. *Journeys through the French African Novel*. Portsmouth, NH: Heinemann, 1990.

Moy, Toril, ed. *The Kristeva Reader.* New York: Columbia UP, 1986.

Moutaftchieva, Vera. *Moi, Anne Comnène*. Roman. Sofia : Ed. Hemus, 1991 [Мутафчиева, Вера. *Аз, Анна Комнина.* София: Хемус, 1991].

Murdoch, H.-Adlaï. "Rewriting Writing: Identity, Exile and Renewal in Assia Djebar's *L' Amour, la fantasia*". *Yale French Studies* 83.2 (1993): 71-92.

_____."Woman, Postcoloniality, Otherness: Djebar's Discourses of Histoire and Algérianité". *Esprit Créateur* 48.4. (Winter 2008): 15-33.

Nikolchina, Miglena. *Matricide in Language: Writing Theory in Kristeva and Woolf.* New York: Other Press LLC, 2004.

O'Grady, Kathleen. *Julia Kristeva: A Bibliography of Primary and Secondary Sources in French and English, 1966-1996.* Bowling Green: Bowling Green State University, 1997.

Oliver, Kelly. *Reading Kristeva. Unraveling the Double-bind.* Bloomington: Indiana University Press, 1983.

_____. *Ethics, Politics and Difference in Julia Kristeva's Writing*. New York: Routledge, 1993.

_____. *The Portable Kristeva*. New York: Columbia University Press, 1997.

O'Riley, Michael. *Postcolonial Haunting and Victimization. Assia Djebar's New Novels*. NY: Peter Lang Publishing, 2007.

Poel, Ieme van der. « *Possessions*. Symbolique de la maternité chez Julia Kristeva ». *Aux frontières des deux genres : en hommage à André Chedid.* Éd. Carmen Boustani. Paris : Éditions Karthala, 2003. 167-176.

Prud'homme, Johanne et Lyne Légaré. En ligne : « Le sujet en procès ». <www.signosemio.com> (consulté le 10 janvier 2011).

Rieusset-Lemarie, Isabelle. « La migration du signe ». *Julia Kristeva : prix Holberg* 89-106.

Ringrose, Priscilla. “In Dialogue with Kristeva”. *Assia Djebar. In Dialogue with Feminisms*. Amsterdam-New York: Rodopi, 2006. 35-92.

Rousseau, Christine. « Julia Kristeva, la Byzantine ». *Le Monde,* 6 février 2004. En ligne : <www.lemonde.fr> (consulté le 11 novembre 2008).

Saadi-Mokrane, Djamila. “The Algerian Linguicide”. *Algeria in others' languages*. Ed. Anne-Emmanuelle Berger. Ithaca and London: Cornell UP, 2002. 44-60.

Saïd, Edward W. *Orientalism*. 1979. New York: Vintage Books, 1994.

Sebbar, Leïla. *Je ne parle pas la langue de mon père*. Paris : Julliard, 2003.

Sellam, Sadek. *Parler des camps, penser les génocides*. Paris : Albin Michel, 1999. En ligne : <www.ldh-toulon.net> (consulté le 20 novembre 2010).

Shklovsky, Viktor. “Art as Technique.” *Literary Theory: An Anthology*. Eds. Julie Rivkin and Michael Ryan. Malden: Blackwell Publishing Ltd., 1980.

Sichère, Bernard. “Interview: *The Old Man and the Wolves*”. Trans. Leon Roudiez. In: Julia Kristeva. *Interviews*. Ed. Ross Mitchell Guberman. New York: Columbia UP, 1996. 162-178.

Sismondi, J.C.L. Simonde de. *De la littérature du Midi de l'Europe*. Paris : Treuttel et Wurtz Libraires, 1813.

Smith, Anna. *Julia Kristeva: Readings of Exile and Estrangement*. London: Macmillan, 1996.

Smith, Anne-Marie. *Julia Kristeva. Speaking the Unspeakable*. London: Pluto Press, 1998.

Sommer, Doris. *Bilingual Aesthetics. A New Sentimental Education*. Durham: Duke UP, 2004.

Spivak, Gayatri Chakravorty. “Can the subaltern speak?” *Marxism and the Interpretation of Culture*. Eds. Cary Nelson and Lawrence Grossberg. Urbana and Chicago: U of Illinois P, 1988. 271-313.

_____. *A Critique of Postcolonial Reason. Toward a History of the Vanishing Present*. Cambridge, London: Harvard UP, 1999.

_____. “Tranlsating in a World of Languages”. *Profession* 2010 : 35-43.

Starobinski, Jean. *Montaigne en mouvement*. Paris : Gallimard, 1982.

Stone, Lynda. “Julia Kristeva's ‘mystery’ of the subject in process”. *Poststrucluralism, Philosophy, Pedagogy*. Ed. J. D. Marshall. Dordrecht: Khcwer Academic Publishers, 2004. 119-139.

Stora, Benjamin. “A War’s Toll.” *Algeria. 1830-2000*. Trans. Jane Marie Todd. Ithaca and London: Cornell UP, 2001. 109-10.

_____. *Histoire de l'Algérie depuis l’Indépendance. T1 : 1962-1988*. Paris : La Découverte, 2004.

Tarasov, Boris. « Avertissement éternel ». Dostoievski, Fedor. *Besy. [Demons]*. Roman en trois parties. Moskva : Sovremennik, 1993. 5-26. [Тарасов, Борис. „Вечное предостережение“. Достоевский, Фёдор. *Бесы*. Роман в трех частях. Москва: Современник,1993. 5-26].

Todorov, Tzvetan. *La Conquête de l’Amérique. La Question de l’Autre*. Paris : Seuil, 1982.

_____. *Critique de la critique*. Paris : Seuil, 1984.

_____. *Nous et les autres. La réflexion française sur la diversité humaine*. Paris : Éditions du Seuil, 1989.

_____. “Race and Racism”. Trans. Catherine Porter. *Theories of Race and Racism. A Reader*. Eds. Les Back and John Solomos. New York: Routeledge, 2000. 64-71.

Tolstoï, Alekseï Nikolaïevitch. « Qu’est que le récit ? » [Толстой, Алексей Николаевич. „Что такое маленький рассказ?“]. En ligne: <http://klikin.ru/txt/tolstoj2.html> (consulté le 1 décembre 2010).

Untersinger, Brigitte. « La cruauté au féminin ». *Société Psychanalytique de Paris*. 5(2005). En ligne : <http://www.spp.asso.fr > (consulté le 25 septembre 2010).

Valluy, Jérôme. *Rejet des exilés – le grand retournement du droit d’asile*. Paris : Éditions Du Croquant, 2009.

Vialet, Michèle. “Between Sound and Fury: Assia Djebar’s Poectics of *l’entre-deux-langues*”. *Symposium: A Quarterly Journal in Modern Foreign Literatures* 56.3 (Fall 2002) : 149-62.

_____. « Filles et mères dans *Vaste est la prison* : un *éthos* de survie ». *Assia Djebar : Nomade entre les murs. Pour une poétique transfrontalière*. Éd. Mireille Calle-Gruber. Paris : Maisonneuve & Larose, 2005. 261-66.

Weinreich, Uriel. *Languages in Contact*. Preface by André Martinet. The Hague-Paris : Mouton, 1974.

Wildlöcher, D. « Dialogue avec Julia Kristeva ». *Revue française de psychanalyse* 71.4 (2007) : 1503-1507.

World Literature Today 70.4 (Autumn, 1996) [Numéro spécial sur Assia Djebar : 1996 Neustadt International Prize for Literature].

Zimra, Clarisse. Afterword. *Women of Algiers in their Apartment*. By Assia Djebar. Trans. Marjolin de Jager. Charlottesville, London: UP of Virginia, 1992. 159-211.

_____. "Disorienting the Subject in Djebar's *L'amour, la fantasia*". *Yale French Studies* 87 (1995): 149-70.

_____. "Hearing Voicesor Who You Calling Postcolonial: The Evolution of Djebar's Poetics". *Research in African Literatures* 35. 4 (2004): 149-60.

Žižek, Slavoj. "Enjoy Your Nation as Yourself". *Theories of Race and Racism.* Eds. Les Back, John Solomos. London : Psychology Press, 2000. 594-606.

Table des matières

Critique et études littéraires

aux éditions L'Harmattan

Dernières parutions

MUSSET
La leçon des proverbes
Dufief-Sanchez Véronique
L'exemple concret de trois proverbes, un en vers, *Les Marrons du feu*, et deux en prose *Il ne faut jurer de rien* et *Il faut qu'une porte soit ouverte ou fermée*, permet de découvrir le théâtre en liberté que Musset a pratiqué à sa façon en inventant littéralement un nouveau genre littéraire : le proverbe. La gageure poétique et dramatique que tient ici Musset est de défaire le dire pour le refaire à neuf dans sa polyphonie.
(Coll. Critiques Littéraires, 16.50 euros, 170 p.)
ISBN : 978-2-343-05154-3, ISBN EBOOK : 978-2-336-36781-1

TRANSFORMER LE MONDE PAR LE LANGAGE
Entretiens avec Michel Butor
Biglari Amir, Butor Michel - Propos recueillis par Amir Biglari
Auteur d'une œuvre colossale, riche et diversifiée, Michel Butor est l'un des écrivains majeurs de la deuxième moitié du XXe siècle et du début du XXIe siècle. À l'occasion de ces séances d'entretiens avec Amir Biglari, Michel Butor, romancier, poète, essayiste, critique et témoin privilégié de la science littéraire de ces dernières décennies, aborde différents sujets en mettant l'accent sur maints détails inédits.
(23.00 euros, 232 p.)
ISBN : 978-2-343-05223-6, ISBN EBOOK : 978-2-336-36675-3

« JE SUIS UN VRAI DIABLE »
Dix essais sur Strindberg
Balzamo Elena
Plus d'un siècle après la mort d'August Strindberg (1849-1912), un des fondateurs du théâtre moderne, ses pièces continuent à fasciner le public, en Suède, et dans le monde entier. Leur célébrité occulte parfois les autres pans de son œuvre, car il était également romancier, poète, polémiste, historien, adepte des sciences et un épistolier inégalable. Ces essais projettent une lumière nouvelle sur son théâtre et ses œuvres phares : *Mademoiselle Julie, Le Songe, La Danse de mort...*
(Coll. Espaces Littéraires, 23.00 euros, 230 p.)
ISBN : 978-2-343-04438-5, ISBN EBOOK : 978-2-336-36694-4

MIRACLE DE JEAN GENET
Brami Brigitte
Inclassable et dérangeant, *Miracle de Jean Genet* n'est pas un ovni. C'est une exégèse sans les murs, sans l'académisme universitaire habituel. C'est un long poème écrit par une captive amoureuse aussi déjantée qu'érudite ; c'est une bombe littéraire sans retardement, tout comme on a parlé de la « bombe Genet » (Jean Cocteau) au sujet de l'auteur de *Miracle de la rose*. Le *Miracle de Jean Genet*, c'est celui de la poésie qui pulvérise tous les paradigmes éculés, fait voler en l'éclat les flicages quels qu'ils soient, y compris ceux de la pensée.
(Coll. L'écarlate, 19.00 euros, 198 p.)
ISBN : 978-2-343-04003-5, ISBN EBOOK : 978-2-336-36618-0

ÉCRIRE LA FAIM
Franz Kafka, Primo Levi, Paul Auster
Danflous Séverine
Préface de Jean-Yves Masson
Qu'est-ce qu'écrire la faim ? Comment la littérature peut-elle répondre à une situation aussi extrême que celle d'un homme qui meurt de faim ? Franz Kafka, atteint par une tuberculose, s'est condamné à changer sa souffrance physique et personnelle en texte. Primo Levi, lui, tâche de reconstruire les voix englouties dans les camps et d'en répercuter un son à travers son témoignage. Paul Auster, enfin, acclame le pouvoir d'une littérature qui laisse parler les ventres creux et les êtres abandonnés.
(22.00 euros, 222 p.)
ISBN : 978-2-343-04871-0, ISBN EBOOK : 978-2-336-36674-6

EXTRAVAGANCES
Écarts et normes dans les textes grecs et latins
Textes réunis par Paul-Augustin Deproost (éd.)
En son étymologie, l'extravagance est une errance, une sortie de route, comme le délire, elle trouve des résonances profondes dans l'imaginaire antique en perpétuelle tension entre l'écart et la norme. Voici explorées plusieurs manifestations de cette tension, essentiellement à travers le témoignage des textes littéraires (telles les aberrations des *Saturnales* ou l'omniprésence de la marginalité dans la mythologie et l'expression du sacré). Parallèlement à ce volet anthropologique, le concept d'extravagance est analysé dans les modes d'écriture antiques.
(Coll. Structures et pouvoirs des imaginaires, 35.00 euros, 338 p.)
ISBN : 978-2-343-04746-1, ISBN EBOOK : 978-2-336-36576-3

POÉTIQUE DE LA VOIX EN LITTÉRATURE DE JEUNESSE
Le racontage de la maternelle à l'université
Martin Serge
L'ouvrage emprunte la notion de «racontage» à Walter Benjamin et à son texte célèbre de 1936 : Le raconteur. Pour ce faire, il ouvre les études littéraires à un corpus destiné à la jeunesse. Aussi, cet ouvrage promeut-il une oralité de l'écriture trop souvent réduite aux paroles des personnages, en exigeant de reconfigurer la didactique de la littérature, trop assujettie aux vulgates narratologiques ou

moralisatrices. Il propose enfin de suivre le plus possible les voix de l'écriture et les expériences de lecture en refusant les cadres interprétatifs définitifs.
(Coll. Enfance et langages, 34.00 euros, 530 p.)
ISBN : 978-2-343-04813-0, ISBN EBOOK : 978-2-336-36747-7

ŒUVRE (L') DE JUAN JOSÉ SAER
Unité, cohérence et fragmentation
Laurent Pénélope
Préface de Milagros Ezquerro
Les textes de l'écrivain argentin Juan José Saer (1937-2005) construisent une œuvre unique à partir d'un processus typiquement balzacien, donnant l'impression de créer une comédie humaine. Mais la fragmentation, qui traverse l'ensemble du corpus, le rapprocherait du Nouveau Roman. La «Théorie négative» de Saer, qui lui permet d'écrire contre certains modèles perçus comme «totalitaires», s'articule de façon cohérente avec la place importante qu'il laisse au lecteur.
(Coll. Recherches Amériques latines, 18.00 euros, 186 p.)
ISBN : 978-2-343-04711-9, ISBN EBOOK : 978-2-336-36713-2

TERRITOIRES DES DEUX RIVES
Imaginaires et identités en Espagne et en Amérique latine
Hommage à Jean Franco
Sous la direction de Francisco Campuzano
Cet hommage à Jean Franco, composé de 22 contributions de chercheurs hispanistes et américanistes, se compose de deux parties, la première consacrée à la langue et à la littérature, la deuxième à l'histoire et aux sociétés. Quels sont les facteurs de changement ou d'évolution dans les périodes charnières ? Comment s'expriment les crises dans la création et dans les sociétés hispanophones ? Peut-on parler d'une esthétique du chaos dans la littérature écrite en espagnol ? Existe-t-il une écriture diasporique dans ces littératures ?
(35.50 euros, 350 p.)
ISBN : 978-2-343-04999-1, ISBN EBOOK : 978-2-336-36531-2

TRANSGRESSION ET IDENTITÉ AUTOFICTIONNELLE DANS L'ŒUVRE DE RACHID O.
L'Enfant ébloui, Plusieurs vies, Chocolat chaud* et *Ce qui reste
El Achir Khadija
Rachid O., auteur marocain francophone, exprime par son écriture le désir assouvi et le tabou homosexuel transgressé à travers les réminiscences de l'enfance, qui servent de filtre à son imaginaire d'écrivain. Rachid O. renouvelle le champ littéraire marocain en offrant une écriture dénuée d'artifice qui dit qui il est.
(Coll. Homotextualités, 14.00 euros, 140 p.)
ISBN : 978-2-343-04071-4, ISBN EBOOK : 978-2-336-36700-2

LITTÉRATURE FRANCOPHONE DU MAGHREB
Imaginaire et représentations socioculturelles
Ahnouch Fatima - Préface de Marta Segarra
La plus grande partie du présent ouvrage est consacrée à Assia Djebar. Les oeuvres de Leïla Sebbar, Leïla Houari, Rita El Khayat, Fatema Mernissi, Yasmine Chami

Kettani, Nabile Farès, Abdelhaq Serhane et Abdelkébir Khatibi y sont traitées à titre comparatif.
(Coll. Espaces Littéraires, 30.00 euros, 294 p.)
ISBN : 978-2-343-03988-6, ISBN EBOOK : 978-2-336-36690-6

CONTEXTES, EFFETS DE CONTEXTE ET DIDACTIQUE DES LANGUES
Sous la direction de Béatrice Jeannot-Fourcaud, Antoine Delcroix et Marie Paule Poggi
La contextualisation didactique en tant que champ émergent revisite les objectifs inhérents aux situations d'enseignements/apprentissage. Comment le contexte interagit-il avec l'acte d'enseignement ? Les réflexions se centrent sur l'ajustement de l'enseignement aux spécificités de l'apprenant. Comment identifier les paramètres qu'il convient d'intégrer dans le processus didactique ? Voici une approche contextualisée dans le domaine de la didactique des langues.
(Coll. Logiques sociales, 17.50 euros, 276 p.)
ISBN : 978-2-343-04049-3, ISBN EBOOK : 978-2-336-36569-5

DES PAROLES, DES LANGUES ET DES POUVOIRS
Romain Colonna (éd.)
Cet ouvrage explore la manière dont, dans des espaces sociaux diversifiés, le langage constitue un instrument de pouvoir, de non-pouvoir et de contre-pouvoir. Ces contributions s'efforcent de comprendre les processus sociaux complexes qui font du langage un terrain de lutte, de consensus ou encore de construction de la différence. À ce titre, langues et langages contribuent à structurer nos sociétés et les individus qui la composent, dévoilant alors les tensions et des rapports de pouvoir.
(Coll. Espaces discursifs, 26.00 euros, 252 p.)
ISBN : 978-2-343-04951-9, ISBN EBOOK : 978-2-336-36480-3

ARABE (L') MODERNE
Péripéties et enjeux
Sous la direction de Nejmeddine Khalfallah
Cet ouvrage propose une description diachronique de l'arabe moderne en continuelle mutation et en examine certains aspects structurels et sémantiques. Les auteurs y mettent en évidence les principaux facteurs qui ont déclenché son émergence, tels que la presse arabe, le renouveau de la littérature, l'apparition des médias transfrontaliers ou les enjeux géopolitiques grandissants. Ils étudient également les continuités et discontinuités de cet arabe médian sur les plans phonétique, morphologique, syntaxique et sémantique.
(40.00 euros, 424 p.)
ISBN : 978-2-343-04905-2, ISBN EBOOK : 978-2-336-36578-7

L'HARMATTAN ITALIA
Via Degli Artisti 15; 10124 Torino

L'HARMATTAN HONGRIE
Könyvesbolt ; Kossuth L. u. 14-16
1053 Budapest

L'HARMATTAN KINSHASA
185, avenue Nyangwe
Commune de Lingwala
Kinshasa, R.D. Congo
(00243) 998697603 ou (00243) 999229662

L'HARMATTAN CONGO
67, av. E. P. Lumumba
Bât. – Congo Pharmacie (Bib. Nat.)
BP2874 Brazzaville
harmattan.congo@yahoo.fr

L'HARMATTAN GUINÉE
Almamya Rue KA 028, en face
du restaurant Le Cèdre
OKB agency BP 3470 Conakry
(00224) 657 20 85 08 / 664 28 91 96
harmattanguinee@yahoo.fr

L'HARMATTAN MALI
Rue 73, Porte 536, Niamakoro,
Cité Unicef, Bamako
Tél. 00 (223) 20205724 / +(223) 76378082
poudiougopaul@yahoo.fr
pp.harmattan@gmail.com

L'HARMATTAN CAMEROUN
BP 11486
Face à la SNI, immeuble Don Bosco
Yaoundé
(00237) 99 76 61 66
harmattancam@yahoo.fr

L'HARMATTAN CÔTE D'IVOIRE
Résidence Karl / cité des arts
Abidjan-Cocody 03 BP 1588 Abidjan 03
(00225) 05 77 87 31
etien_nda@yahoo.fr

L'HARMATTAN BURKINA
Penou Achille Some
Ouagadougou
(+226) 70 26 88 27

L'HARMATTAN SÉNÉGAL
10 VDN en face Mermoz, après le pont de Fann
BP 45034 Dakar Fann
33 825 98 58 / 33 860 9858
senharmattan@gmail.com / senlibraire@gmail.com
www.harmattansenegal.com

L'HARMATTAN BÉNIN
ISOR-BENIN
01 BP 359 COTONOU-RP
Quartier Gbèdjromèdé,
Rue Agbélenco, Lot 1247 I
Tél : 00 229 21 32 53 79
christian_dablaka123@yahoo.fr

650858 - Avril 2016
Achevé d'imprimer par

1livre.com
du rêve à la réalité !